2021

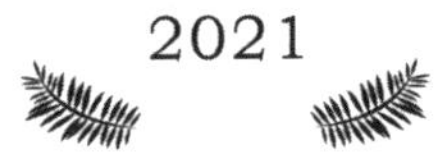

CREATIVE MANAGEMENT REVIEW

创意管理评论

（第6卷）

Volume 6

主编　杨永忠

厦门大学出版社 国家一级出版社
XIAMEN UNIVERSITY PRESS 全国百佳图书出版单位

图书在版编目(CIP)数据

创意管理评论.第6卷/杨永忠主编.—厦门:厦门大学出版社,2021.12
ISBN 978-7-5615-8478-1

Ⅰ.①创…　Ⅱ.①杨…　Ⅲ.①管理学—研究　Ⅳ.①C93

中国版本图书馆CIP数据核字(2021)第275029号

出版人　郑文礼
责任编辑　冀　钦　廖婉瑜
封面设计　李嘉彬
技术编辑　朱　楷

出版发行　厦门大学出版社
社　　址　厦门市软件园二期望海路39号
邮政编码　361008
总　　机　0592-2181111　0592-2181406(传真)
营销中心　0592-2184458　0592-2181365
网　　址　http://www.xmupress.com
邮　　箱　xmup@xmupress.com
印　　刷　厦门市明亮彩印有限公司

开本　720 mm×1 000 mm　1/16
印张　18.5
插页　1
字数　260千字
版次　2021年12月第1版
印次　2021年12月第1次印刷
定价　85.00元

本书如有印装质量问题请直接寄承印厂调换

厦门大学出版社
微信二维码

厦门大学出版社
微博二维码

编委会名单

征稿启事
Call for Papers

创意管理学是从微观管理角度系统研究创意管理活动的基本规律和一般方法的一门科学。它是一门正在迅速成长、充满勃勃生机的工商管理新兴学科,以管理学研究方法为基础,涵盖艺术学、社会学、经济学、制造科学、计算机科学等相关交叉学科。在这一科学领域,存在许多"处女地",蕴藏着丰富的创意宝藏。

作为推动创意管理学形成和发展的专业性学术刊物,《创意管理评论》集刊由四川大学创意管理研究所主办,由国内外相关领域知名学者担纲顾问和联合主编。《创意管理评论》将本着兼容并蓄的开放性学术理念,坚持研产结合的办刊方针,实行国内外同行评议制度,为创意管理学的发展提供一个专业、规范和雅俗共赏的思想分享平台。

《创意管理评论》主要刊登从企业管理视角、应用管理学研究方法探讨创意管理的高水平学术论文和探索性实践文章,热忱欢迎相关领域的国内外专家学者赐稿,分享您对创意管理的专业观察和深刻洞见,我们真诚地期待着。

投稿邮箱:cyglpl@163.com

联系电话:028-85416603

地　　址:四川省成都市一环路南一段24号四川大学商学院613《创意管理评论》编辑部

邮　　编:610064

《创意管理评论》编辑部

主编寄语

历史会记住。2021 年 2 月 25 日，数字艺术家 Beeple，加密艺术作品“Everydays: The First 5000 Days”，佳士得纽约上拍。100 美元起拍，以 6025 万美元惊天价格落槌。

一件原本只可能在技术圈流通的 NFT 作品，高调破圈，出现在主流艺术市场，并且，以数字货币以太坊支付。

NFT 是什么？Non-Fungible Token，非同质化通证。

NFT 代表什么？基于区块链（blockchain）上的权益证明。存储于其中的数据或信息，具有“不可伪造”“全程留痕”“可以追溯”“公开透明”“集体维护”等特征，从而可以验证艺术品的稀缺性和唯一性。

NFT 昭示着什么？作为 2021 年全球艺术市场最引人注目的现象，我们意识到，在创意管理领域，NFT 可能意味着“New+Factor+Tag”。

首先，NFT 代表的是新的中间商、代理商的标签。加密艺术出现后，传统艺术市场的传统中间商画廊、拍卖行受到冲击，智能合约、艺术上链技术、加密交易平台等新兴的艺术市场中介正在兴起。

其次，在新的中间商标签背后，NFT 昭示的是一种新的商业模式，一种新的价值创造方式，即在技术赋权下，加密艺术以更加自治的方式，实现利益相关者的利益重新分配和分享。

不妨预言，NFT 的横空出世，对管理学的理论和实践、管理学的变革和创新，将带来惊天的影响。

上海耐链信息科技开发有限公司 Neo 说，Tag 用得很妙，样式生动活泼。有了 Tag 身份，一个真正实现价值交换的新数字地球正式开启。

目 录

创意管理前沿

文化战略研究

管理学科创新

创意巴蜀

创意管理动态

作品鉴赏

CONTENTS

Creative Management Frontier

Cultural Strategy Research

Management Discipline Innovation

Creative Bashu

Creative Management Trends

Appreciation of Creative Works

创意管理前沿

Creative Management Frontier

消费者代理生成度与消费者态度的关系研究

——个人遗产价值和消费者知识的中介作用*

◎ 杨永忠　陈璠**

摘要:随着中国经济的发展,中国收藏品市场逐步发展壮大,而在消费中成人对子孙后代福祉的关注也越来越多。为更好地了解收藏品消费者的购买动机,以及这种购买动机是否与其对后代福祉的关注有关、是否会对消费行为产生影响,文章采用回归分析和 bootstrap 中介效应检验分析,以中国书画收藏品消费者作为研究对象,引入代理生成理论,以个人遗产价值和消费者知识作为中介变量,对收藏品消费者的代理生成度与消费者态度之间的关系进行分析。模型结果显示,消费者代理生成通过个人遗产价值和消费者知识对消费者态度产生积极影响,而且个人遗产价值和消费者知识完全中介了消费者代理生成度对消费者态度的影响,消费者知识相比个人遗产价值中介效应更强。

* 国家社会科学基金重点项目“文化创意的价值管理研究”(18AGL024)资助。

** 杨永忠,四川大学商学院创意管理学教授;邮箱:yangyongzhong116@ 163.com。陈璠,四川大学商学院研究生;邮箱:641931337@ qq.com。

关键词:代理生成;个人遗产价值;消费者知识;消费者态度;中介作用

一、引言

近年来,中国的收藏品市场呈现出快速增长态势。消费经济学理论和国际经验分析指出,当人均 GDP 达到 3000 美元时,居民消费进入物质消费和文化消费并重的时期;当人均 GDP 超过 5000 美元时,居民消费结构转向文化消费为主的时期。而就中国经济发展形势来看,2003 年人均 GDP 就已突破 1000 美元,2008 年已超过了 3000 美元,而 2015 年人均 GDP 早已到达 8000 美元。早期资料显示,2013 年中国涉足收藏的队伍至少达到了 8000 万人。而 Artprice 公司发布的《2017 全球艺术市场年度报告》(对中国艺术品的统计数据主要为中国书画)数据显示,2017 年中国艺术品市场继续领跑美国,为全球艺术品市场第一大国,上拍总量 28.08 万件,总成交额为 51 亿美元,其中中国书画覆盖了 96%的拍品和 82%的拍卖收入。但从 2008 年至 2017 年中国书画市场走势来看(见图 1),2012 年开始中国书画市场较之前处于下行态势。因此,对收藏品消费者的消费动机进行分析,可以更好地了解并推动收藏品市场的新一轮发展。

在对收藏品的研究方面,Scorcu 和 Zanola(2011)利用分位数享乐回归法,对全世界拍卖的 716 幅毕加索画作数据进行分析,研究了收藏品的定价问题。Renneboog(2013)等则通过享乐回归分析,研究了艺术收藏品的价格决定因素和投资绩效问题。Boland 和 Thornton(2014)在前人研究的基础上建立了一个收藏品拍卖市场的模型,并通过该模型分析了专业投资者和非专业投资者参加收藏品拍卖的不同特性。Roster 和 Rogers(2016)通过对美国不同地区经营的 8 家专业古董和收藏品经销商进行深度访谈,分析了知识结构对收藏品经销商市场获利能力的影响。May(2017)以当前社交媒体和网络资源的泛滥为背景,分析了收藏品作为资产类别的更易获取性,以及将其纳入财富管理的必要性。然而,国际上对收藏品消费者行为方面的研究存在不足。

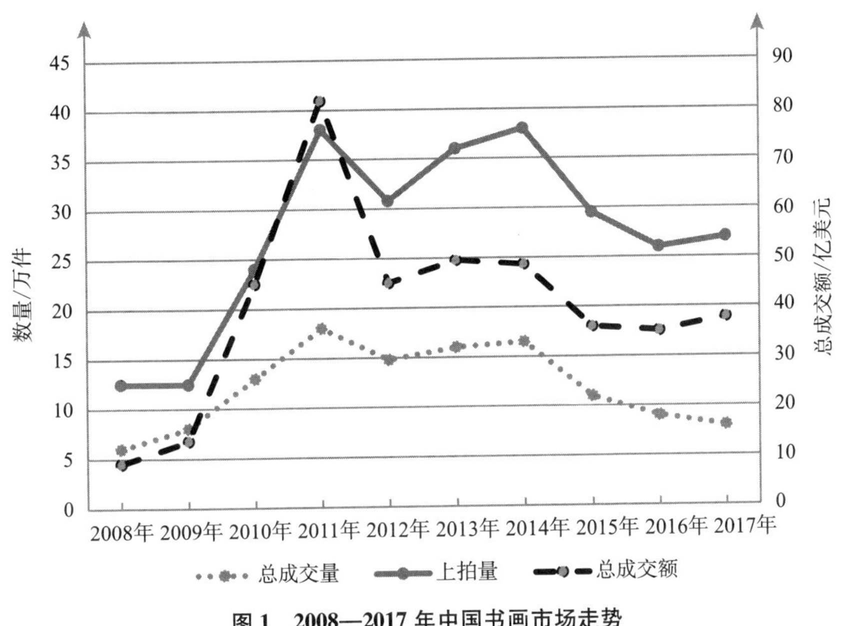

图 1　2008—2017 年中国书画市场走势

资料来源:2008 年至 2017 年《全球艺术市场年度报告》。

而在消费者代理生成方面,Lacroix 和 Jolibert(2015)通过半结构化的访谈建立了一个两因素六项目的消费者生成量表。之后 Lacroix 和 Jolibert(2017)研究了感知价值和个人遗产价值在奢侈品消费者的代理生成度与购买态度和更强烈的购买意愿之间的中介作用,并且发现高代理生成性消费者对奢侈品有更积极的态度和更强烈的购买意向,研究范围是北美地区,对象为高收入的奢侈品手表消费者,具有一定局限性。

本文在前人已有的研究框架下,选择书画收藏品消费者作为研究对象,从个人遗产价值视角了解到底是什么促使消费者购买这些收藏品,并且考虑到收藏品本身的知识性,将消费者知识同时作为中介变量以更好地对消费者代理生成与消费者态度之间的关系进行分析。本文的主要贡献有三个方面,首先本文的研究对象是书画收藏品消费者,这是对收藏品研究中消费者行为研究空缺的填补;其次将消费者知识作为中介,是对消费者代理生成研究的一个新的发展;最后本文以中国书画收藏品为对象,涵盖了中国古代书画、中国近代书画和中国现代书画,将丰富书画收藏的消费行为的研究。

二、文献综述与研究假设

(一)代理生成

生成性这种对后代未来的关注最早出现在20世纪50年代的社会心理学领域。Erikson(1950)认为,传递有形的或无形的事物给未来后代的动机与成人对后代福祉的关注有关,与生成概念密切相关。生成性起初被定义为成人通过教育、教学、辅导、指导等一系列活动,实现对下一代的关心和义务承担,以达到留下积极的遗产的目的(Aubin, et al.,2004)。在市场营销中,Lacroix等(2015)将生成性定义为成人希望通过消费活动为子孙后代带来好处的一种动机。生成分为公共生成(一种关护性的投资)和代理生成(留下积极的遗产),其中,公共生成的相关研究主要集中在慈善领域(Agostinho,2012),代理生成的相关研究主要集中在个人消费领域(Lacroix, et al. 2017)。Bakan(1968)在研究中指出代理是通过自我保护、自我扩张和自我肯定来表达的。Kotre(1984)在生物学的研究背景下指出代理人想要留下自己的痕迹,希望自己能够成为不朽的象征,被后代记住。可见代理生成具有自我性,是一种自我导向的动机。Lacroix和Jolibert 1201在研究中指出代理生成型消费者需要某类产品作为代理。考虑上述情况,代理生成型消费者为实现自我表达,达到成为不朽性象征的目的,会通过某类产品实现这一目的,因此可能会对收藏品感兴趣。因此,提出以下假设:

H1a:消费者代理生成度越高,对收藏品的消费态度越积极。

(二)感知个人遗产价值

感知价值是消费者与产品之间的相互作用(Holbrook,1998),也是影响顾客满意度的关键(Mcdougall, et al.,2000)。Sweeney(2001)等从情感、社会、基于质量的功能价值和基于价格的功能价值四个维度开发出了感知价值的评价量表。Salehzadeh(2016)等在研究中将感知价值划分为社会价值、个人价值和功能价值,并通过实证研究发现感知价值是购买意愿的直接前因变量。Kumar 和 Reinartz 等(2016)认为市场营销中最重要的任务之一就是创造和传达价值给顾客,并通过对前人的顾客感知价值测量模型进行整合,提出了测量模型的最佳实践方式,以期对顾客价值进行度量和管理。Lacroix 等(2016)则将感知价值分为财务、功能、个人、社会四个维度,并将个人遗产价值作为感知价值组成,并且指出个人遗产价值作为感知价值的组成部分,与其他感知价值存在一定联系。例如,消费者可能会发现,被认为具有较高价格的产品是一个很好的投资,因此可以作为宝贵的遗产;个人遗产价值与质量也有联系,能够保存较长时间的产品可以作为个人遗产传递给子孙后代;个人遗产价值也可以与品质相联系,被认为外观具有吸引力、独特性和可传递价值的产品,可以作为个人遗产传递给子孙后代;个人遗产也可能是告知别人其地位和财富的一种方式,可以被视为确认某种身份资格。Lacroix 等(2017)进一步研究发现,个人遗产价值是可以解释代理生成型消费者对奢侈品持有更积极的消费态度的原因。综上可见,具有高价格、能够保存较长时间、高品质等特性的书画收藏品满足上述条件,可以作为个人遗产传递。代理生成型消费者有动力将书画收藏品作为实现自我不朽的象征的方式,即个人遗产价值有可能推动代理生成型消费者对收藏品产生更有利的态度。因此,假设个人遗产价值将作为消费者代理生成度与消费者态度之间的关系的中介:

H2a:消费者代理生成度越高,感知的个人遗产价值就越高。

H2b:个人遗产价值是消费者代理生成与收藏品消费者态度之间的中介。

(三)消费者知识

在消费者行为领域,消费者知识(consumer knowledge)的研究从20世纪50年代开始。研究表明,在信息搜寻和信息处理过程中,消费者知识是影响消费者行为的一个重要因素(Bettman, et al.,1980)。Aurier(1999)在研究中曾指出,专家型消费者和新手型消费者在处理产品信息方面存在较大的差异。在研究的过程中,一些学者将消费者知识分为客观知识和主观知识(Brucks,1985; Park, et al.,1988)。其中客观知识是指在长期记忆中存储的产品的准确信息,主观知识是指人们对产品的了解或了解程度。另外,一些学者将消费者知识分为消费者熟悉度和消费者专业度(Alba, et al.,2000),其中消费者熟悉度是指消费者通过消费过程积累的消费经验,消费者专业度是指在消费过程中评估消费的各种信息(Park,1994)。Moorman等(2004)的研究表明,在决策过程中,产品知识程度不同的消费者会有较大的差异,消费者知识程度的高低会影响消费者决策过程的每一个环节,同时也将影响消费者的意愿。根据认知学习理论,Foxall等(2007)提出当消费者有了目的,并且必须搜索、处理数据以做出决策或解决问题,即产生了认知学习,而消费者学习对提高消费者知识有积极的影响。Vigar-Ellis等(2015)在研究中指出消费者知识会影响消费者购买行为的各个方面,尤其对于信息密集型产品,消费者知识对产品营销方式有重要影响,并且发现顾客对产品知识有一定准确认知时,消费者的满意程度会随之提高,消费者态度也会更积极。根据Roster等(2016)的研究,对收藏品市场而言,产品和市场知识对市场交易有重要的影响,而且知识对专业交易商盈利的能力起着关键性的作用。因此书画收藏品作为信息密集型产品,消费者对其专业知识的了解程度对消费者态度会产生一定的影响。因此基于消费者学习理论,消费者代理生成度越高,消费者目的越强,消费者越有动机去寻找一种介质来满足自我需求动机,越有可能主动去学习相关产品知识。所以在代理生成型消费者中,受到消费者知识的影响,具有一定收藏品知识的消费者对收藏品具有更积极的态度。因此,假设个人遗产价值作为消费者代理生成与消费者态度之间的关系的

中介:

H3a:消费者代理生成度对消费者收藏品知识有积极影响。

H3b:消费者知识程度是消费者代理生成与收藏品消费者态度之间的中介。

基于以上理论和相关假设,以中国书画市场为背景,本文提出消费者代理生成度对消费者态度的作用机制模型,见图2。参考相关研究文献,我们同时增加了工作性质(工作是否与书画收藏品有关)、收入、性别和教育程度等作为控制变量。

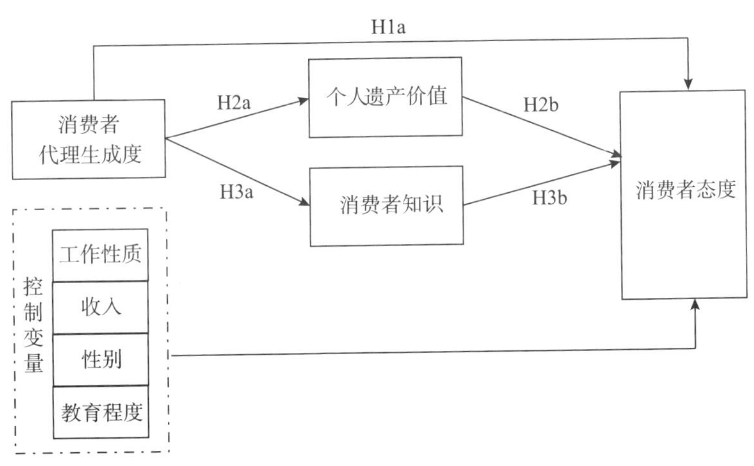

图2 消费者代理生成度对消费者态度的作用机制

三、研究设计与数据来源

(一)研究模型

根据上文所提出的研究假设,为了检验消费者代理生成对个人遗产价值、消费者知识与消费者态度的直接影响,本文构建回归模型如下:

Model(1):$ca=\alpha_1+\beta_{11}acg+\beta_{12}work+\beta_{13}income+\beta_{14}gender+\beta_{15}edu$

Model(2):$phv=\alpha_2+\beta_{21}acg+\beta_{22}work+\beta_{23}income+\beta_{24}gender+\beta_{25}edu$

$$\text{Model(3)}: ck = \alpha_3 + \beta_{31} acg + \beta_{32} work + \beta_{33} income + \beta_{34} gender + \beta_{35} edu$$

$$\text{Model(4)}: ca = \alpha_4 + \beta_{41} phv + \beta_{42} ck + \beta_{43} work + \beta_{44} income + \beta_{45} gender + \beta_{46} edu$$

以消费者代理生成度(acg)、个人遗产价值(phv)和消费者知识(ck)为自变量,个人遗产价值(phv)、消费者知识(ck)和消费者态度(ca)为因变量分别进行回归。根据 Roster 和 Rogers(2016)提出从事收藏品行业本身对消费态度会产生一定影响,因此将工作性质即是否从事收藏品行业工作(work)作为控制变量。由于收入、性别、受教育程度对消费者态度也有一定影响,所以收入(income)、性别(gender)、受教育程度(edu)也作为控制变量。

(二)数据来源

本文研究对象是中国书画收藏品消费者。所有的量表均采用 Likert 五级量表计量,从 1 分(非常不同意)到 5 分(非常同意)。其中消费者代理生成部分使用了 Lacroix 等(2015)开发出的一个三项目的消费者代理生成量表,感知个人遗产价值的测量则主要在上述文献回顾的基础上,结合书画收藏品的特性,从投资价值、寿命、价值观、外观、独特性、声望六个方面进行测量,消费者知识的测量则是借鉴已有文献从消费者本身对书画收藏品知识的熟悉程度和他人评价两个方面进行测量,消费者态度则是基于传统理论从认知、情感和行为三个方面进行测度。通过人际关系的“滚雪球”方式收集数据,最终回收 171 份问卷,剔除无效问卷 8 份,其中有效问卷 163 份,有效问卷填写率约为 95.32%。

四、实证检验与结果分析

（一）描述性统计

本次数据收集的对象中，30岁以下人数占比为49.08％，30～40岁人数占比为18.40％，40～50岁人数占比为23.31％，50～60岁人数占比为6.75％，60～70岁人数占比为1.23％，70岁及以上人数占比为1.23％。其中男性有73人，占比约为44.8％；女性有90人，占比约为55.2％。被调查人群受教育程度，高中及以下占比为2.5％，大专占比为10.0％，本科占比为40.0％，研究生及以上人数占比为47.5％。只有9.2％的人从事收藏品行业工作，90.8％的人没有从事收藏品行业工作。未婚人数占比为53.3％，已婚人数占比为46.7％。39.2％的被调查人有孩子，而且有1个孩子的占比为78.7％。

（二）信度与效度检验

在进行实证分析之前，首先对量表进行了信度和效度的检验，见表1。

表1　可靠性检验

变量	项目	克朗巴哈系数	KMO
消费者代理生成度	3	0.699	0.580
个人遗产价值	6	0.897	0.876
消费者知识	5	0.927	0.868
消费者态度	7	0.901	0.880

在信度方面，量表除了消费者代理生成的克朗巴哈系数为0.699以外，其余变量的克朗巴哈系数均大于0.8。在效度方面，除了消费者代理生成度KMO值为0.580外，其余变量均超过了0.8，但消费者代理生成度三项中有两项的因子

载荷超过了0.7。最后根据因子分析结果，删除了消费者代理生成度中的因子载荷较低的一项。总体来说，测量指标内部一致性程度较高，量表的效度也较好，适合进一步分析。

（三）回归分析

从表2中可以看出，在模型1中消费者代理生成度对消费者态度的系数（$\beta_{11}=0.285, p<0.01$）显著，在模型2中消费者代理生成度对个人遗产价值的系数（$\beta_{21}=0.260, p<0.01$）显著，在模型3中消费者代理生成度对消费者知识的系数（$\beta_{31}=0.294, p<0.01$）显著，说明消费者代理生成度对消费者态度、个人遗产价值和消费者知识都有显著的正向影响，假设H1a、H2a、H3a得到验证。在模型4中个人遗产价值和消费者知识对消费者态度的系数分别为（$\beta_{41}=0.383, p<0.01$；$\beta_{42}=0.586, p<0.01$），说明个人遗产价值和消费者知识对消费者态度有积极的正向影响作用。

表 2 回归模型结果

变量	模型 1		模型 2		模型 3		模型 4	
工作性质	−0.438* (0.050)	−0.230 (0.272)	−0.177 (0.391)	0.014 (0.944)	−1.130*** (0.000)	−0.915*** (0.000)	−0.438* (0.050)	0.292* (0.090)
收入	0.241*** (0.003)	0.186** (0.015)	0.100 (0.187)	0.049 (0.487)	0.249*** (0.002)	0.192*** (0.008)	0.241*** (0.003)	0.057 (0.342)
性别	−0.008 (0.952)	0.068 (0.592)	0.170 (0.178)	0.240** (0.043)	−0.263** (0.046)	−0.184 (0.126)	−0.008 (0.952)	0.081 (0.414)
受教育程度	−0.052 (0.776)	0.059 (0.472)	0.070 (0.392)	0.101 (0.185)	−0.097 (0.253)	−0.062 (0.422)	0.025 (0.776)	0.055 (0.382)
消费者代理生成度	—	0.285*** (0.000)	—	0.260*** (0.000)	—	0.294*** (0.000)	—	—
个人遗产价值	—	—	—	—	—	—	—	0.383*** (0.000)
消费者知识	—	—	—	—	—	—	—	0.586*** (0.000)
调整后的 R 平方	0.077	0.260	0.006	0.146	0.282	0.402	0.077	0.532

注：*** $p<0.01$，** $p<0.05$，* $p<0.1$。

(四)中介效应检验

为了对个人遗产价值、消费者知识的中介效应进行检验，采取 Preacher 等(2008)提出的 bootstrap 方法:样本量设置为 5000,选择 95%的置信区间,重点查看:(1)中介效应置信区间是否包含 0,如果包含 0,则中介效应不显著;不包含 0,则中介效应显著。(2)对于有两个中介变量共同发挥中介作用的大小及其显著性检验:①看共同效应置信区间是否包含 0,包含 0,则中介效应不显著,不包含 0 则中介效应显著;②通过系数的大小进一步比较单个中介变量各自的中介效应大小。

针对中介效应的检验,构建了消费者代理生成—个人遗产价值—消费者态度和消费者代理生成—消费者知识—消费者态度 2 个模型,分析结果如表 3 所示,个人遗产价值中介效应模型中,中介效应和主效应的置信区间分别为(0.0437,0.1501)和(0.1269,0.3350),都不包含 0,效应大小分别为 0.0875 和 0.2310,说明个人遗产价值在消费者代理生成与消费者态度之间存在部分中介作用。消费者知识中介效应模型中,中介效应和主效应的置信区间分别为(0.1420,0.2886)和(0.0095,0.2100),都不包含 0,效应大小分别为 0.2088 和 0.1097,说明消费者知识在消费者代理生成与消费者态度之间存在部分中介效应。假设 H2b、H3b 得到了支持。

表 3　部分中介效应检验结果

模型	中介效应		主效应	
	置信区间	效应大小	置信区间	效应大小
消费者代理生成—个人遗产价值—消费者态度	(0.0437,0.1501)	0.0875	(0.1269,0.3350)	0.2310
消费者代理生成—消费者知识—消费者态度	(0.1420,0.2886)	0.2088	(0.0095,0.2100)	0.1097

为了检验个人遗产价值和消费者知识在消费者代理生成与消费者态度之间的并列中介效应,构建了消费者代理生成—个人遗产价值/消费者知识—消费者态度模型进行分析,分析结果如表 4 所示。在模型中,个人遗产价值和消费者知识两个变量共同发挥的中介效应置信区间为(0.2475,0.3889),不包含0,效应大小为 0.3113,中介效应显著。在两个中介路径中,个人遗产价值的中介效应的置信区间为(0.0555,0.1506),不包含 0,效应大小为 0.0952;消费者知识的中介效应的置信区间为(0.1552,0.2894),不包含 0,效应大小为 0.2162;主效应的置信区间为(-0.0895,0.1038),包含 0,效应不显著。可见,个人遗产价值和消费者知识完全中介了消费者代理生成对消费者态度的影响,其中消费者知识的中介效应大于个人遗产价值的中介效应。

表 4　完全中介效应检验结果

中介效应	置信区间	效应大小
共同作用	(0.2475,0.3889)	0.3113
个人遗产价值	(0.0555,0.1506)	0.0952
消费者知识	(0.1552,0.2894)	0.2162
主效应	(-0.0895,0.1038)	0.0072

(五)结果解释

结果表明,消费者代理生成对书画收藏品消费者的购买态度有直接的影响,代理生成度越高的消费者对收藏品持有更积极的购买态度。中介效应测试结果表明,消费者代理生成通过书画收藏品的个人遗产价值和消费者知识对消费者态度产生间接影响。高度代理生成型消费者对书画收藏品感知的个人遗产价值更高,认为书画收藏品可以作为一种个人遗产传递给子孙后代,以使自己被后代记住,所以对书画收藏品的购买态度更为积极,更有意购买书画收藏品。同时,消费者代理生成度越高,持有更积极的动机去了解收藏品的相关知识,对书画收藏品的相关知识了解程度也越高,对书画收藏品的购买态度更为积极,更有意购买书画收藏品。

五、结论与建议

本文重点论述了个人遗产价值和消费者知识对代理生成型消费者对收藏品的购买态度的影响。这项研究的一个贡献是对收藏品消费行为研究的拓展,将消费者代理生成作为收藏品行业的潜在分割标准。因为消费者代理生成度越高,他们就越渴望能够留存在后代的回忆中,而收藏品能够满足他们的这一动机,以个人遗产的形式传递和保留价值。由此可以改进关于消费者购买收藏品的认识,帮助市场更好地了解消费者喜欢收藏品的原因。另一个贡献就是对收藏品消费者知识的认识,因为代理生成型消费者需要寻找一个介质满足自我能够留存在后代回忆中的动机,因此代理生成型消费者有动机去了解收藏品相关信息。消费者知识在消费者代理生成对收藏品消费者购买态度中的中介作用,在收藏品的营销过程中值得关注。

从2009年到2011年中国书画市场呈井喷式增长,但从2012年起,由于宏观经济环境变化和相关政策影响,中国书画市场出现了持续性下跌。截至2017年,中国书画市场仍处于下跌趋势。中国书画市场出现的“泡沫”和过度炒作,既有市场制度缺失滋生的腐败,也有市场流动性缺失导致的消费者非理性推动。伴随着中华文化的复兴,中国书画市场需要构建一个以价值为导向的理性市场。基于本文研究,我们对当前的书画市场发展和管理提出以下建议。

第一,可以考虑采用将代理生成型消费者定位为潜在客户群的策略,提高代理生成型消费者比重,推动书画市场的理性和可持续发展。第二,收藏品行业可以使用感知的个人遗产价值创建和监控品牌标识,在这方面,个人遗产价值也可以作为战略手段来对抗竞争,例如可以根据感知的个人遗产价值对书画品本身内容进行解析收藏品“背后的故事”,在营销活动中通过社交媒体创建书画收藏品所有者的故事从而创建营销内容，丰富书画收藏品的价值内涵。第三，面对消费者行为的理性化，卖方可以考虑举办收藏品相关知识培训和书画鉴赏活动，为消费者提供更多获取专业知识的渠道，进而加深消费者的购买意愿。

尽管有这些重要的发现，这项研究并非没有局限性。首先，本文重点考察了个人遗产价值、消费者知识的中介作用，以后可以引入其他因素考察消费者代理生成对消费者态度的影响；其次，本文主要从感知视角测量消费者知识，以后可以进一步借鉴消费者知识理论，从客观计量视角衡量消费者知识，并且挖掘受消费者代理生成度影响，消费者知识形成的具体路径；再次，本文的数据收集受收集渠道的影响，在保证年龄分布的均衡性方面存在不足；最后，本文主要的研究对象是书画收藏品消费者，其他类型的收藏品消费者也是未来值得研究的对象。

参考文献

[1]AGOSTINHO D, PACO A. Analysis of the motivations, generativity and demographics of the food bank volunteer [J]. International journal of nonprofit & voluntary sector marketing, 2012, 17 (3):249-261.

[2]ALBA J W, HUTCHINSON J W. Knowledge calibration: what consumers know and what they think they know [J]. Journal of consumer research, 2000, 27: 123-156.

[3]AUBIN E, DAN M A, KIM T C. The generative society: an epilogue [M]. Washington: American Psychological Association. 2004: 265-271.

[4]AURIER P, NGOBO P V. Assessment of consumer knowledge and its consequences: a multi-component approach [J]. Advances in consumer research, 1999, 26: 569-575.

[5]BAKAN D. The duality of human existence [J]. Review of religious research, 1968, 10 (2):122.

[6]BETTMAN J R, PARK C W. Effects of prior knowledge and experience and phase of the choice process on consumer decision processes: a protocol analysis [J]. Journal of consumer research, 1980, 7(3): 234-248.

[7]BOLAND M, THORNTON D B. Pricing in auction markets for collectibles: theory and experimental evidence [J]. Journal of behavioral finance, 2014:1-34.

[8]BRUCKS M. The effects of product class knowledge on information search behavior [J]. Journal of consumer research, 1985,12 (1):1-16.

[9]ERIKSON E H. Childhood and society [J]. Journal of the American academy of child & adolescent psychiatry, 1950, 37 (4):456-457.

[10]FOXALL G R. Consumer behavior analysis [M]. London: Palgrave Macmillan UK, 2007: 165-199.

[11]HOLBROOK M. Consumer value [M]. London: Routledge, 1998:22-23.

[12]KOTRE J N. Outliving the self: generativity and the interpretation of lives [M]. Baltimore: Johns Hopkins University Press, 1984:291.

[13]KUMAR V, REINARTZ W. Creating enduring customer value [J]. Journal of marketing, 2016, 80 (6): 36-68.

[14]LACROIX C, JOLIBERT A. Mediational role of perceived personal legacy value between consumer agentic generativity and attitudes/ buying intentions toward luxury brands [J]. Journal of business research, 2017, 77:203-211.

[15]LACROIX C, JOLIBERT A. Targeting consumers who care about future generations [J]. Psychology & Marketing, 2015, 32(8): 783-794.

[16]LACROIX C, JOLIBERT A. Relationship between generative consumers and attitudes and buying intentions toward luxury brands: the mediator role of perceived value of luxury brands [J]. Monaco symposium on luxury, 2016:1-13

[17]MAY P J. Chapter 23: art and collectibles for wealth management [M]. BAKER H K, FILBECK G, RICCIARDI V. Financial behavior: players, services, products, and markets. New York: Oxford University Press, 2017:422-435.

[18]MCDOUGALL G H G, LEVESQUE T. Customer satisfaction with services: putting perceived value into the equation [J]. Journal of services marketing, 2000, 14(5):392-410.

[19]MOORMAN C, DIEHL K, BRINBERG D, et al. Subjective knowledge, search locations, and consumer choice [J]. Journal of consumer research, 2004, 31 (3):673-680.

[20]PARK C W, GARDNER M P, THUKRAL V K. Self-perceived knowledge: some effects

on information processing for a choice task [J]. American journal of psychology, 1988,101 (3): 401–424.

[21]PARK C W, MOTHERSBAUGH D L, FEICK L. Consumer knowledge assessment [J]. Journal of consumer research, 1994, 21 (1):71–82.

[22]PREACHER K J, HAYES A F. Assersing mediation in comuniation research [M]. London: The SAGE sourcebook of advanced data analysis methods for communication research, 2008.

[23]RENNEBOOG L, SPAENJERS C. Buying beauty: on prices and returns in the art market [J]. Management science, 2013, 59(1): 36–53.

[24]ROSTER C A, ROGERS M M. Profits and perils in the antiques and collectibles market: the influence of product knowledge structures on dealer exchange outcomes [J]. International review of retail distribution & consumer research, 2016, 26 (1):1–16.

[25]SALEHZADEH R, POOL J K, SOLEIMANI S. Brand personality, brand equity, and revisit intention: an empirical study of a tourist destination in Iran [J]. Tourism review, 2016, 71 (3):205–218.

[26]SCORCU A E, ZANOLA R. The "right" price for art collectibles: a quantile hedonic regression investigation of Picasso paintings [J]. The journal of alternative investments, 2011, 14 (2): 89–99.

[27]SWEENEY J C, SOUTAR G N. Consumer perceived value: the development of a multiple item scale [J]. Journal of retailing, 2001, 77 (2):203–220.

[28]VIGAR-ELLIS D, PITT L, BERTHON P. Knowing what they know: a managerial perspective on consumer knowledge [J]. Business horizons, 2015, 58 (6):679–685.

[29]WAN J, THIERRY E. The art market in 2017 [R]. AMMA and Artprice, 2018.

Agentic Generativity and Purchase Attitude: The Mediator Role of Personal Heritage Value and Consumer Knowledge

Yang Yongzhong　Chen Fan

Abstract: Along with the development of China's economy, the Chinese collectible market has gradually developed. Moreover, when it comes to consumption, adults are paying more attention to the welfare of their offspring. The purpose of this article is to investigate whether the purchase motivation of collectible consumers is related to the concern for the well-being of their children and whether such motivation has an impact on consumer behaviors. Based on Chinese painting and calligraphy collection market and the agentic generativity theory, this research applies regression analysis and bootstrap mediation effect test to analyze the relationship between the degree of agency generation and consumer attitudes of collectible consumers with personal heritage value and consumer knowledge as mediating variables. The results show that consumer agentic generativity positively influences consumer attitudes through personal heritage value and consumer knowledge. Besides, personal heritage value and consumer knowledge fully mediate the effect of consumer agentic generativity on consumer attitudes, with consumer knowledge having a stronger mediating effect than the personal heritage value.

Keywords: agentic generativity, personal heritage value, consumer knowledge, consumer attitude

微型影响者对销售额的影响因素之探索性研究

——以中国直播电商市场为例

◎ 涂浩瀚　谢明宏*

摘要：虽然拥有社交网络核心地位的顶级影响者得到了大量"粉丝"的青睐，但微型影响者正在获得更多的关注，因为他们贡献了大量的销售份额，但这份能力被低估了，有关微型影响者的研究在理论上被忽略了。由2020年新冠肺炎疫情暴发引发的网络营销热潮，使得越来越多的人加入并成为有影响力的人，我们认为微型影响者的合作门槛低、合作程度高、成本表现高，可能在提高盈利能力方面发挥重要作用。

本文以微型影响者为研究重点，共收集了来自抖音App平台的直播销售排名榜的前500位影响者数据，利用社会网络理论和信号理论，通过多个关键变量测试了直播经济中微型影响者的影响因素。与大多数研究购买意图而不是现实世界交易的营销文献不同，本文使用了

* 涂浩瀚，实践大学创意产业博士班，副教授；研究方向：文创产业创新管理、智慧传播、数字科技营销；邮箱：iris.tu@139.com。谢明宏，实践大学创意产业博士班，教授兼所长；研究方向：媒体与创意产业、创意管理、新产品行销和文化品牌管理；邮箱：ming1612@gmail.com。

2020 年中国市场发生的实际销售额。这项研究也为学者和管理者提供了许多有趣的结果和实用的建议。它还提供了管理含义和理论含义，这应该阐明微型影响者可能呈现的被忽视的营销方向和机会的经验证据。

关键词：影响者营销；微型影响者；社会化网络；信号理论；直播电商

一、研究背景

在创意经济时代，移动互联网的发展使得社交化媒体成为超越传统营销方式的新渠道。为适应市场及消费者的不断变化，尤其是新兴媒体拥有高度个人化与可控制内容的特性（Durbhakula, et al., 2011），影响者营销在过去几年一直呈上升趋势，特别是 2020 年开始受到疫情影响，越来越多的人加入影响者行列。只是不论学术界还是实务界，大家都更关注处于社交中心位置的顶级影响者，知名网红犹如明星般受到大家的关注。关注者的数量是一个基本原则——关注者数量多的社交媒体用户在社交媒体平台上具有较高的影响力（Wu, et al., 2011; Rattanaritnont, et al., 2012）。

在所有人的目光都聚集在顶级影响者时，一些“非名人”影响者正在发挥作用。他们以更亲民的方式在社交媒体获得相当数量的追随者（De Veirman, et al., 2017）。越来越多的营销经理与微型影响者合作，他们具备更大的真实性，并且往往更多地与追随者的需求和利益联系在一起（Wissman, 2018）。抖音 App 的数据显示，直播带货的前 500 位销售达人，有 2/3 以上为微型影响者，正如圣地亚哥大学商学院的 Campbell 所说，有影响力的人可能被低估了（Campbell, et al., 2020）。

本研究着眼于讨论“非名人”影响者即微型影响者的价值影响因素，收集了短视频社交媒体平台——抖音的直播带货榜单的前 500 位销售达人的数据，通过其中微型影响者的相关因素进行 SEM 模型检验,发现依靠打造"人设"而获取流量的方式,并非影响者销售能力的直接因素,并以此研究来探索社会化网络理论边缘位置的能力,同时也为实务界的应用提供新的策略。

二、相关文献综述与研究假设

(一)基于社会化网络理论:连接与分享

传统的社会化网络理论讨论的是人与人之间的连接关系,确定影响力的关键特征与其个人在网络中的结构位置有关(Katz, 1955),著名的传播两级流动法即为意见领袖向群体传播信息(Scott, 2000),通过衡量社交关系的中心位置来判断人际关系的强连接(Freeman, 1978)。在媒体效应研究领域,网络中各个参与者的结构位置以及整个网络的性质(例如密度、集中度和模块化)会影响媒体信息的流动及其对受众的影响(Liu, et al., 2017)。

随着互联网的发展,人的影响力与扩散性有了新的判断方式。例如,互不相识的网友通过媒体平台的功能,可以促进信息的传播。在讨论频率和网络规模等因素中,弱关系讨论频率是个体自由行为最强的预测因子,新媒体和社交网站的出现增加了在线弱联系(de Zúñiga, et al., 2011)。人们通过平台与地理位置较远的人联系,还提供了"添加朋友""关注帖子"等功能。"提及"和"转发"已经被理论化为弱社会关系的形式。一些研究已经发现了在线的、中介的弱联系在维持个人与社会资本的桥梁上的证据,新媒体平台的兴起促使学者们重新审视弱关系的定义、概念边界和新类型。

以往研究中,意见领袖可以定义为对他人的决策有很大影响的个体(Cartano, 1962),而现在则更多为对他人的态度和行为有很大影响的个体(Godey, et al., 2016)。大众媒体正变得越来越碎片化,小众媒体越来越多地参与窄播(Bennett, et al., 2006)。意见领袖越来越平民化,众多学者指出影响者可以是对某一专题有广泛了解的人,也可以是与他人有许多联系的人(Lyons, et al., 2010; Yang, 2018)。

意见领袖更多强调的是具有中心位置并且具有专业知识或技能的人,而影响者是可能会具有更强的分享意愿并由此获得一定影响力的普通消费者。在社交媒体环境下,影响者被称为"意见领袖"或有一些被称为关键意见领袖(尤其是在中国),或有时也被称为"潮流引领者""影响者""意见制造者""思想领袖",或"思想制造者"。影响者可以是一个热心的人或是评论者,或是日常消费者,他们比一般人更有可能寻找信息,与他人分享想法、信息和建议。他们通过自愿提供感兴趣的产品和服务的意见(真实的或感知的)影响他人决策(Woods, 2005; Keller, et al., 2016)

因此,我们定义影响者是具有多种身份(多种类型的参与者)、多种网络关系(强关系与弱关系)、多种渠道(单一式与双向式)的单一个体,他们主动在媒体平台上发布自己的观点和消费体验,从而对他人的消费决策产生影响。透过影响者的"粉丝"数量,根据 Campbell 与克劳锐等的研究,抖音 App 平台"粉丝"在 100 万以下的影响者为微型影响者(Launchmetrics, 2020;克劳锐, 2020)。

(二)基于网络外部性理论:连接与互动

社会化网络中提到的影响者,由传统的线下网络向在线网络延伸,越来越多的社交关系在互联网上建立、连接、传播。互联网使基于共同利益的消费者很容易聚集在一起。如果利益(更严格地说是边际效应)是其他用户数量的递增函数,则存在正的网络外部性(Network Externalities)。如果利益是其他用户数量的递减函数,则存在网络负外部性(Moffatt, 2019)。对于许多高科技和互联网相关产品,对消费者的效应部分取决于用户基数(Prasad, et al., 2010),高销售量通过形成网络外部性促成购买决策,从而进一步推动扎堆消费(谭淑媛等, 2015)。同时也有研究认为网络直播行业具有极强的网络外部性,观众对主播的打赏很容易产生跟随效应,消费者效应受到观看直播的用户规模的影响

(李军,等, 2018)。当用户越来越多的时候,网络压力就会越来越大,效应下降,通常就是人们所称的"塞车"现象。

网络外部性对影响者的"塞车"影响有两种状况。首先,顶部影响者过于集中导致的投资拥堵。对顶级影响者的追捧和依赖,令营销无法复制,造成了高预算,同时效应难以评估。其次,影响者的"粉丝"规模越大,反而无法与"粉丝"充分互动,导致沟通互动的渠道堵塞。

以往的社交化网络关系是单向式、由中心位置向外涟漪式扩散的系统,借助 Web 2.0,影响者通过在线社交媒体与"粉丝"进行直接的互动,除了通过账号互动,还产生一种新的媒体类型,即直播,它将跨模式视频传播的活动与实时广播结合(Recktenwald, 2017)。社交直播平台定义为在线社区,用户在这里播放和观看直播视频内容,同步互动功能促进了社交性(Bründl, et al., 2016)。社交直播平台的关键目标,就像所有其他内容社区一样,是聚合内容(Hess, 2014)。

直播可以为消费者提供与影响者、企业等实时聊天和交流的空间(Addo, et al., 2021)。人们更喜欢同时性,因为它促进了社会联系(Baumeister, et al., 1995),社交媒体的弱联系性,加强用户对社区的需求,尤其是在直播中,社区意识很重要(Hilvert-Bruce, et al., 2018)。社区意识包括"粉丝"体验、影响力、需求的满足、对渠道和其他参与者的归属(McMillan, et al., 1986; Hilvert-Bruce, et al., 2018)。这表明直播观众会被那些他们觉得重要的和有影响力的社区所吸引,直播观众可以通过成功参与和社交来满足他们的会员需求。分享经验和持续参与流媒体有助于与其他参与者建立联系,并在渠道中培养社区意识(Hilvert-Bruce, et al., 2018),从而缓解"塞车"现象。

本文研究基于连接带来的分享与互动特征,探讨微型影响者的销售能力的影响因素,从而填补社会化网络边缘位置的研究空白。

(三)研究假设

1.影响者形象塑造

影响者要发挥自己的影响力,首先需要建立自己的影响力,因此影响者的账户需要经常性地发布一些影响者的看法和观点,能够增加影响者的凝聚力,打造影响者形象(Derbaix, et al., 2003)。以往的研究也表明,影响者的交流数量与作为意见领袖的看法之间存在着关系(Tsang, et al., 2005)。例如在推特(Twitter)上,影响者就是通过频繁发布来传播自己的意见或分享他们的轶事的(Park, 2013),他们需要更频繁地发布信息,以构建并扩大他们在社区中的声誉(Leal, et al., 2014)。同时高水平的交流活动(帖子和回复的数量)与在网络中影响他人的能力有关(Huffaker, 2010),“粉丝”向其他人推荐影响者账户,因为他们有相同的需求和利益(Casaló, et al., 2017)。

在视频社交媒体平台,发布过视频作品并获得较高“粉丝”关注的影响者在直播时比没有发布过视频的影响者,能获取到更多的直播间在线人数。根据研究,通过跟踪影响者账户,“粉丝”将能够从被认为具有很大可信度的影响者那里获得最新的重要信息(Gentina, et al., 2014)及参与该主题(Rahman, et al., 2014)。

影响者发布的作品数量构成影响者形象,因此提出假设:

假设1:微型影响者形象对账号“粉丝”互动回馈具有正向影响。

假设2:微型影响者形象对直播“粉丝”互动回馈具有正向影响。

假设3:微型影响者形象对直播销售额具有正向影响。

2.“粉丝”互动回馈:账号“粉丝”互动回馈和直播“粉丝”互动回馈

从信息发布频率的角度而言,学者指出频繁发布帖子的人同样也会及时关注和回复相关领域中有分量的帖子(Sheizaf, et al., 1997),因为影响者不仅需要发表自己的论点,而且需要扩大自身的影响力。以前的研究还表明,小组成员所做的交流与他们作为意见领袖的看法之间存在着关系。“添加朋友”“关注帖子”“提及”“转发”等功能被理论化为弱社会关系的形式(Liu, 2017)。

Wiener(1961)认为互动性就是信息发送者与接收者在信息传达过程中的一系列互动,从而达到有效沟通的目的。而 Rogers(1986)则认为,互动的重点是对信息的反馈。互动倾向被定义为一个成员在网络环境中与他们以前没有见过的人互动的一般倾向(Wiertz, et al., 2007)。因此,它与个人喜欢参与在线讨论的程度有关。Blazevic 等人指出,这是一种个人特质,它区分了个人在网络社区与他人互动的倾向。因此,可以根据这些社区成员是否存在或愿意与这些平台上的其他人进行在线交互(Blazevic, et al., 2014; Schlosser, 2011)进行分类。同时他们还注意到,在线互动倾向与向其他成员提供信息和建议之间存在关系。网络互动倾向与在 Facebook 上同他人交流、分享想法等行为之间存在正相关关系。因此,在线互动倾向可能会加强意见领袖对那些涉及在线交流的成员的影响(Dessart, et al., 2015; Casaló, et al., 2011)。

“粉丝”可以向其他人推荐影响者账户,因为他们有相同的需求和兴趣(Casaló, et al., 2017)。新技术促进并增加了这些流程的重要性(Serra-Cantallops, et al., 2018),个人向他人推荐账户的意愿与此相关。通过跟踪该账户,同行消费者将能够从一个被认为具有很大可信度的影响者那里获得最新的重要信息(Gentina, et al., 2014)。因此提出假设:

假设 4:账号“粉丝”互动回馈对于直播“粉丝”互动回馈具有正向影响。

假设 5:账号“粉丝”互动回馈对于直播销售额具有正向影响。

假设 6:直播“粉丝”互动回馈对于直播销售额具有正向影响。

综合以上假设,形成以下研究假设模型(见图 1)。

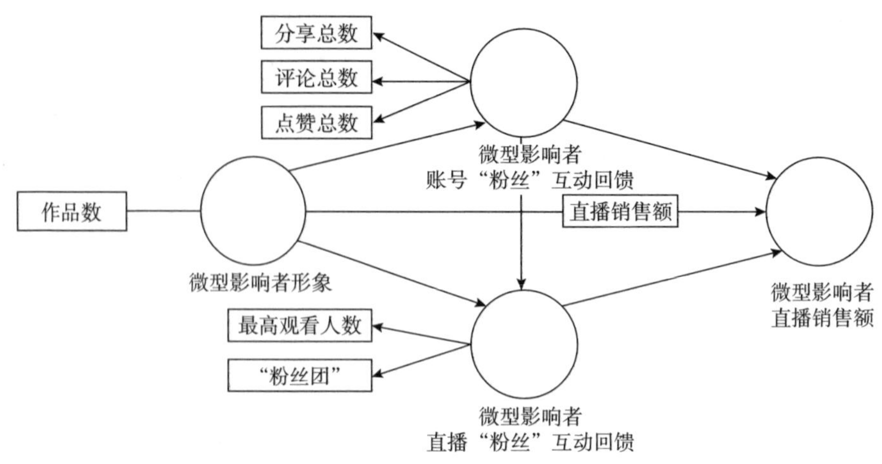

图1　研究假设模型

三、研究结果

(一)数据收集

本研究的样本数据为次级资料,来自抖查查(https://www.douchacha.com),收集统计了来自抖音的500个影响者样本,其中微型影响者为100万“粉丝”及以下,样本为334份,占总样本数的66.8%。数据的时间范围为2020年8月。

抖音App是中国最受欢迎的短视频社交媒体之一,截至2020年9月,抖音日活跃用户数超过4亿(抖音, 2020),并且拥有超过半数以上的微型影响者,非常具有代表性;本次挑选的样本,以销售额为排行榜,对于讨论微型影响者如何与意见领袖并驾齐驱更有指导意义,因此本研究以抖音为研究对象更有前沿价值,同时也能对全球其他国家的应用带来示范意义。

(二)模型检验

本研究主要通过 Smart PLS 的算法和 bootstrap 分别进行测量模型和结构模型的检验。微型影响者的假设模型运用 PLS-SEM 后的测量模型结果见图 2。

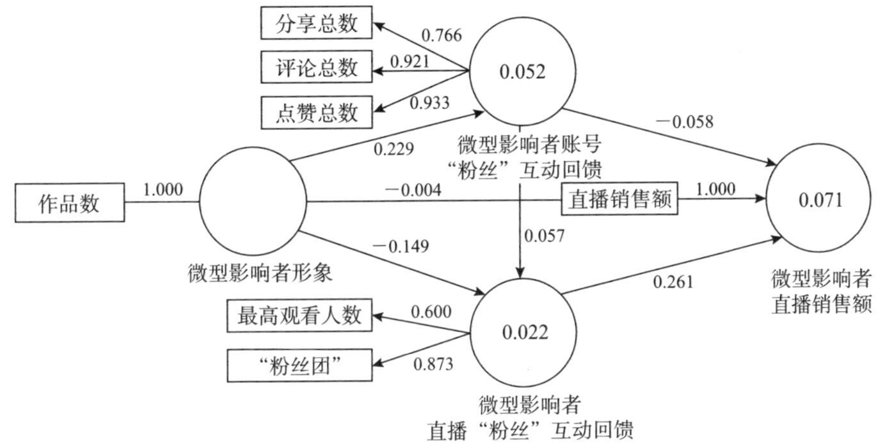

图 2 微型影响者 PLS 测量模型

从以上检验结果可知,测量模型因子载荷均>0.5,模型拟合度稳定,且 AVE >0.5,具有区别效度。四个矩阵中除去直播“粉丝”互动回馈克朗巴哈系数=0.236<0.7 不符之外,微型影响者形象、直播销售额和账号“粉丝”互动回馈均符合组合信度(CR)>0.7,且克朗巴哈系数>0.7,loading>0.5,并且 AVE>0.5,即这三个矩阵之内对应的构面中存在内部一致性。接下来检验结构模型的状况,查看假设模型的路径系数,见表 1。

表 1 微型影响者 PLS-SEM 模型 t 值、p 值检验

微型影响者	初始样本(O)	样本均值(M)	标准差(STDEV)	t 统计量(|O/STDEV|)	p 值
微型影响者形象→账号“粉丝”互动回馈	0.229	0.240	0.060	3.780	0.000

续表

微型影响者	初始样本(O)	样本均值(M)	标准差(STDEV)	t统计量(|O/STDEV|)	p值
微型影响者形象→直播“粉丝”互动回馈	−0.149	−0.173	0.040	3.751	0.000
微型影响者形象→直播销售额	−0.004	0.000	0.027	0.156	0.876
账号“粉丝”互动回馈→直播“粉丝”互动回馈	0.057	0.082	0.082	0.695	0.487
账号“粉丝”互动回馈→直播销售额	−0.058	−0.063	0.031	1.860	0.063
直播“粉丝”互动回馈→直播销售额	0.261	0.262	0.071	3.661	0.000

微型影响者形象对账号“粉丝”互动回馈，$p=0.000<0.001$ 且 $t=3.780>1.96$，路径系数=0.229，为显著的正向影响，即影响者发布越多作品，形象越好，在账号中的“粉丝”互动性就会越高。$R^2=0.022$，说明影响者形象对账号“粉丝”互动回馈模型具有2.2%的解释能力。

微型影响者形象对直播“粉丝”互动回馈，$p=0.000<0.001$ 且 $t=3.751>1.96$，路径系数=−0.149，为显著的负向影响，即影响者发布越多作品，在直播场景中的“粉丝”互动性越低。$R^2=0.052$，说明影响者形象对直播“粉丝”互动回馈模型具有5.2%的解释能力。

直播“粉丝”互动回馈对直播销售额，$p=0.000<0.001$ 且 $t=3.661>1.96$，路径系数=0.261，为显著的正向影响，即直播时的“粉丝”互动越强，直播销售额越高。$R^2=0.071$，说明直播“粉丝”互动回馈对直播销售额模型具有7.1%的解释能力。

(三)微型影响者的研究结果(见表2)

表2 研究假设检定判断表

假设	路　　径	假设关系	路径值	假设成立与否
H1	微型影响者形象→账号"粉丝"互动回馈	正向	0.229***	成立
H2	微型影响者形象→直播"粉丝"互动回馈	正向	−0.149***	不成立
H3	微型影响者形象→直播销售额	正向	−0.004	不成立
H4	账号"粉丝"互动回馈→直播"粉丝"互动回馈	正向	0.057	不成立
H5	账号"粉丝"互动回馈→直播销售额	正向	−0.058	不成立
H6	直播"粉丝"互动回馈→直播销售额	正向	0.261***	成立

注:*** $p<0.001$。

H1为微型影响者形象对于账号"粉丝"互动回馈为正向显著影响,即提升影响者形象,可以促进账号"粉丝"的互动。

H6为直播"粉丝"互动回馈对于直播销售额为正向显著影响,即加强直播"粉丝"互动可以提升直播销售额。

通过以上的研究结果,我们发现,微型影响者在直播中获得的销售额,并不能由微型影响者形象直接得到,而需要通过"粉丝"互动才有机会提升销售额,因此微型影响者的"粉丝"互动回馈在影响者形象与直播销售额之间,存在间接中介效应(见表3)。

表3 完全中介效应表

路　　径	初始样本(O)	样本均值(M)	标准差(STDEV)
微型影响者形象→直播"粉丝"互动回馈→直播销售额	−0.039	−0.044	0.012

其中微型影响者形象到直播销售额具有完全中介效应。路径为:微型影响者形象→直播"粉丝"互动回馈→直播销售额。也就是微型影响者形象不能直接提升直播销售额,必须通过直播"粉丝"互动回馈来达成,而微型影响者形象

与直播“粉丝”互动回馈为负向显著影响,发布作品越多、形象越好,但会影响直播时的“粉丝”对影响者的互动交流。

(四)微型影响者的类型

抖音平台依据影响者日常发布的内容倾向于为每一位影响者打标签,本文的微型影响者除去7位空白标签,共有327位被打上了28种标签。

过去体验经济提出,使用者有不同参与度与联结度,影响在体验活动设计上的类型化差异(Pine, et al., 1998; Atwal, et al., 2017)。有研究指出,使用者的社群身份认同,是影响其对社群活动参与度与联结度的主要原因。影响者可以通过多种方式进行分类,包括影响范围(局部与全局)、知识领域(单纯与多态)、行为(积极与破坏性)和时间(长期与短期)(Bamakan, et al., 2019)。

为了检验不同类型的微型影响者在直播经济中是否也具有差异性,本文按照同类归集整理对以上327位具有标签属性的微型影响者进行了类别分组,并根据访谈对象的建议进行了个别的微调。共有四个类别,见表4。

表4 微型影响者四种类型

类型	标签归集	数量
时尚穿搭	时尚,穿搭	159
美妆丽影	美妆	21
居家生活	种草,剧情,网红美女,美食,家居,生活,母婴育儿,旅行,情感,健康,科技,汽车,教育,百科知识,职场教育,知识信息	121
娱乐至上	影视娱乐,体育,文学艺术,摄影,明星,动漫,搞笑,音乐,游戏	26
合计		327

将微型影响者分为四种类型的检验见图3。

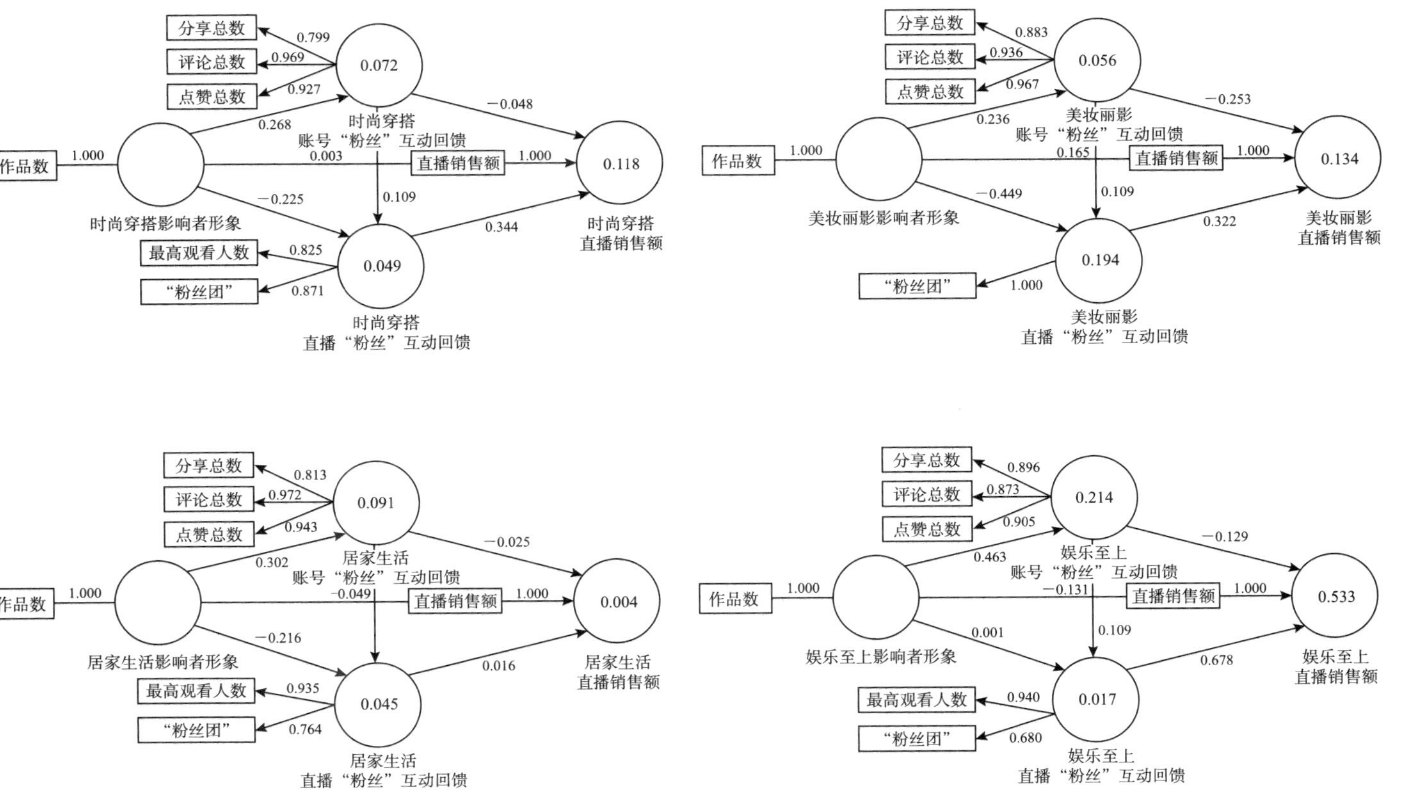

图 3　微型影响者四种类型 PLS 测量模型

四种类型的模型架构稳定，以下将微型影响者以及四种类型的系数路径进行整理汇总，具有显著影响作用的模型见表5。

表5 微型影响者及四种类型分类中显著性汇总表

路径	微型影响者类型	初始样本（O）	样本均值（M）	标准差（STDEV）	t 统计量（|O/STDEV|）	p 值
微型影响者形象→账号“粉丝”互动回馈	微型影响者	0.229	0.240	0.060	3.810	0.000
	时尚穿搭	0.268	0.293	0.092	2.929	0.003
	居家生活	0.302	0.330	0.093	3.247	0.001
	娱乐至上	0.463	0.525	0.198	2.343	0.019
微型影响者形象→直播“粉丝”互动回馈	微型影响者	−0.149	−0.174	0.040	3.703	0.000
	时尚穿搭	−0.225	−0.229	0.049	4.563	0.000
	美妆丽影	−0.449	−0.479	0.156	2.872	0.004
	居家生活	−0.216	−0.239	0.060	3.581	0.000
直播“粉丝”互动回馈→直播销售额	微型影响者	0.261	0.264	0.072	3.613	0.000
	时尚穿搭	0.344	0.381	0.104	3.291	0.001

微型影响者形象对账号“粉丝”互动回馈，时尚穿搭（p 值=0.003，路径系数=0.268）、居家生活（p 值=0.001，路径系数=0.302）、娱乐至上（p 值=0.019，路径系数=0.463）三种类型的微型影响者为显著的正向影响，与微型影响者相同，即影响者形象的提升，能加强账号“粉丝”的互动回馈。其中微型影响者的显著性最高（p 值=0.000），娱乐至上的影响程度最高（路径系数=0.463）。

微型影响者形象对直播“粉丝”互动回馈，时尚穿搭（p 值=0.000，路径系数=−0.225）、美妆丽影（p 值=0.004，路径系数=−0.449）、居家生活（p 值=0.000，路径系数=−0.216）三种类型的微型影响者为显著的负向影响，与微型影响者相同，即影响者形象的不断提升，也就是发布的作品越多，越会导致直播“粉丝”的互动回馈降低。

直播“粉丝”互动回馈对直播销售额,时尚穿搭(p 值 = 0.001,路径系数 = 0.344)一种类型的微型影响者为显著的正向影响,与微型影响者相同,即直播的“粉丝”互动回馈越高,则直播销售额越高。

四、研究结论

(一)研究结论

根据以上研究结果分析,可以了解到微型影响者在直播经济中的几个影响因素,本文以微型影响者的形象及“粉丝”的互动两个维度去检验相关变量与销售能力的关系。

第一,微型影响者的形象对销售没有直接的影响关系。

以上的研究结果说明影响者的形象对销售没有直接的影响关系,但影响者的形象部分因素会影响与“粉丝”的互动,从而产生价值。研究证明,“人设”的打造,并不能帮助影响者实现影响力变现。影响者的形象是为“粉丝”互动做准备的。

第二,微型影响者的形象对“粉丝”互动回馈具有部分影响关系。

微型影响者的形象中部分变量对“粉丝”互动回馈产生了影响关系。其中评论能够帮助微型影响者提升“粉丝团”的规模($B = 0.241$,$p = 0.013$),但是发布过量的作品数会消减部分效果,导致“粉丝团”的规模缩小。内容社区的成功,持续提供一定量的内容是至关重要的(Hess, 2014)。这意味着作品的发布量要少且质量要精。只有优质的内容才能帮助提升形象,获得“粉丝”的青睐。

第三,微型影响者的“粉丝”互动回馈对销售额具有显著的正向影响关系。

“粉丝团”成员相比平台的“粉丝”数更具有社区意识,并且随着参与直播的场数、时长,还有发言、购买及其他互动增加,“粉丝”可以逐层升级自己的权限,获得影响者的独特福利。互动可以被理解为一系列的交流,创造关系,并潜在地导致社会资本的发展(Bourdieu, 2011)。用户之间的交互影响另一个进程的行为和决策过程(Chen, et al., 2012; Miao, et al., 2013)。活跃用户的使用和满足概念与基于互联网的媒体特别相关,并通过交互性的存在而得到加强,如在社交直播平台的情况下(Ruggiero, 2000)。与传统的点播内容社区相比,直播平台能够实现内容贡献者和受众之间的同步交流,从而实现更高的社交互动。

第四,根据"粉丝"互动场景的环境,可以将其分为账号"粉丝"和直播"粉丝"。

在以上的研究中,我们发现"粉丝"在不同的社交环境中,需求也不同。不同类型的"粉丝",互动方式会不同,受到的影响因素和影响程度也各不相同。

(二)理论意涵

1.首次以销售实际收入作为分析对象

以往的研究中,由于销售数据的获取难度大,涉及经营状况,都集中于对消费意向的探讨,但是 Lazarsfeld 等(1944)在《人民的选择》做的投票研究发现,不太忠于自己的人在投票过程中容易改变主意。购买决策过程中,容易受到各种因素的影响,意向并不能完全代替最终的决策。本文首次从已发生的消费决策行为进行研究,以销售额作为分析数据,从已发生的决策行为来探讨微型影响者的销售影响因素,更加客观和理性。

2.完善了边缘位置的社会化网络理论

以往的社会化网络理论强调更多的是在中心位置的影响者的个体影响力。而本研究发现在边缘位置的微型影响者,虽然并不具备大量的"粉丝",但通过建立小社区以及同步交流互动,也可以带来销售收入的增加,潜在地扩大社会资本。社交媒体的弱联结性,加强了对社群的需求。直播观众会被那些他们觉得重要和有影响力的社区所吸引,并通过参与社交来满足他们的会员需求。社会化网络从边缘位置再一次产生了扩散,影响力由"强—弱"进行扩散之外,也产生了新的回旋反复,形成新的“强—弱—强”的扩散形态。

(三)实务意涵

以上研究对于参与影响者营销的企业以及机构而言,能够大幅度地降低企业的投放成本。企业在选择影响者时,可以考虑与自己品牌风格类似、更接近自己的市场预算的微型影响者,在资金足够的情况下,可以选择多个微型影响者,形成影响者营销矩阵,扩大覆盖面,从而提升微型影响者的效应,并通过“粉丝”和影响者两个维度建立社群运营机制,以提升销售额。

1.强调“粉丝”社群的重要性

影响者应当专注于如何打造与“粉丝”的交流和互动,如何扩大“粉丝团”和提升互动的活跃度,从而提升微型影响者的效应。

2.影响者类型,策略不同

当微型影响者类型不同时,产生的影响关系各不相同,这让我们确定,不同的行业应该有不同的社群关系,应该采取更具有针对性的策略。

五、研究限制与建议

本研究奠定了社会化网络理论的学理基础,并提出多项贡献。然而本文仍需考量相关限制,主要有以下讨论:

一是社会化网络的弱中心扩散研究。

本文探讨了微型影响者在直播销售能力上的表现,尚无法就微型影响者扩散能力尤其是“强—弱”扩散的形成进行讨论。微型影响者在弱联系位置上如何再次形成中心式扩散,需要从传播的节点开始,如收集用户回复时间和频次,以及讨论销售参与率,从而检测微型影响者成为顶级影响者的临界点。

二是微型影响者的实务研究。

微型影响者的销售影响力除了受到社群互动的作用,也会因为销售商品的类别不同产生差异。微型影响者在不同的销售环境下,是否能具备同样的销售力?例如直播间的布置、直播时间段的选择等。本文收集的数据具有一定的限制,对于互动过程中的具体分析还有待进一步研究。

三是新技术对影响者的影响研究。

新技术发展让影响者从线下来到了线上,并且以弱连接的方式达到了覆盖面更广的互动。而虚拟影响者的出现,补充了影响者无法工作的时间,并且通过技术的帮助,虚拟影响者具有更快并且无差别的互动性。对于影响者而言,虚拟影响者是替补性的还是替换性的?互动的频次,是否可以替代互动的温度?影响者的人格魅力应该如何在社交关系中被建立?人格魅力是否可以为影响者带来销售额的增长?以上这些疑问有待未来研究者的跟进。

参考文献

[1]ADDO P C, FANG J, ASARE A O, et al. Customer engagement and purchase intention in live-streaming digital marketing platforms [J]. The service industries journal, 2021: 1-20.

[2]ATWAL G, WILLIAMS A. Luxury brand marketing: the experience is everything! Advances in luxury brand management [M]. Switzerland, Chem: Springer, 2017: 43-57.

[3]BAMAKAN S M H, NURGALIEV I, QU Q. Opinion leader detection: a methodological review [J]. Expert systems with applications, 2019, 115: 200-222.

[4]BAUMEISTER R F, LEARY M R. The need to belong: desire for interpersonal attachments as a fundamental human motivation [J]. Psychological bulletin, 1995, 117(3):497- 529.

[5]BENNETT W L, MANHEIM J B. The one-step flow of communication [J]. Annals of the American academy of political & social science, 2006, 608(1):213-232.

[6]BLAZEVIC V, WIERTZ C, COTTE J, et al. GOSIP in cyberspace: conceptualization and scale development for general online social interaction propensity [J]. Journal of interactive marketing, 2014, 28(2):87-100.

[7]BOURDIEU P. The forms of capital [J]. Cultural theory: an anthology, 2011, 1: 81-93.

[8]BRUNDL S, HESS T. Why do users broadcast? Examining individual motives and social

capital on social live streaming platforms [C]//Proceedings of the 20th Pacific Asia Conference on Information Systems, China, Taiwan, Chiayi, 2016.

[9]CAMPBELL C, FARRELL J R. More than meets the eye: the functional components underlying influencer marketing [J]. Business horizons, 2020, 63(4):469-479.

[10]CARTANO R. Methods of measuring opinion leadership [J]. Public opinion quarterly, 1962, 26(3):435-441.

[11]CASALÓ L V, FLAVIÁN C, GUINALIU M. Understanding the intention to follow the advice obtained in an online travel community [J]. Computers in human behavior, 2011, 27(2): 622-633.

[12]CASALÓ L V, FLAVIÁN C, IBÁÑEZ-SÁNCHEZ S. Understanding consumer interaction oninstagram: the role of satisfaction, hedonism, and content characteristics [J]. Cyberpsychology behavior & social networking, 2017, 20(6):369.

[13]CHEN J, FAN J, SUN Y. Data dissemination and query in mobile social networks [M]. London: Springer science & business media, 2012.

[14]DERBAIX C, VANHAMME J. Inducing word-of-mouth by eliciting surprise: a pilot investigation [J]. Journal of economic psychology, 2003, 24(1):99-116.

[15]DE VEIRMAN M, CAUBERGHE V, HUDDERS L. Marketing through instagram influencers: the impact of number of followers and product divergence on brand attitude [J]. International journal of advertising, 2017, 36(1):1-31.

[16] DE Z ÚÑIGA H G, VALENZUELA S. The mediating path to a stronger citizenship: online and offline networks, weak ties, and civic engagement [J]. Communication research, 2011, 38(3):397-421.

[17]DESSART L, VELOUTSOU C, MORGAN-THOMAS A. Consumer engagement in online brand communities: a social media perspective [J]. Journal of product & brand management, 2015, 24(1):28-42.

[18]DURBHAKULA V K, KIM D J. E-business for nations: a study of national level e-business adoption factors using country characteristics-business-technology-government framework [J]. Journal of theoretical and applied electronic commerce research, 2011, 6(3): 1-12.

[19]FREEMAN L C. Centrality in social networks conceptual clarification [J]. Social

networks, 1978,79(1):215−239.

[20]GENTINA E, BUTORI R, HEATH T B. Unique but integrated: the role of individuation and assimilation processes in teen opinion leadership [J]. Journal of business research, 2014, 67(2):83−91.

[21]GODEY B, MANTHOU A, PEDERZOLI D, et al. Social media marketing efforts of luxury brands: influence on brand equity and consumer behavior [J]. Journal of business research, 2016, 69(12):5833−5841.

[22]HESS T. What is a media company? A reconceptualization for the online world [J]. International journal on media management, 2014, 16(1):3−8.

[23]HILVERT-BRUCEZ, NEILL J T, SJÖLOM M, et al. Social motivations of live-streaming viewer engagement on twitch [J]. Computers in human behavior, 2018,84:58−67.

[24]HUFFAKER D. Dimensions of leadership and social influence in online communities [J]. Human communication research, 2010(4):593−617.

[25]KATZ E, LAZARSFELD P F. Personal influence: the part played by people in the flow of mass communications [J]. Social forces, 1955, 34(1): 383.

[26]KELLER E, FAY B. How to use influencers to drive a word-of-mouth strategy [J]. Warc best practice, 2016, 1: 2−8.

[27]LAUNCHMETRICS The state of influencer marketing 2020: a focus on the fashion, luxury, and beauty industries. [R/OL]. (2020-12-31)[2021-9-15]. https://www.launchmetrics.com/landing/influencer-marketing-report-2020.

[28]LAZARSFELD P, BERELSON B, GAUDET H. The people's choice: how the voter makes up his mind in a presidential campaign [J]. New York: duell, sloan and pearce,1944,77(2): 177−186.

[29]LEAL G P A, HOR-MEYLL L F, DE PAULA PESSOA L A G. Influence of virtual communities in purchasing decisions: the participants' perspective [J]. Journal of business research, 2014, 67(5):882−890.

[30]LIU W, SIDHU A, BEACOM A M, et al. Social network theory [J]. The international encyclopedia of media effects, 2017: 1−12.

[31]LYONS B, HENDERSON K. Opinion leadership in a computer-mediated environment [J]. Journal of consumer behaviour, 2010, 4(5):319−329.

[32]MCMILLAN D W, CHAVIS D M. Sense of community: a definition and theory [J]. Journal of community psychology, 1986, 14(1): 6-23.

[33]MIAO Q, ZHANG S, MENG Y, et al. Domain-sensitive opinion leader mining from online review communities[C]//Proceedings of the 22nd International Conference on World Wide Web. New York: Association for Computing Machinery, 2013: 187-188.

[34]MOFFATT M. What are network externalities? [EB/OL].(2019-04-10)[2020-09-15]. https://www.thoughtco.com/introduction-to-network-externalities-1146145.

[35]PARK C S. Does Twitter motivate involvement in politics? Tweeting, opinion leadership, and political engagement [J]. Computers in human behavior, 2013, 29(4):1641-1648.

[36]PINE B J, GILMORE J H. Welcome to the experience economy [J]. Harvard business review 1998, 76(4): 97-106.

[37]PRASAD A, VENKATESH R, MAHAJAN V. Optimal bundling of technological products with network externality [J]. Management Science, 2010, 56(12): 2224-2236.

[38]RAHMAN S U, SALEEM S, AKHTAR S, et al. Consumers' adoption of apparel fashion: the role of innovativeness, involvement, and social values [J]. International journal of marketing studies, 2014, 6(3):49-64.

[39]RATTANARITNONT G, TOYODA M, KITSUREGAWA M. Characterizing topic-specific hashtag cascade in Twitter based on distributions of user influence [M]//Web Technologies and Applications. 2012:11-13.

[40]RECKTENWALD D. Toward a transcription and analysis of live streaming on twitch [J]. Journal of pragmatics, 2017, 115: 6-81.

[41]ROGERS E M. Communication technology: the new media in society [M]. New York: Free Press; London: Collier Macmilan, 1986.

[42]RUGGIERO T E. Uses and gratifications theory in the 21st century [J]. Mass communication & society, 2000, 3(1): 3-37.

[43]SCHLOSSER A E. Can including pros and cons increase the helpfulness and persuasiveness of online reviews? The interactive effects of ratings and arguments [J]. Journal of consumer psychology, 2011, 21(3):226-239.

[44]SCOTT J. Social network analysis: a handbook [J]. Contemporary sociology, 2000, 22

(1): 128.

[45]SERRA-CANTALLOPS A, RAMON-CARDONA J, SALVI F. The impact of positive emotional experiences on eWOM generation and loyalty [J]. Spanish journal of marketing-ESIC, 2018.

[46]SHEIZAF R, FAY S. Networked interactivity [J]. Journal of computer mediated communication, 1997, 2(4).

[47]TSANG A S L, ZHOU N. Newsgroup participants as opinion leaders and seekers in online and offline communication environments [J]. Journal of business research, 2005, 58(9):1186-1193.

[48]WIENER N. Cybernetics or control and communication in the animal and the machine [M]. Boston: The MIT Press, 1961.

[49]WIERTZ C, RUYTER K D. Beyond the call of duty: why customers contribute to firm-hosted commercial online communities [J]. Organization studies, 2007, 28(3):347-376.

[50]WISSMAN B. How micro influencers will fuel monetization in the future [J]. Srilanka journal of marketing, 2018, 4(1):1-6.

[51]WOODS J. Digital influencers: do business communicators dare overlook the power of blogs [J]. Communication world, 2005, 22(1): 26-30.

[52]WU S, HOFMAN J M, MASON W A, et al. Who says what to whom on Twitter[C]. Proceedings of the 20th international conference on world wide web, 2011: 705-714.

[53]YANG S. Exploring the identification and effects of "opinion leader" under different information release strategies [J]. Social networking, 2018, 7(3):156-169.

[54]抖音. 2019 抖音数据报告[EB/OL](2020-01-01)[2020-09-15].http://wenku.baidu.com/view/d7438862a617866fb84ae45c3b3567ec102ddcd7.html.

[55]克劳锐.2019—2020 广告主 KOL 营销市场盘点及趋势预测 [EB/OL](2020-04-06)[2020-09-15].https://www.cbndata.com/report/2230/detail? isReading=report&page=1.

[56]李军,程中月,聂佳佳.网络外部性对直播平台激励策略选择的影响分析 [J].珞珈管理评论,2018(4):172-186.

[57]谭淑媛, 项典典, 何江南. 基于网络外部性视角的网络消费者购买决策分析 [J].电子商务, 2015(2):36-37.

[58]涂浩瀚. 微型影响者对销售额的影响因素之探索性研究:以中国市场为例 [D],台

北:实践大学博士学位论文,2021.

An Exploratory Investigation of the Impact of Micro-influencers on Sales: The Example of the Chinese Live Streaming Marketing

Tu Haohan　Xie Minghong

Abstract: While micro-influencers are gaining more attention in the marketing as they contribute a significant share of sales, their influences have been underestimated and underexplored in the research literature. The outbreak of the COVID-19 has triggered an online marketing boom. In this context, more and more ordinary people are joining and becoming influencers. Micro-influencers have low barriers to collaboration, high levels of cooperation, and high-cost performance, and thus may play an important role in creating good profitability. Focusing on the micro-influencers, this paper collects data from the top 500 influencers of the live broadcast sales ranking list on TikTok App and tests the influencing factors of micro-influencers in the live-streaming economy through several key variables using social network theory and signaling theory. This study also provides several interesting results and practical recommendations for academics and managers.

Keywords: influencer marketing, micro-influencers, social network, signaling theory, live streaming marketing

消费空间审美设计对社交媒体发帖意愿的影响

——审美感知能力的调节作用*

◎ 张羽　汤韵嫣　杨渃**

摘要：在社会媒体时代和审美消费时代的双重背景下，社交媒体已成为消费者表达自己独特生活方式和品位的平台，也成为营销人员推广业务的工具。消费者在社交媒体上发布帖子的行为引起了营销人员的注意，他们认为这一行为是免费营销和传播积极电子口碑的工具。然而，关于引发社交媒体用户发帖因素的学术研究还不多见。本文在设计研究的基础上，考察了消费空间审美设计对以自我表达为中介的内容发布意愿的影响作用，并考察了审美感知能力的调节作用。

关键词：审美设计；内容发布；社交媒体；审美感知能力

---

* 本文得到了国家社会科学基金重点项目“文化创意价值管理研究”（18AGL024）的部分支持。

** 张羽，四川大学商学院，博士生；研究方向为美学设计、服务环境氛围、社交媒体等；邮箱：yuzhang_lois@126.com。汤韵嫣，四川大学商学院，博士生；研究方向为社交媒体营销、名人研究等。邮箱：tangyunyan90@163.com。杨渃，四川大学商学院，博士生；研究方向为广告音乐对消费者的影响，跨文化广告研究等；邮箱：yrstone@163.com。

一、引言

社交媒体吸引了越来越多的活跃用户来分享经历，表达观点，展示独特的品位（Csibra, et al., 2011）。以照片、视频、文本等形式发布的内容越来越受欢迎，从而产生了用户生成的大量内容，反过来又使消费者接触到诸多此类信息（Zhu, et al., 2019）。因此，社交媒体通过降低广告成本，产生免费的正面电子口碑，以及增进与消费者的感情（Aydin, 2020; Jeong, et al., 2011; Lee, et al., 2015; Seo, et al., 2020），极大地改变了商业格局。然而，关于诱发消费者在社交媒体上发布内容潜在因素的学术研究却很少。

在审美消费时代，消费者在购买决策中赋予审美价值更重的分量。消费空间被定义为消费场所，将物质设施的设计作为维持在享乐消费市场中竞争优势的重要组成部分（Baek, et al., 2017）。通过设计服务环境氛围，服务组织将其独特的风格传达给消费者，使其能在精心设计的空间中消费，使消费者能够展示他们的个人品位、个性、兴趣和特点（Cho, et al., 2015）。虽然研究已经证明了理解消费者如何解读服务环境设计的好处（Rosenbaum, et al., 2011），但关于在社交媒体情境下审美设计作用于消费者反应的讨论仍然有限。

为了弥补这些研究空白，本研究旨在探讨消费空间的审美设计与消费者在社交媒体上发帖意愿之间的关系。通过将自我表达作为重要构念，这一理论合理地解释了这一关系。本研究创新性地区分了这一影响作用在不同审美感知能力的消费者之间的强度。

本文结构如下：第一，在前人研究的基础上，提出了基于审美设计、自我表达、发帖意愿和审美感知能力相关的概念框架和研究假设；第二，介绍了本文的研究设计和研究方法；第三，描述了数据分析的过程和结果；第四，讨论了本研究的主要发现、理论和实践意义、研究的局限性以及今后的研究方向。

二、理论框架与假设发展

(一)理论框架

本研究建立在线索利用理论(Olson, 1972)和刺激—有机体—反应(S-O-R)模型(Mehrabian, et al., 1974)的理论基础之上。根据线索利用理论,顾客通常依靠线索来做出决策。这些路径线索可以是中心的,也可以是外围的,这取决于顾客在决策过程中花费了多少时间和精力。正如所建议的那样,设计是顾客在消费决策过程中克服产品或服务不确定性的信号(Homburg, et al., 2015)。美学设计提供了视觉元素,作为顾客形成对消费空间各种审美印象和反应的基础(Lin, 2016)。

此外,根据刺激—有机体—反应模型,刺激(S)是存在于个体外部的,由不同的物理氛围因素组成;有机体(O)是存在于对个体的外部刺激及其最终反应(R)中间的内部结构和过程。在本研究中,消费空间的审美设计作为刺激,既可能激发消费者欲望(O),也会导致社交媒体语境下的行为意向(R)。暴露在消费空间的审美设计下,可以激发消费者在社交媒体上表达欲望和行为反应。本研究模型如图 1 所示。

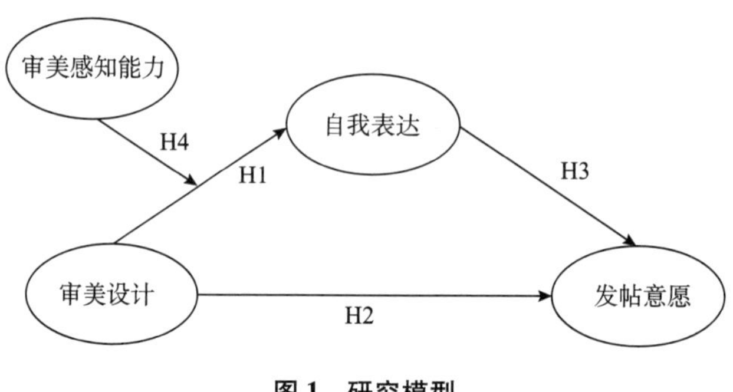

图 1　研究模型

(二)审美设计对自我表达的影响

设计作为外观和功能的混合体,是营销组合的一个普遍组成部分(Baek, et al., 2017)。由于服务没有形式,设计成为商家将其产品或服务与其他竞争对手所提供的产品或服务区分开来的重要线索(Black, et al., 2014)。设计分为三个维度,即功能、美学和象征(Homburg, et al., 2015)。功能维度与产品的实用元素以及它如何达到预期的实际性能相关。象征维度向消费者传达了意义,这使他们能够定义自己的形象(Bloch, 1995; Homburg, et al., 2015)。美学维度是指设计中具有视觉感染力和吸引力,以及所有使人类感官愉悦的特征(Bloch, 1995; Yadav, et al., 2020)。它可以被定义为产品吸引眼球的属性,或是吸引眼球的产品与旁观者所看到的美的结合 (Homburg, et al., 2015)。

作为社会物种的成员,人们有着与生俱来的动机分享经历,表达观点,展示独特的个性(Csibra, et al., 2011)。以往关于消费者的研究将消费定义为一种自我表达行为,以满足消费者表达自我认同的需要 (Amaldoss, et al., 2005; Braun, et al., 1989; Sirgy, 1982; Thompson, et al., 1995)。消费者特别重视可以象征他们个性和身份的产品 (Holbrook, et al., 1982)。通过消费选择,消费者会意识到他们想要的自我,交流他们身份的相关信息,并展示他们的自我形象(Hauck-Lawson, 2004)。在社交媒体的背景下,普通消费者向公众表达自己是方便的,因此自我表达的欲望也得以放大(Zhu, et al., 2019)。

通过设计元素,服务环境可以向具有一定文化、种族或社会地位的消费者传达自我表达的含义,而消费者将审视服务环境来寻找与他们的形象和个性相似或不同的线索(Apaolaza, et al., 2020; Baek, et al., 2017; Warren, et al., 2019)。对于消费者来说,他们就餐的餐馆、驾驶的汽车和所穿的服装都是实现他们自我表达的潜在机会(Ingwer, 2017)。在线上服务环境的背景下,线上商店图片将影响消费者的情绪状态、羡慕、欲望、灵感,以及厌恶、失望和其他不愉快的状态(Desmet, 2002)。因此,本研究提出了以下假设:

假设 1(H1):审美设计与自我表达呈正相关。

(三)审美设计对发帖意愿的影响

纵观人类历史,美丽的事物具有唤起消费者强烈反应的能力(Bloch, et al., 2003)。产品设计可以吸引消费者靠近产品,触摸其表面,闻嗅产品,尝试产品,并最终购买(Bloch, 1995)。在 Rook(1987)关于冲动购买的研究中,他指出冲动购买一般涉及具有强烈审美或风格元素的产品,而这类刺激元素可能产生这种类型的购买。对服务环境和氛围中有形线索的感知也将说服消费者做出接近行为的反应(Parish, et al., 2008)。在 Apaolaza 等人(2020)的研究中,酒店服务环境的象征性设计被认为引发了在社交媒体上发布照片的意愿。正如 Ingarden(1983)所言,产品或服务的审美设计具有诱发反应的强大潜力。因此,可以合理地假设服务环境中的审美设计特征可能会产生消费者在社交媒体上发布内容的意愿。因此,本研究提出了如下假设:

假设 2(H2):审美设计与发帖意愿呈正相关。

(四)自我表达对发帖意愿的影响

由于渴望以理想的方式呈现自己,消费者自我表达的欲望可以影响其选择(Belk, 1988; Richins, 1994)、态度(Lynn, 1999)、判断(Kim, et al., 2007),以及对品牌的偏好(Chernev, et al., 2011)。向他人诉说自己的经历也能激发其积极情绪和意义感知,这在社交媒体中的重要性可能会增加(Algharabat, et al., 2020; Nathaniel, et al., 2012; Zhu, et al., 2019)。具有较高真实自我表达水平的个体倾向于通过诸如选择一致的服装风格等方式来表达他们的感知认同(Knoll, et al., 2015)。正如文献所论述的那样,自我表达或自我推销已经成为使用 Instagram 这类社交网站的主要动机之一(Sung, et al., 2010)。社交媒体用户通过发布内容来定义他们的个人身份和自我感知(Dar-Nimrod, et al., 2018)。因此,假设自我表达会触发在社交媒体上发布内容的意愿是合理的。

因此，本研究提出了以下假设：

假设 3(H3)：自我表达与发帖意愿呈正相关。

(五)审美感知能力的调节作用

审美感知能力被认为是限制一个人自信地从同样具有吸引力的备选中做出选择并从这些选择中获得满足感的能力(Lowe, et al., 1978)。在对衣着风格信心的研究中，审美感知能力被定义为以一种审美愉悦的方式搭配衣着的能力，包括对哪些衣着适合自身的知识的感知(Armstrong, et al., 2018)。Bloch 等人(1995)提出了视觉产品美学中心性(CVPA)的概念，用以预测视觉审美在特定消费者与产品的关系中所具有的总体意义水平。CVPA 包含四个维度，其中之一是审美敏锐，即识别、分类和评价产品设计的能力。该能力在不同的人群之间表现各不相同(Osborne, 1986)。审美敏锐的定义被认为与审美感知能力相似(Armstrong, et al., 2018)。在本研究中，审美感知能力被当作一种能够影响感知和反应的消费者特质。

在 Loewy(2002)的研究中，依据消费决策过程中的设计取向程度将消费者划分为用户和审美者。具有较高审美感知能力的消费者更容易被产品和服务环境的审美设计所吸引，也能对审美设计做出更快的反应(Bloch, 1995; Bloch, et al., 2003)。审美感知能力也能影响审美在消费者决策中的权重，对满足审美需求的品牌和产品的偏好，以及消费者行为，如产品参与、品牌忠诚、自我形象一致性和使用行为(Bloch, 1995; Bloch, et al., 2003)。因此，可以合理地假设，具有较高审美感知能力的消费者能够更好地感知服务环境中的审美刺激，从而在社交媒体上产生更强的自我表达欲望。进而，本研究提出以下假设：

假设 4(H4)：在审美感知能力较高的消费者中，审美设计对自我表达的影响强度要高于审美感知能力较低的消费者。

三、方法

（一）参与者与程序

为了验证所提出的概念模型，本研究通过腾讯问卷（http://wj.qq.com），进行了一次在线调查。为提高填写率，本研究采用有偿问卷的方式。为了完成调查问卷，受访者需要有在过去 6 个月里在社交媒体及设计良好的消费空间中进行消费的经历。他们还被要求选择最常使用的社交媒体平台，如微信、微博、小红书、美团等。这些要求的设置有助于受访者回忆他们在社交媒体上发布的关于消费空间设计方面内容的经历。问卷设立了注意力检查问题，以评估受访者是否认真填写了问卷。如果有任何受访者没有认真填写，其问卷将被删除，不进行进一步数据分析。在收集到的 250 份问卷中，男性居多（62.8%，$N=157$），多数人具有学士学位（74.8%，$N=187$），并且年龄在 18～25 岁之间。

问卷分为两部分。第一部分主要考察了受访者对消费空间审美设计的感知、自我表达欲望的程度以及在社交媒体上发布关于消费空间审美设计内容的意愿水平。第二部分主要测量受访者关于消费空间设计的审美感知能力。

（二）测量

本研究中每一个变量的测量都采用相关文献中的量表，并做出了一些修改。审美设计以 Baek 和 Ok（2017）研究中的三个题项，Tran 和 Strutton（2020）研究中的两个题项以及 Harris 和 Goode（2010）中的一个题项来测量。参与者按照 7 分制李克特量表对每个题项进行评分（1＝强烈不同意；7＝强烈同意）。自我表达采用 7 分制李克特量表（1＝强烈不同意；7＝强烈同意）对改编自 Lee 等人（2015）研究中的三个题项进行评估。为了适应研究背景，发帖意愿也针对 Baek 等人（2017）的研究中关于网上预订的三个题项进行了调整，该构念也采用 7 分制李克特量表（1=强烈不同意；7=强烈同意）。最后，审美感知能力采用 Lin（2016）研究中的三个题项及 Armstrong（2018）研究中的两个题项来测量，该构念同样采用 7 分制李克特量表（1=强烈不同意；7=强烈同意）。表 1 罗列了所有测量题项。

表 1　变量和测量项目

构念及题项	因子载荷	Cronbach's α	CR	AVE
审美设计	—	0.947	0.93	0.689
该消费空间具有审美吸引力	0.875	—	—	—
该消费空间的设计是新颖的	0.872	—	—	—
我喜欢该消费空间的样子	0.85	—	—	—
该消费空间在视觉上是突出的	0.845	—	—	—
该消费空间好看	0.825	—	—	—
该消费空间的设计是原创的	0.702	—	—	—
自我表达	—	0.954	0.882	0.714
我想炫耀一下	0.879	—	—	—
我想被别人注意	0.868	—	—	—
我想提供我的最新消息	0.784	—	—	—
发帖意愿	—	0.942	0.845	0.645
我在社交媒体上发布该消费空间内容的可能性是高的	0.812	—	—	—
我考虑在社交媒体上发布张贴关于这一消费空间内容的可能性是高的	0.801	—	—	—
如果要在社交网站上发帖的话，我发布这一消费空间的可能性是高的	0.796	—	—	—
审美感知能力	—	0.962	0.918	0.692
能够看到服务环境设计中的细微差别是我逐渐发展起来的一项技能	0.844	—	—	—
我能够看到服务环境中，他人容易忽略的关于设计中的细节	0.835	—	—	—
我知道是什么让一家消费空间看起来不错	0.830	—	—	—

续表

构念及题项	因子载荷	Cronbach's α	CR	AVE
当我在消费空间中做出选择时，我可以很容易排除那些看起来不好的	0.829	—	—	—
我很清楚什么设计能够使一家消费空间看起来比它的竞争对手更好	0.820	—	—	—

四、数据分析和结果

（一）数据检查

在主要数据分析之前，首先对输入精度、缺失值、异常值和正态分布拟合进行了检验。由于数据不完整，收到的250份答卷中有4份被删除了。数据的正态性也获得了可接受的偏度和峰度。

（二）测量模型

探索性因子分析（EFA）采用主成分旋转法对所有测量项目进行分析。表1所示的结果显示，17个题项载荷在四个成分中，所有因素因子载荷量均大于0.6。Cronbach's α 证实了量表的信度，四个构念均超过0.7的阈值，说明各构念的内在一致性。验证性因子分析（CFA）对量表效度进行了评估（Anderson, et al., 1988）。收敛效度运用组合信度（CR）进行衡量，该值应大于平均方差萃取值（AVE）。此外，如Fornell和Larcker（1981）所建议的，每个构念的AVE应该大于0.5。如表1所示，以上两个标准都得到了满足，因此证明了收敛效度。

区别效度以每个构念平均方差萃取量的平方根大于该构念与其他构念的相关值为标准（Fornell, et al., 1981）。如表2所示，每个构念的平方根均大于相关值，证明本研究达到了区别效度标准。

表 2　结构的相互一致性和区别效度

构念	审美设计	自我表达	发帖意愿	审美感知能力
审美设计	0.830	—	—	—
自我表达	0.555	0.845	—	—
发帖意愿	0.502	0.627	0.803	—
审美感知能力	0.564	0.588	0.709	0.832

注:对角线表示平均方差萃取量的平方根,其他值表示相关性。

(三)结构模型

本研究采用结构方程模型(SEM),利用得到完整的数据($N=246$),对研究模型中变量间的因果关系进行检验。Amos 24 预测拟合指数表明,该模型对数据有较好的拟合能力(NFI=0.943,CFI=0.957,TLI=0.945,RMSEA=0.105)。研究采用极大似然估计法对以上参数进行估计。表 3 描述了路径分析的结果,证实了所有因果路径之间的关系。结果如图 2 所示,审美设计对自我表达有显著的正向影响(系数=0.740,$p<0.001$),支持假设 1;审美设计对发帖意向的影响显著且为正(系数=0.353,$p<0.001$),支持假设 2;自我表达对发帖意愿有显著的正向影响(系数=0.509,$p<0.001$),支持假设 3。

表 3　假设检验结果

构念关系	假设	系数(β)	SE	CR	p
审美设计—自我表达	H1	0.740	0.093	7.972	***
审美设计—发帖意愿	H2	0.353	0.088	4.019	***
自我表达—发帖意愿	H3	0.509	0.064	7.929	***

注:*** $p<0.001$。

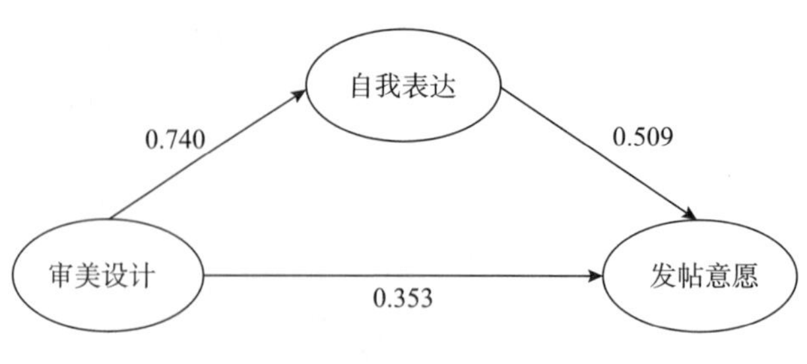

图 2　模型测试结果

(四)直接和间接效应

为了检验审美设计对发帖意愿的直接或间接影响,在 Amos 24 中采用非参数拔靴法（Preacher, et al., 2008）对总效应进行了分解。表 4 显示了各变量之间的直接、间接和总效应结果。结果表明,由于 95%的置信区间中不包含 0,审美设计对自我表达的直接影响成立。审美设计也直接影响发帖意愿,其 95%的置信区间在 0.145 到 0.558 之间,且不包含 0。自我表达对发帖意愿的直接影响得以证实,其 95%的置信区间为 0.367 到 0.661 之间。

审美设计对发帖意愿的间接影响也如表 4 所示,因其 95%的置信区间为 0.255到 0.534 之间,不包括 0,因此证实了自我表达在审美设计对发帖意愿影响中的中介作用。由于审美设计对发帖意向的直接影响是显著的,自我表达为部分中介。

表 4　直接和间接影响

概念	自我表达			发帖意愿		
	直接效应	间接效应*	总效应	直接效应	间接效应*	总效应
审美设计	0.740（0.567, 0.898）	—	0.740	0.353（0.145,0.558）	0.377（0.255,0.534）	0.730

续表

概念	自我表达			发帖意愿		
	直接效应	间接效应*	总效应	直接效应	间接效应*	总效应
自我表达	—	—	—	0.509 (0.367,0.661)	—	0.509

注:* 间接效应采用重复抽样,95%置信区间,置信区间基于 2000 个样本。

(五)审美感知能力的调节作用

随后,本研究在 process 中,对假设 4 中所提出的审美设计对自我表达的影响是否受审美感知能力的影响进行了检验。结果表明了调节效应的显著性,系数=0.087,t 值=2.597,p 值=0.01,置信区间为 0.021 到 0.152。该结果满足 $t>1.96$,$p<0.05$,且置信区间不包含 0 的要求。因此,审美设计对自我表达的影响强度在具有更高水平审美感知能力的顾客群体中更强,支持假设 4。

五、讨论及影响

结果表明,消费空间的审美设计将激发消费者的自我表达欲望,进一步形成其在社交媒体上的发帖意愿。在审美感知能力较高的消费者中,审美设计对自我表达的影响作用更强。本研究中的发现有助于关于消费空间的审美设计对消费者在社交媒体上行为反应影响的研究,也为营销管理者和社交媒体管理者提供了关于消费者如何解读消费空间设计的实践观点。

(一)理论意义

本研究对服务环境和社交媒体研究都有一定的理论贡献。首先,审美设计与发帖意愿之间关系的发现突出了审美设计在消费者反应中的重要作用,这在目前的研究中相对较少。它为认为社交媒体是一种营销工具的营销人员提供了独特的视角。消费空间的审美设计将作为刺激物,激发消费者在社交媒体上的行为意向。这一发现也为关于社交媒体上用户生成内容的动机研究做出贡献(Atwal, et al., 2019)。

其次,本研究证实了自我表达在审美设计与社交媒体发帖意愿之间的中介作用。由于审美设计对发帖意愿的直接影响是显著的,因此自我表达是部分中介。消费空间中的审美设计会激发消费者自我表达的欲望,从而进一步增加在社交媒体上分享设计的可能性。这一发现与现有研究中将自我表达作为社交媒体分享行为主要动机之一的发现是一致的(Sung, et al., 2010)。

最后,本研究证实了审美感知能力在审美设计对自我表达影响中的调节作用,这是第一次将审美感知能力纳入结构方程模型的实证研究。具有较高审美感知能力的消费者能够更好地感知环境中的审美设计,并产生更强烈的自我表达欲望。这有助于丰富对消费者审美特征及其在消费决策过程中作用的研究。

(二)实践意义

本研究的发现对服务行业的营销和社交媒体管理具有重要的指导意义。由于发布与服务环境相关的内容有助于进行口碑传播,降低广告成本,并与消费者建立联系,因此管理者应该关注产生这一行为的动机(Aydin, 2020; Jeong, et al., 2011; Lee, et al., 2015; Seo, et al., 2020)。

首先,在审美消费时代,由于消费者对审美的重视程度较高,注重消费空间的审美设计是有益的。良好的设计和令人愉悦的消费空间将满足消费者的审美需求,使他们能够表达自己独特的品位,从而增加在社交媒体上发布内容的可能性。营销人员应特别重视消费空间的审美设计,将其作为吸引消费者注意力,激发其在社交媒体上发布内容的战略工具。

其次,除了建构具有高度审美价值的消费空间外,在消费空间体验中设置能够激发消费者自我表达欲望的元素也是非常重要的。管理者应将消费者的自我概念、自我认同和自我形象纳入建构消费空间的审美设计特征。此外,管理者还可以通过分享有关消费空间的相关信息,创造热门话题,以提高消费者的参与度,激发他们表达自己的欲望。

最后,由于审美设计对自我表达的影响因消费者的审美感知能力而异,管理者应重点关注对审美设计更加敏感的消费者,以提高营销效果。此外,随着时间的推移,消费者的品位可以被培养,因此管理者关注那些对消费空间的审美设计表现出兴趣的潜在消费者也是有益的。市场营销管理者通过组织活动,发布如何运用、欣赏设计的内容,树立审美领袖,也有助于培养消费者对产品的审美情趣,从而增强他们表达的欲望,并将在社交媒体上发布内容。

(三)局限性与未来研究

本研究具有几项局限性,需要在未来的研究中加以解决。第一,本研究仅检验了设计的审美维度、自我表达和在社交媒体上发帖意愿之间的关系,未来的研究应探讨消费空间设计中的功能维度和象征维度对消费者发帖意愿的影响,从而获取更全面的了解。第二,本研究侧重于所有具有令人印象深刻的审美设计的消费空间,没有细化消费空间的类型,未来的研究应集中在更具体的消费空间类型上,并比较研究发现在不同类型消费空间的结果,以获得更多的见解。第三,本研究以所有社交媒体为研究对象,由于不同的社交媒体平台可能具有不同的消费者使用动机,因此未来的研究应该集中在具体的社交媒体平台上。第四,本研究分析了部分类型的内容,今后的研究也应该侧重于其他类型的内容,如图片、视频和文本,以便产生更多的发现。第五,虽然这项研究利用了在线数据收集服务,期望能够从更广泛的受访者中收集数据,但结果表明,大多数的问卷都来自学生,未来的研究可以在不同类型的人群中进行,以获得更具有普遍适用性的结果。

参考文献

[1]ALGHARABAT R, RANA N P, ALALWAN A A, et al. Investigating the antecedents of customer brand engagement and consumer-based brand equity in social media [J]. Journal of retailing and consumer services, 2020.

[2]AMALDOSS W, JAIN S. Conspicuous consumption and sophisticated thinking [J]. Management Science, 2005(10):1449-1466.

[3]ANDERSON J C, GERBING D W. Structural modeling in practice: a review and recommended two-step approach [J]. Psychological bulletin, 1988, 27(1):5-24.

[4]APAOLAZA V, PAREDES M R, HARTMANN P, et al. How does restaurant's symbolic design affect photo-posting on Instagram? The moderating role of community commitment and coolness [J]. Journal of hospitality marketing & management, 2020(2):1-17.

[5]ARMSTRONG C M J, KANG J, LANG C. Clothing style confidence: the development and validation of a multidimensional scale to explore product longevity [J]. Journal of consumer behaviour, 2018, 17(6):553-568.

[6]ATWAL G, BRYSON D, TAVILLA V. Posting photos of luxury cuisine online: an exploratory study [J]. British food journal, 2019, 121(2):454-465.

[7]AYDIN G. Social media engagement and organic post effectiveness: a roadmap for increasing the effectiveness of social media use in hospitality industry [J]. Journal of hospitality marketing & management, 2020, 29(1):1-21.

[8]BAEK J, OK C. The power of design: how does design affect consumers' online hotel booking? [J]. International journal of hospitality management, 2017, 65:1-10.

[9]BELK R W. Possessions and the extended self [J]. Journal of consumer research, 1988, 15(2):139-168.

[10]BLACK H G, CHILDERS C Y, VINCENT L H. Service characteristics' impact on key service quality relationships: a meta-analysis [J]. The journal of services marketing, 2014, 28(4):276-291.

[11]BLOCH P H. Seeking the ideal form: product design and consumer response. [J]. Journal of marketing, 1995(59):16-29.

[12]BLOCH P H, BRUNEL F F, ARNOLD T J. Individual differences in the centrality of

visual product aesthetics: concept and measurement [J]. Journal of consumer research, 2003, 29(4):551-565.

[13]BRAUN O L, WICKLUNG R A. Psychological antecedents of conspicuous consumption [J]. Journal of economic psychology, 1989, 10(2): 161-187.

[14]CHERNEV A, HAMILTON R, GAL D. Competing for consumer identity: limits to self-expression and the perils of lifestyle branding [J]. Journal of marketing, 2011, 75(3):66-82.

[15]CHO E, GUPTA S, KIM Y K. Style consumption: its drivers and role in sustainable apparel consumption [J]. International journal of consumer studies, 2015, 39(6):661-669.

[16]CSIBRA G, GERGELY G. Natural pedagogy as evolutionary adaptation [J]. Philosophical transactions of the royal society of London, 2011, 366(1567):1149-1157.

[17]DAR-NIMROD I, GANESAN A, MACCANN C. Coolness as a trait and its relations to the Big Five, self-esteem, social desirability, and action orientation [J]. Personality and individual differences, 2018, 121:1-6.

[18]DESMET P. Designing emotions [J]. Unpublished doctoral dissertation. Technical university of Delft, 2002.

[19]FORNELL C, LARCKER D F. Evaluating structural equation models with unobservable variables and measurement error [J]. Journal of marketing research, 1981, 18:39-50.

[20]HARRIS L C, GOODE M. Online servicescapes, trust, and purchase intentions [J]. Journal of services marketing, 2010, 24(3):230-243.

[21]HAUCK-LAWSON A. Introduction to special issue on the food voice [J]. Food, culture, and society, 2004, 7:24-25.

[22]HOLBROOK M B, HIRSCHMAN E C. The experiential aspects of consumption: consumer fantasies, feelings, and fun [J]. Journal of consumer research, 1982(2): 132-140.

[23]HOMBURG C, SCHWEMMLE M, KUEHNL C. New product design: concept, measurement, and consequences [J]. Journal of marketing, 2015, 79(3):41-56.

[24]INGARDEN R. Aesthetic experience and aesthetic object [J]. Selected papers in aesthetics, 1983:107-132.

[25]INGWER M. Empathetic marketing: how to satisfy the 6 core emotional needs of your customers [M]. New York: Palgrave Macmillan, 2017.

[26]JEONG E, JANG S. Restaurant experiences triggering positive electronic word-of-mouth (eWOM) motivations [J]. International journal of hospitality management, 2011, 30(2):356- 366.

[27]KIM H S, SHERMAN D K. "Express yourself" : culture and the effect of self-expression on choice [J]. Journal of personality and social psychology, 2007, 92(1):1-11.

[28]KNOLL M, MEYER B, KROEMER N B, et al. It takes two to be yourself [J]. Journal of individual differences, 2015, 36(1):38-53.

[29]LEE E, LEE J A, MOON J H, et al. Pictures speak louder than words: motivations for using Instagram [J]. Cyberpsychology, behavior and social networking, 2015, 18(9):552-556.

[30]LIN I Y. Effects of visual servicescape aesthetics comprehension and appreciation on consumer experience [J]. Journal of services marketing, 2016, 30(7):692-712.

[31]LOEWY R. Never leave well enough alone: the personal record of an industrial designer [M]. New York: Simon and Schuster, 2002.

[32]LOWE E D, ANSPACH K A. Freedom in dress: a search for related factors [J]. Home economics research journal, 1978, 7(2):121-127.

[33]LYNN A J. The malleable self: the role of self-expression in persuasion [J]. SSRN electronic journal, 1999.

[34]MEHRABIAN A, RUSSELL J A. An approach to environmental psychology [M]. Boston: The MIT Press, 1974.

[35]NATHANIEL M, LAMBERT A, MARLEA G, et al. A boost of positive affect [J]. Journal of social & personal relationships, 2012, 30:24-43.

[36]OLSON J C. Cue utilization in the quality perception process: a cognitive model and an empirical test [J]. American journal of mental deficiency, 1972.

[37]OSBORNE H. What makes an experience aesthetic? [M]. Springer Netherlands, 1986.

[38]PARISH J T, BERRY L L, LAM S Y. The effect of the servicescape on service workers [J]. Journal of service research, 2008, 10(3):220-238.

[39]PREACHER K J, HAYES A F. Asymptotic and resampling strategies for assessing and comparing indirect effects in multiple mediator models [J]. Behavior research methods, 2008, 40(3):879-891.

[40]RICHINS M L. Valuing things: the public and private meanings of possessions [J].

Journal of consumer research, 1994.

[41]ROOK D W. The buying impulse [J]. Journal of consumer research, 1987(2):189-199.

[42]ROSENBAUM M S, MASSIAH C. An expanded servicescape perspective [J]. Journal of service management, 2011, 22(4):471-490.

[43]SEO E J, PARK J W, CHOI Y J. The effect of social media usage characteristics on e-WOM, trust, and brand equity: focusing on users of airline social media [J]. Sustainability, 2020, 12(4):1691.

[44]SHELDON P, BRYANT K. Instagram: motives for its use and relationship to narcissism and contextual age [J]. Computers in human behavior, 2016, 58:89-97.

[45]SIRGY M J. Self-concept in consumer behavior: a critical review [J]. Journal of consumer research, 1982,9:287-300.

[46]SUNG Y, KIM Y, KWON O, et al. An explorative study of Korean consumer participation in virtual brand communities in social network sites [J]. Journal of global marketing, 2010, 23(5):430-445.

[47]THOMPSON C J, HIRSCHMAN E C. Understanding the socialized body: a poststructuralist analysis of consumers' self-conceptions, body images, and self-care practices [J]. Journal of consumer research, 1995(2):139-153.

[48]TRAN G A, STRUTTON D. Comparing email and SNS users: investigating e-servicescape, customer reviews, trust, loyalty and E-WON [J]. Journal of retailing and consumer services, 2020, 53:101782.

[49]WARREN C, BATRA R, LOUREIRO S M C, et al. Brand coolness [J]. Journal of marketing, 2019, 83(5):36-56.

[50]YADAV R, MAHARA T. Exploring the role of e-servicescape dimensions on customer online shopping [J]. Journal of electronic commerce in organizations, 2020, 18(3):53-73.

[51]ZHU J, JIANG L, DOU W, et al. Post, eat, change: the effects of posting food photos on consumers' dining experiences and brand evaluation [J]. Journal of interactive marketing, 2019, 46:101-112.

The Influence of Aesthetic Design of Consumption Space on Content-Posting Intention on Social Media: The Moderating Role of Aesthetic Perceptual Ability

Zhang Yu　Tang Yunyan　Yang Ruo

Abstract: In the twin context of the digital era and aesthetic consumption, social media has become a platform for consumers to express their distinctive lifestyle and taste, as well as a way of business promotion for marketers. Consumers' content-posting behavior on social media has drawn the attention of marketers who consider it as a tool for free marketing and positive electronic word-of-mouth communication. However, there is still scarce academic research on the factors that trigger social media users to post. Building on the research of design dimensions, this study examined the role of the aesthetic design of consumption space in influencing consumers' content-posting intentions mediated by self-expression. The moderating role of aesthetic perceptual ability is also examined.

Keywords: aesthetic design, content-posting, social media, aesthetic perceptual ability

游戏化有利于大学生学习吗？

——虚拟学习社区游戏化元素的影响*

◎ 李金荆**

摘要：游戏化不断为教育领域注入创意与活力，其是否真正有利于大学生学习逐渐成为社会关注的热点。目前的研究多数将游戏化作为单一元素，且仅停留在游戏化元素的认知层面，缺乏对游戏化元素影响机制的整体探索。本研究以虚拟学习社区为背景，引入“认知—情感—意动”理论，从认知路径与情感路径探究不同种类的游戏化元素对大学生在线学习行为的影响。结果发现：沉浸类、成就类游戏化元素对大学生学习行为有正向影响，但由于虚拟学习社区中的社交倦怠，社交类游戏化元素反向作用于趋近学习行为。研究创新性地构建了游戏化元素对大学生在线学习行为的影响机制模型，丰富和拓展了虚拟学习社区中大学生学习行为的研究与实践。

关键词：游戏化元素；大学生；虚拟学习社区；在线学习行为

* 本文系国家社会科学基金重点项目“文化创意的价值管理研究”（18AGL024）的成果之一。

** 李金荆，四川大学商学院，硕士生；研究方向为游戏化学习、用户研究；邮箱：JinjingLi_edu@163.com。

一、引言

教育资源的互联网化催生了大量在线教育平台,特别是大学生群体。虚拟学习社区逐步发展为教育的主要模式之一,例如中国大学 MOOC 社区、网易云课堂等。学习者以相似的学习取向、兴趣爱好组成学习共同体,在学习社区中共同学习、交流、互动(Andreatos,2007)。尽管在线学习可以帮助远程学习者减少时空限制,并增强他们的学习体验,但网络课程的完成率在 5%~10%之间(Freitas, et al., 2015),低完成率让人们对虚拟学习社区的有效性提出了质疑,虚拟学习社区面临着如何创造一个环境让大学生在学习过程中维持兴趣的挑战。鉴于此,众多学者开始探究何种因素能够促进学生学习,使学习者保持较高的学习动机和积极性。

随着网络技术的不断发展,游戏化元素凭借其叙事性、趣味性、强互动、富有驱动力的特质,给各个领域带来了创新思路。学术研究领域也开始关注游戏化元素在教育环境中的运用,并将其看作是推动网络学习发展的新途径。目前已有研究关注了游戏化元素对在线学习行为的影响,认为游戏化元素可以促进学习者参与,为学习者带来愉悦的学习体验。但研究多从单一的游戏化元素角度出发,而不同情景下游戏化元素的特点不尽相同,需要对游戏化元素的不同种类进行探索。游戏化对学习行为影响的探究通常集中在认知层面,例如:感知有用、感知易用等(Tawafak, et al., 2020),对游戏化学习过程中情感体验的研究较少,而游戏化元素也会通过满足心理情感驱动学习者,并对不同的学习行为产生差异影响。另外,游戏化元素对学习者不仅只有积极影响,也存在可能的消极因素,然而,现有研究对游戏化元素消极方面的讨论十分缺乏。

因此,本研究以虚拟学习社区为背景,结合“认知—情感—意动”理论,根据游戏化元素的划分标准(成就类、社交类、沉浸类),从认知路径与情感路径两方面共同考察不同种类的游戏化元素对虚拟学习社区大学生在线学习行为(趋避行为、趋近行为)的影响,对游戏化元素与在线学习行为的关系进行有意义的探素。本研究的主要贡献是:第一,研究考察了不同类型的游戏化元素对大学生在线学习行为的影响作用,弥补了以往研究中仅将游戏化看作单一元素的不足,拓宽了影响在线学习行为的前置研究范畴。第二,区别于广泛研究的认知层面,本研究结合情绪认知理论,从情感路径与认知路径两条影响路径分别探究游戏化元素的作用机理,并且讨论游戏化元素可能存在的消极影响。第三,在学习过程中,以往研究主要强调外在强化机制对行为的影响,忽略了“自我”在行为调节中的作用。本研究通过结合社会认知理论的探究重点,发掘自我效能的内在交互影响,更加系统地揭示了游戏化元素对大学生在线学习行为的深层作用机制。

二、理论基础与研究假设

(一)游戏化元素的认知路径

游戏化是指在非游戏语境中运用游戏元素,通过游戏化的设计形成一套指导方针,从而在一定的动态范围内实现用户的参与(Deterding, et al., 2011)。Koivisto 和 Hamari(2019)基于信息系统研究视角,从 5 个方面对现有的 46 类不同的游戏化元素进行了系统性的梳理,整理出成就导向类元素 10 种、社交导向类元素 7 种、沉浸导向类元素 5 种、真实世界中的 8 种游戏化元素及 16 种混合类游戏化元素,并进一步指出主要的游戏化元素研究集中于前三种。本文将借鉴上述学者成果,将游戏化元素分为成就类、社交类和沉浸类三种。

在线学习是指学习者在网络学习环境中展开自主式的学习,且该环境中具有丰富的教学资源、新颖的互动机制。在线学习环境的复杂性也影响了用户学习行为的多样性,在环境心理学领域中消费者对环境表现出来的一切反应均可以归纳为两类:趋近行为和趋避行为(Xu, et al., 2017)。在个体行为的产生中,积极刺激通过积极情感易转化为趋近定向,消极刺激通过消极情感易转化为趋避定向。在线学习行为与消费者行为具有相似性(Wu, et al., 2015),虚拟学习社区中趋近/趋避行为的定义是学习者愿意接近或试图回避在虚拟学习社区中学习的行为。当学习者在虚拟学习社区中感到积极刺激时会促进学习,感到消极刺激时则会逃避学习。本文借鉴上述环境心理学领域的行为划分标准,将在线学习行为分为趋近行为和趋避行为。

近年来游戏化发展迅速,在商业领域、健康领域、政府管理、旅游等方面得到了广泛应用,特别是在教育领域的发展得到了肯定,主要涉及教育系统的信息技术、教学素材、教学课堂设计等方面。随着游戏化的发展,许多学者证明了其在网络学习领域的价值,游戏化元素在虚拟学习社区中的应用逐渐成为一个新的发展趋势。虚拟学习社区有虚拟性、空间性、开放性、自治性等特点,使游戏化元素的作用得以更充分实现。随着虚拟社区中网络技术的不断开发,个体可以得到更好的用户体验和影响效果(Hamari, et al., 2015)。相比于传统的在线学习环境,基于游戏化的学习环境更能提升学习者的积极性(Jong, et al., 2006),在非游戏环境中使用如排行榜、徽章、积分系统等游戏元素,能够影响并激励用户的参与行为(Ooi, et al., 2018)。不同学者对游戏化的成就元素(Gutt, et al., 2020)、沉浸元素(Southgate, et al., 2019)、社交元素(Price, et al., 2011)也进行了探究,发现游戏化元素会为学习者带来积极影响,促进个体的积极行为,抑制学习者的消极行为。本文假设如下:

假设H1a:虚拟学习社区成就类游戏化元素对趋近行为有正向影响。

假设H1b:虚拟学习社区成就类游戏化元素对趋避行为有负向影响。

假设H1c:虚拟学习社区沉浸类游戏化元素对趋近行为有正向影响。

假设H1d:虚拟学习社区沉浸类游戏化元素对趋避行为有负向影响。

假设H1e:虚拟学习社区社交类游戏化元素对趋近行为有正向影响。

假设H1f:虚拟学习社区社交类游戏化元素对趋避行为有负向影响。

(二)游戏化元素的情感路径

1.游戏化元素对情感体验的影响

在心理学的众多研究中,情感可以按照效价划分为积极与消极两类。由于每种情感都可以在单极框架内对行为反应产生独特的影响,因此人类的行为取决于积极和消极情感状态的相对有效性。积极情感反映了学习者感受到兴奋、热情等状态的程度(Greenhaus, et al., 1990),消极情感则反映了学习者处于悲伤、紧张等状态的程度(Warr, et al., 1983)。游戏化元素可以给学习者创造生动、有趣的学习情景,并通过满足用户的心理需要鼓励他们的参与行为。

(1)成就类元素主要包括积分、挑战、等级等,这些元素向学习者提供积极的性能反馈,使学习者获得成就感。Dettmers 等(2011)通过实证研究得出,成就感越强,越有利于增强积极情感,成就类元素可以为学习者的学习过程带来愉悦感。在虚拟学习社区中,成就类元素可能会为学习者情感带来积极的影响,刺激学习者积极情感的产生,抑制学习者的消极情感。本文提出以下假设:

假设 H2a:虚拟学习社区成就类游戏化元素对积极情感有正向影响。

假设 H2b:虚拟学习社区成就类游戏化元素对消极情感有负向影响。

(2)社交类元素主要包括社交网络元素、合作与竞争、个性化、多人参与等。Kisilevich 等(2011)实证得出,社交元素有助于学习者获得社会支持,提升学习者的幸福感和自尊水平。在虚拟学习社区中,这些虚拟的社交类元素可以让学习者从社区中获得更多乐趣,并对学习者的情感体验产生不同影响,本文提出以下假设:

假设 H3a:虚拟学习社区社交类游戏化元素对积极情感有正向影响。

假设 H3b:虚拟学习社区社交类游戏化元素对消极情感有负向影响。

(3)沉浸类元素主要包括虚拟身份、虚拟事件、虚拟世界等。沉浸类元素主要为学习者带来沉浸体验,这是主体对客观环境中活动或事物全身心投入时产生的一种积极的情感体验(Csikszentmihalyi, 1975)。目前很多游戏化设计也采用沉浸类元素来提升使用者的积极情感(Kwon, et al.,2019)。在虚拟学习社区中，沉浸类元素会强化学习者的积极情感，减弱学习者的消极情感，本文提出以下假设：

假设 H4a：虚拟学习社区沉浸类游戏化元素对积极情感有正向影响。

假设 H4b：虚拟学习社区沉浸类游戏化元素对消极情感有负向影响。

2.情感体验对在线学习行为的影响

情绪认知理论中提到情感反应会影响后续的行为表现，情感体验对用户行为具有影响作用（Barsade, et al.,2007）。而不同的情感组合会产生不同的行为反应，决定其到底是接纳还是规避（Mehrabian, et al., 2018），积极刺激易产生自动的趋近意向，消极刺激易产生回避意向（Chen, et al.,1999）。在学习领域，Lam 等（2007）研究证明，积极情感对学习行为有积极作用，消极情感对学习行为具有消极作用。在虚拟学习社区中，当学习者感受到积极情感时有助于积极行为的产生，当学习者感受到消极情感时则相反，本文提出以下假设：

假设 H5a：虚拟学习社区学习者积极情感对趋近行为有正向影响。

假设 H5b：虚拟学习社区学习者积极情感对趋避行为有负向影响。

假设 H6a：虚拟学习社区学习者消极情感对趋近行为有负向影响。

假设 H6b：虚拟学习社区学习者消极情感对趋避行为有正向影响。

3.情感体验的中介效应

在认知心理学领域的"认知—情感—意动"理论中，情感是认知与意动之间的关键要素。情感体验是人的一种基本的心理过程，反映了对客观事物的主观感受，并影响后续的行为表现。情感会影响个体解释事件的质量和效价，并展示不同的行为（Forgas, et al., 2001）。当个体处于积极情感时，会更加倾向于使用正面的信息解释来评价事件，当个体处于消极情感时，则会更加倾向于使用负面的信息解释来评价事件，由此让个体在认知事物的过程中附上"情感"色彩，从而对个体的行为产生进一步的影响。学习者通过游戏化元素产生情感体验再到行为的产生是一个发展的过程，学习者的情感受到了游戏化元素的影响，这种影响会继续迁移并影响学习者的学习行为。情感的中介作用也在相关的实证研究中得到证明(Reschly, 2008)。在虚拟学习社区中,基于"认知—情感—意动"理论与情绪认知理论,游戏化元素能够影响学习者的情感体验并使其产生积极或消极的情感,而积极或消极情感又与在线学习行为有显著相关关系,本文提出以下假设:

假设 H7a:虚拟学习社区中积极情感在游戏化元素与在线学习行为之间起中介作用。

假设 H7b:虚拟学习社区中消极情感在游戏化元素与在线学习行为之间起中介作用。

(三)自我效能的调节作用

社会认知理论认为,学习环境、个体认知和学习行为交互影响,其中自我效能属于主体的先行认知因素,在交互作用中发挥重要作用(Bandura, 2003)。自我效能指的是个体感受到自我能达到对应成就的信念(Bandura, et al., 1997)。自我效能的高低能改变个体的动机水平(Caprara, et al., 2007),有效地调节个体外在行为的产生、抑制、维持等。自我效能越高,越能影响个体因情感不协调而产生的消极影响(Heuven, et al., 2006)。

虚拟学习社区具有自主性、情境性的特点,学习者在社区中完全掌握学习的主动权,自主确定学习内容、制定学习目标和策略。因此虚拟学习社区中的在线学习行为很大程度上取决于个体自我的影响,自我效能高的个体,可以有效调节负面情感带来的消极行为,增加对在线学习行为的积极影响。本文提出以下假设:

假设 H8a:虚拟学习社区中自我效能调节积极情感与趋近行为的关系,自我效能越高,积极情感与趋近行为之间关系越强。

假设 H8b:虚拟学习社区中自我效能调节积极情感与趋避行为的关系,自我效能越高,积极情感与趋避行为之间关系越弱。

假设 H8c:虚拟学习社区中自我效能调节消极情感与趋近行为的关系,自我效能越高,消极情感与趋近行为之间关系越强。

假设 H8d:虚拟学习社区中自我效能调节消极情感与趋避行为的关系,自我效能越高,消极情感与趋避行为之间关系越弱。

综上,遵循“认知—情感—意动”理论与情绪认知理论,本文将游戏化元素划分为社交类元素、沉浸类元素和成就类元素,将情感体验划分为积极与消极,其中学习者的在线学习行为分为趋近行为与趋避行为,同时关注学习主体自我效能调节情感体验与在线学习行为之间的关系。本研究通过把情感体验的中介机制和自我效能的调节机制整合在同一个研究框架中,与“认知—情感—意动”理论相结合,在结构与理论上对“认知—情感—意动”模型进行了拓展与丰富,更加细致地描述了不同的游戏化元素影响在线学习行为的作用机理以及边界。具体模型如图 1 所示。

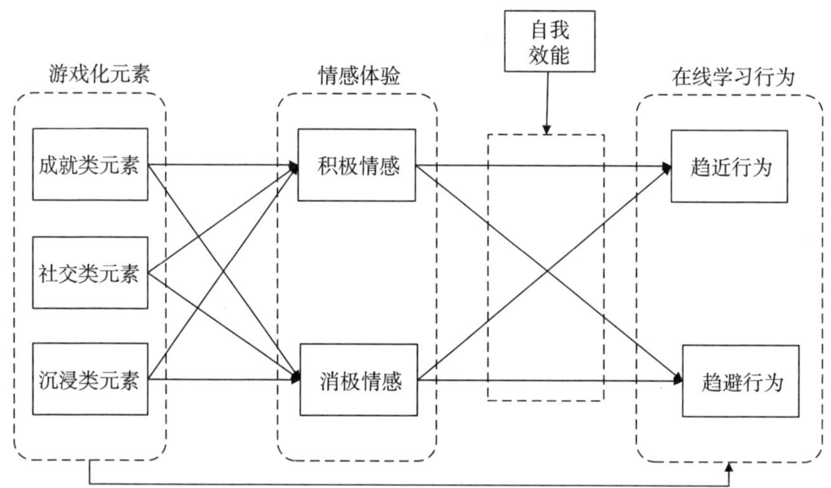

图 1　研究模型

三、研究设计

(一)变量测量

表1列出了本文的测试题项,使用的项目在以往的研究中均被成功验证。游戏化元素量表主要参考Koivisto和Yee对游戏化元素的3个分类,接着通过焦点访谈与专家小组讨论法对虚拟学习社区进行深入研究,通过预调研对其进行总结分析,在Koivisto和Yee的分类基础上整理和归纳出9个主要的游戏化元素。情感体验量表本文采用的是邱林(2008)等人改编的积极情感/消极情感量表,经过汉化版后检验得出量表内部一致性系数为0.82,该量表由18个反映情感的形容词组成,其中正性、负性情感形容词各9个,本研究根据虚拟学习社区中学习者特征及预调研结果选择正性、负性情感形容词各5个。在线学习行为量表改编自Donovan(1982)在零售环境研究中采用的顾客的趋近和回避意向量表。自我效能量表选取的是Schwarzer等(1999)于1981年开始编制的一般自我效能量表(GSES),经修订、翻译后,GSES包含10个项目(王才康,等,2001)。本文根据虚拟学习社区学习者特点进行预测试,通过因子分析选取其中4个项目。本问卷均采用李克特7级量表,选用1~7级计分的方法,数字1~7分别代表不同的程度。

表1 研究测量量表

量表	题项	参考文献
游戏化元素	AC1:挑战/过关模式/任务等	Koivisto (2019)
	AC2:排行榜/排名/高分榜	
	AC3:进度条/个人成长曲线/升级进度等	
	SO1:社交网络要素(关注、分享、“粉丝”、消息、留言和点赞等)	
	SO2:社区中不同的群组/圈子/与他人进行合作等	
	SO3:社区多个成员参与	
	IM1:社区头像/人物描述/虚拟身份等	
	IM2:有趣的任务情节或与活动相关的故事描述	
	IM3:游戏内奖励(社区虚拟货币/金币/礼物等)	
情感体验	P1:快乐	邱林(2008)
	P2:自豪	
	P3:精力充沛	
	P4:活跃	
	P5:热情	
	N1:紧张	
	N2:惊恐	
	N3:易怒	
	N4:战战兢兢	
	N5:恼怒	
在线学习行为	AP1:我很享受在该虚拟学习社区的学习	Donovan R J (1982)
	AP2:我能花更多的时间在该虚拟学习社区学习	
	AP3:我喜欢该虚拟学习社区的环境	
	AP4:我会在该虚拟学习社区学习比预期更多的课程	
	AV1:我以后会避免在该虚拟学习社区学习	
	AV2:我会避免深度学习/探索该学习社区	
	AV3:我会避免与该虚拟学习社区成员交流	

续表

量表	题　　项	参考文献
自我效能	SE1:对我来说,达成学习目标是轻而易举的	王才康(2001)
	SE2:我自信能有效地应付任何学习中突如其来的事情	
	SE3:我能冷静地面对学习中的困难,因为我信赖自己处理问题的能力	
	SE4:面对一个学习难题时,我通常能找到几个解决方法	

(二)数据收集

为了探究游戏化元素在虚拟学习社区中的作用,我们选择了学习者最多的11个英语虚拟学习社区,并对其进行实证研究。原因如下:首先,英语虚拟学习社区相对于其他虚拟学习社区具有更多的游戏化元素,且具有较多的共同点;其次,英语虚拟学习社区是为数不多的较为成功的虚拟学习社区,便于从中总结提炼虚拟学习社区中的重要游戏化元素;最后,英语学习社区的受众主要是大学生,便于收集足够多的样本开展调查和实证研究。本研究在11个虚拟学习社区按比例投放问卷,为减少同源偏差(Podsakoff, et al., 2003),数据收集分为两轮:第一轮涉及学习者的基本信息与游戏化元素的测量,第二轮的数据收集测量了学习者的情感体验和虚拟学习社区的使用情况。本研究是自愿参与,为了鼓励学习者参与这项研究,我们对填写问卷的学习者进行现金奖励10元。从2020年2月到6月,近4个月的时间里共有587位学习者完成两轮访问并填写了问卷。在删除了无效问卷113份后,共获得有效问卷474份,有效答卷率约为80.75%。表2展示了基本信息。

表2 基本信息

人口统计变量	分类变量	频数	频率(%)
性别	男	268	56.5
	女	206	43.5
年龄	20岁及以下	42	8.9
	21～25岁	327	69
	26～30岁	68	14.3
	31～35岁	18	3.8
	36～40岁	10	2.1
	40岁以上	9	1.9
学历	本科	252	53.2
	硕士研究生	183	38.6
	博士研究生	39	8.2
每周使用频率	1次或更少	152	32.1
	2～3次	141	29.7
	4～5次	75	15.8
	6～7次	64	13.5
	8次以上	42	8.9

四、实证结果及分析

本文采取偏最小二乘法(Partial Least Square, PLS)作为研究模型评估和数据处理的方法,本文采用PLS原因如下:

(1)本研究测量的一些形成性数据具有非常态性,PLS可以不需要正态分布的输入数据。

(2)本文包含反映性与形成性变量,PLS能够同时处理反映性与形成性的模型。

(3)相对于理论检验,PLS更适合于理论发展,本研究基于"认知—情感—

意动”理论,结合各因素发展构造了研究模型,PLS 更适用于此类预测型模型的检验。

(4)本文包含调节变量,PLS 技术更适合检测调节效应。

(一)测量的有效性

1.聚合效度

对于形成性变量,指标权重与形成性指标相关(Urbach, 2010),而指标载荷与反映性指标相关。表 3 展示了关于本研究模型变量的权重和载荷等信息,模型中形成性指标的模型权重(Weight)均大于 0.1,证明其所有形成性指标对其对应构造都有实质性贡献,且方差膨胀因子(VIF)值均小于 3.3,证明多重共线性可能性比较小。

对于反映性变量,本研究所有的反映性指标也都满足了关于组合信度(CR)和平均提取方差(AVE)的推荐水平。如表 3 所示,所有项目因子载荷系数均大于 0.5,这是 Fornell 等人所建议的。提取的复合可靠性和平均方差均令人满意,复合信度在 0.835 以上,表明该量表具有相当好的信度,平均方差在 0.559以上,说明各指标间的收敛效度非常好。

表 3　测量模型的效度和信度评估结果

因素(Construct)	项目(Item)	模型权重(Weight)	方差膨胀因子(VIF)	因子载荷系数(Loading)	组合信度(CR)	平均提取方差(AVE)
形成性变量(Formative)						
成就类要素	AC1	0.765	1.015	—	—	—
	AC2	0.536	1.023			
	AC3	0.590	1.028			

续表

因素（Construct）	项目（Item）	模型权重（Weight）	方差膨胀因子（VIF）	因子载荷系数（Loading）	组合信度（CR）	平均提取方差（AVE）
社交类要素	SO1	0.638	1.015	—	—	—
	SO2	0.681	1.081			
	SO3	0.717	1.090			
沉浸类要素	IM1	0.621	1.031	—	—	—
	IM2	0.491	1.038			
	IM3	0.459	1.009			
反映性变量（Reflective）						
积极情感	P1	—	—	0.830	0.895	0.631
	P2	—	—	0.768		
	P3	—	—	0.747		
	P4	—	—	0.818		
	P5	—	—	0.807		
消极情感	N1	—	—	0.848	0.932	0.733
	N2	—	—	0.823		
	N3	—	—	0.874		
	N4	—	—	0.866		
	N5	—	—	0.870		
趋近行为	AP1	—	—	0.718	0.835	0.559
	AP2	—	—	0.734		
	AP3	—	—	0.753		
	AP4	—	—	0.784		
趋避行为	AV1	—	—	0.753	0.836	0.629
	AV2	—	—	0.802		
	AV3	—	—	0.824		

续表

因素(Construct)	项目(Item)	模型权重(Weight)	方差膨胀因子(VIF)	因子载荷系数(Loading)	组合信度(CR)	平均提取方差(AVE)
自我效能	SE1	—	—	0.835	0.918	0.738
	SE2	—	—	0.895		
	SE3	—	—	0.891		
	SE4	—	—	0.813		

2.区别效度

本研究再用平方法验证了区分效度,为每个构造提取的平均方差的根高于它与其他构造之间的相关性(Henseler, et al., 2015)。如表4所示,其中矩阵对角线元素都大于其相对应行和列的非对角元素,支持了量表的区别效度,说明该量表的区别效度非常好,各潜变量之间共线的可能性很小。

表4　AVE平方根及因子相关系数

	AP	AV	N	P	SE
AP	0.748	—	—	—	—
AV	−0.431	0.793	—	—	—
N	−0.319	0.603	0.856	—	—
P	0.431	−0.530	−0.004	0.794	—
SE	0.040	−0.286	−0.433	0.047	0.859

本研究进一步使用交叉载荷的方法来检验量表的区别效度(Chin, et al., 1998)。表5报告了模型中所有反映性变量的载荷和交叉载荷情况。使用PLS-Graph来测试收敛效度,方法是提取所有指标项的因素和交叉负荷到它们各自的潜在构造,从表5中可以看出对应列中各项的载荷均高于其他构造项的载荷。

表5 因子载荷和交叉载荷探索性因子分析

	AP	AV	N	P	SE
AP1	0.718	−0.365	−0.316	0.362	0.070
AP2	0.734	−0.337	−0.226	0.293	0.007
AP3	0.753	−0.348	−0.200	0.335	0.045
AP4	0.784	−0.239	−0.212	0.301	0.000
AV1	−0.324	0.753	0.447	−0.433	−0.198
AV2	−0.350	0.802	0.476	−0.406	−0.273
AV3	−0.351	0.824	0.510	−0.421	−0.210
N1	−0.237	0.511	0.848	0.017	−0.358
N2	−0.272	0.527	0.823	−0.011	−0.367
N3	−0.348	0.527	0.874	−0.029	−0.362
N4	−0.243	0.510	0.866	0.035	−0.350
N5	−0.257	0.503	0.870	−0.024	−0.417
P1	0.359	−0.429	0.023	0.830	0.036
P2	0.295	−0.394	0.000	0.768	0.036
P3	0.314	−0.401	0.011	0.747	0.010
P4	0.396	−0.434	−0.006	0.818	0.061
P5	0.341	−0.443	−0.040	0.807	0.043
SE1	0.049	−0.207	−0.337	0.053	0.835
SE2	0.052	−0.240	−0.377	0.058	0.895
SE3	0.051	−0.268	−0.294	0.125	0.891
SE4	−0.012	−0.261	−0.479	−0.076	0.813

(二)模型结果

本研究首先展示了不包含调节作用的结果,其次报告了包含自我效能调节作用的检验结果。

1.基础模型(无调节作用)

图 2 显示了基础模型没有包含自我效能构造的结果。该模型积极情感可以解释 37.6%、消极情感可以解释 25.4%的游戏化元素对行为的影响,趋近行为的 58.3%、趋避行为的 82.2%能被模型解释。如假设的那样,所有的通径系数在置信度为 0.95 的水平上显著;但社交类游戏化元素与趋近行为之间虽然显著相关,却对趋近行为呈现负向影响,与原假设驳斥。图 2 还显示了 blindfolding 过程中 omission 距离为 7 的 Q^2 值,模型中 $Q^2>0$,表明所有变量都存在模型的预测相关性。结构模型中内源性构造的解释方差用 R^2 度量,在本模型中,R^2 提出了一个较低的中间值,但对于探索性行为研究仍令人满意。

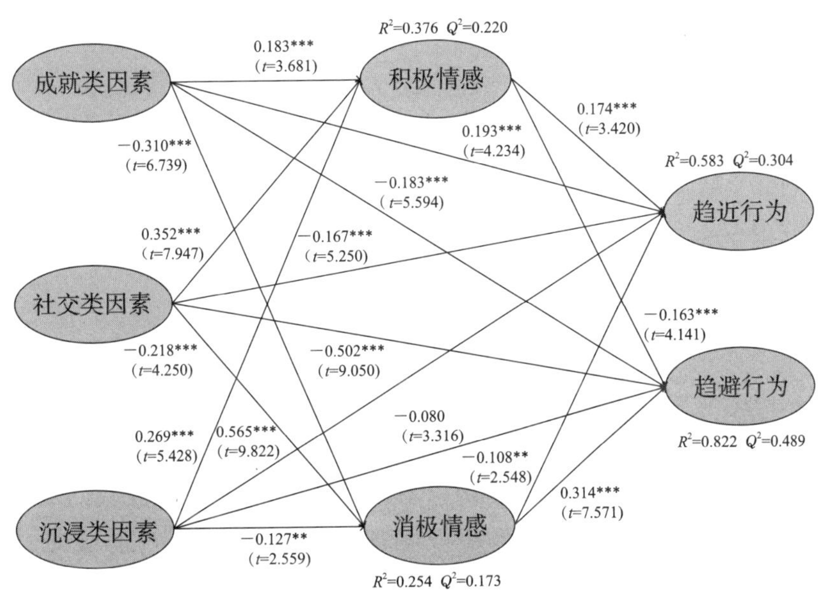

图 2 PLS 路径模型结果(无交互作用变量)

注:* $p<0.1$,** $p<0.05$,*** $p<0.01$。

2.调节作用

当使用 PLS 测试交互效应时,Chin 等人建议遵循类似于多重回归的层次过程,我们遵循了他们建议的分层回归分析过程来构建模型,而后比较了两种模型的结果(即一个有交互结构,一个没有交互结构)。如图3所示,考虑了交互调节变量影响的结构模型结果。我们的研究模型37.6%的方差是积极情感,25.4%的方差是消极情感,60.3%的方差是趋近行为,83.6%的方差是趋避行为,所有通径系数显著。

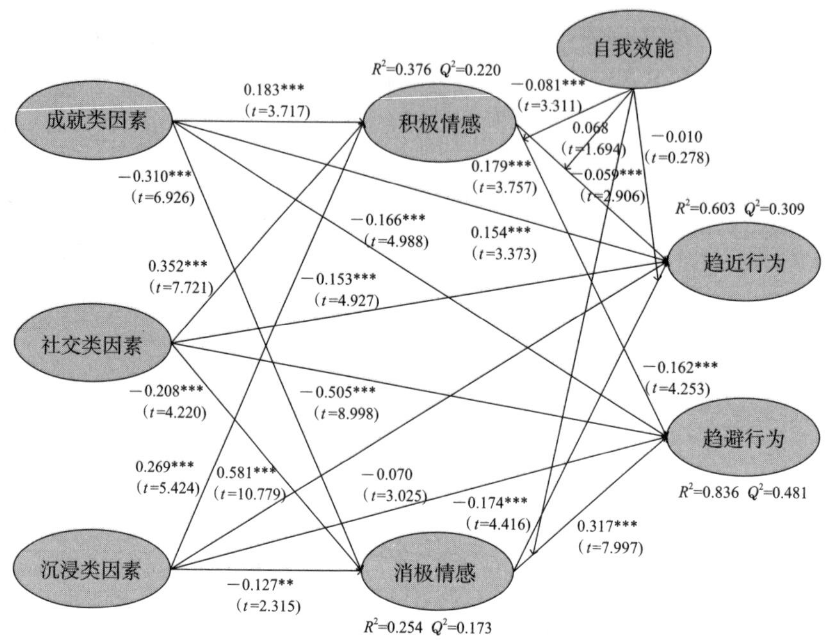

图3　PLS路径模型结果(有交互作用变量)

注:* $p<0.1$,** $p<0.05$,*** $p<0.01$。

对于调节变量,自我效能在消极情感与趋避行为之间具有积极的交互作用(beta=−0.059),但对于消极情感与趋近行为之间的关系没有影响(beta=−0.010)。自我效能在积极情感与趋避行为之间具有积极的交互作用(beta=−0.081),但对于积极情感与趋近行为之间的关系没有影响(beta=0.068)。为了能够更好地说明交互效应模型,以等于、高于和低于均值单位标准差的水平绘制积极情感、消极情感与趋避行为的关系图,如图4与图5。从图4可以得出,当自我效能不断增加时,消极情感对趋避行为的影响相对减弱,自我效能负向调节消极情感对趋避行为之间的关系。从图5可以得出,当自我效能不断增加时,积极情感对趋避行为之间的影响相对减弱,自我效能负向调节积极情感对趋避行为之间的关系。此外,自我效能与其余预测潜在变量没有显著的交互作用。社交类游戏化元素与趋近行为之间(beta = −0.153, $p<0.000$),但与预期方向相反,其余路径均具有统计学意义且路径系数符合预期假设。其中,基础模型(无调节作用)解释了趋近行为的58.3%和趋避行为的82.2%。相比之下,将交互作用变量的影响考虑在内,调节模型对趋近行为($R^2=0.603$)和趋避行为($R^2=0.836$)上的可解释性更大。自我效能调节情感与在线学习行为之间联系的模型解释能力显著高于没有调节作用的模型。

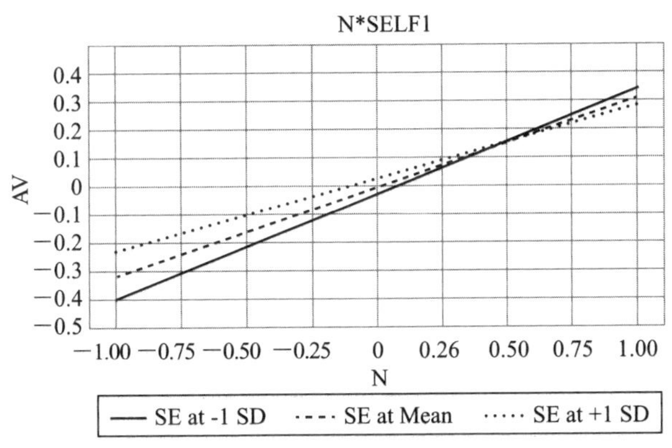

图4　自我效能调节效应(N * SELF→AV)

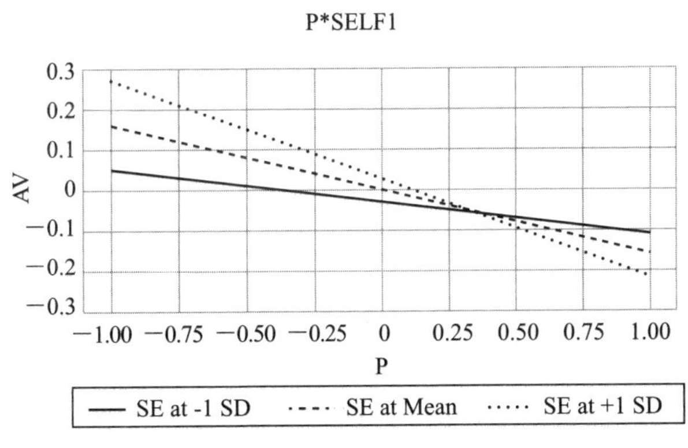

图5　自我效能调节效应(P * SELF→AV)

3.中介作用

为了检验中介假设，本研究在 Smart PLS 软件中使用 bootstrap 程序检测情感体验的中介效应显著性。由表 6 可知，沉浸类元素与趋近行为之间（beta = 0.014）的中介效应不显著。除此之外，其余路径在 95% 置信区间均显著，验证了积极情感在游戏化要素与在线学习行为之间存在中介效应，以及消极情感在游戏化要素与在线学习行为之间的部分中介效应。假设 H7a 成立，假设 H7b 部分成立。

表 6　中介效应

		95%置信区间			
	初始样本（O）	下限（2.5%）	上限（97.5%）	*T* 统计量（|O/STDEV|）	*p* 值
AC→N→AP	0.033	0.008	0.062	2.417	0.016
IM→N→AP	0.014	0.001	0.034	1.611	0.107
SO→N→AP	0.022	0.004	0.046	2.050	0.040
AC→P→AP	0.032	0.011	0.060	2.576	0.010
IM→P→AP	0.047	0.018	0.081	2.895	0.004
SO→P→AP	0.061	0.024	0.103	3.039	0.002
AC→N→AV	−0.097	−0.134	−0.066	5.590	0.000
IM→N→AV	−0.040	−0.080	−0.006	2.104	0.035
SO→N→AV	−0.065	−0.104	−0.034	3.661	0.000
AC→P→AV	−0.030	−0.054	−0.013	2.831	0.005
IM→P→AV	−0.044	−0.073	−0.021	3.282	0.001
SO→P→AV	−0.057	−0.092	−0.031	3.648	0.000

五、结论与启示

表 7 给出了本研究的假设和结果,结论一栏表示假设是否成立。

表 7　假设检验结果汇总

假　　设	结论
H1a:虚拟学习社区成就类游戏化元素对趋近行为有正向影响	成立
H1b:虚拟学习社区成就类游戏化元素对趋避行为有负向影响	成立
H1c:虚拟学习社区沉浸类游戏化元素对趋近行为有正向影响	成立
H1d:虚拟学习社区沉浸类游戏化元素对趋避行为有负向影响	成立
H1e:虚拟学习社区社交类游戏化元素对趋近行为有正向影响	不成立
H1f:虚拟学习社区社交类游戏化元素对趋避行为有负向影响	成立
H2a:虚拟学习社区成就类游戏化元素对积极情感有正向影响	成立
H2b:虚拟学习社区成就类游戏化元素对消极情感有负向影响	成立
H3a:虚拟学习社区社交类游戏化元素对积极情感有正向影响	成立
H3b:虚拟学习社区社交类游戏化元素对消极情感有负向影响	成立
H4a:虚拟学习社区沉浸类游戏化元素对积极情感有正向影响	成立
H4b:虚拟学习社区沉浸类游戏化元素对消极情感有负向影响	成立
H5a:虚拟学习社区学习者积极情感对趋近行为有正向影响	成立
H5b:虚拟学习社区学习者积极情感对趋避行为有负向影响	成立
H6a:虚拟学习社区学习者消极情感对趋近行为有负向影响	成立
H6b:虚拟学习社区学习者消极情感对趋避行为有正向影响	成立
H7a:虚拟学习社区中积极情感在游戏化元素与在线学习行为之间起中介作用	成立
H7b:虚拟学习社区中消极情感在游戏化元素与在线学习行为之间起中介作用	部分成立
H8a:虚拟学习社区中自我效能调节积极情感与趋近行为的关系,自我效能越高,积极情感与趋近行为之间关系越强	不成立
H8b:虚拟学习社区中自我效能调节积极情感与趋避行为的关系,自我效能越高,积极情感与趋避行为之间关系越弱	成立

续表

假　　设	结论
H8c:虚拟学习社区中自我效能调节消极情感与趋近行为的关系,自我效能越高,消极情感与趋近行为之间关系越强	不成立
H8d:虚拟学习社区中自我效能调节消极情感与趋避行为的关系,自我效能越高,消极情感与趋避行为之间关系越弱	成立

(一)研究结论

1.游戏化元素的认知路径

在游戏化元素影响的认知路径的假设中,H1a、H1b、H1c、H1d、H1f 均成立。成就类元素及沉浸类元素对趋近行为具有积极影响,对趋避行为具有消极影响。假设 H1e 社交类元素对趋近行为虽然结果显著,但结果与原假设预期驳斥,研究结果表明了社交类元素有助于抑制趋近行为。可能的解释是,在社交媒体平台之中,当用户接收到大量的信息、接触过多的好友时会逐渐产生社交媒体倦怠(即对社交媒体活动产生负面、消极的心理反应)情感(Lee, et al., 2019)。在中国,93%的微信使用受访者认为社交媒体中的信息对日常生活造成了一定的困扰。社交倦怠是指主体对社交网络活动的负面情感反应,包括无聊、疲劳和厌倦等情感(Zhang, et al., 2016)。有研究证实了社交倦怠对负向行为(倦怠)有显著的正向影响(Dhir, et al., 2018)。这也验证了社交类元素对趋近行为有显著的负向影响。

2.游戏化元素的情感路径

假设 H2a、H2b 、H3a、H3b 成立,证明游戏化元素对情感具有显著影响,其中游戏化元素(成就类、社交类、沉浸类)对积极情感具有积极影响,对消极情感具有消极影响,进一步验证了情绪认知理论中认知对情感的影响作用。假设 H4a、H4b、H5a、H5b 均成立,证明了情感对行为的积极作用,从实验结果中验证了“认知—情感—意动”理论中情感对行为的影响。其中,积极情感对趋近行为具有积极影响,对趋避行为具有消极影响。假设 H7a 成立,证明了积极情感在游戏化元素与在线学习行为之间存在显著的中介效果。但假设 H7b 消极情感在沉浸类元素与趋近行为之间的中介作用并不显著，表明沉浸类元素在认知路径上对趋近行为有直接影响，但在情感路径上的效果不显著。

3.自我效能的调节作用

在调节作用中，自我效能显著调节积极情绪与趋避行为、消极行为与趋避行为之间的关系，但对于积极情绪与趋近行为、消极情绪与趋近行为之间的调节作用不显著，故 H8a 与 H8c 不成立。虚拟学习社区中自我效能较高的学习者，会采取积极的、有效的自我调节方式，缓解学习过程中遇到的负向影响。而自我效能在本研究中不能显著的调节情感体验对趋近行为的影响，可能的解释如下：

(1)在以往的研究中，"好于平均"可表现于学业成绩中。在线学习中，趋近行为一般会产生高于平均水平的成绩，而趋避行为可能会产生低于平均值的成绩。当成绩低于平均值时，自我效能将会调节情绪与行为之间的关系，以此将个体表现恢复至平均值水平(Kurman, 2001)，所以显著调节情绪到趋避行为的影响。

(2)文化也是影响自我效能作用的重要因素，"行为影响理论"表明文化对学习行为具有作用效果(Matsumoto, 2007)。Caprara 等人也证实了不同的文化下自我效能的差异作用。由于本研究基于中国文化背景展开，而中国传统文化强调一种"保持平衡"的倾向，趋避行为很可能会产生较差的学习表现而打破平衡，为了规避这种不利影响，学习者会发挥自我效能的作用抑制消极行为的产生，但对于更加积极的学习行为调节效果不显著。

(二)理论贡献

本文建构了虚拟学习社区游戏化元素对在线学习行为影响的理论模型，并以英语虚拟学习社区作为案例进行了实证检验。主要贡献表现在：

第一,本研究对探索学习者的在线学习行为的影响因素进行了理论验证和扩展,并将游戏化元素进行分类讨论。学术界关于影响学习反应的前因研究颇丰,但游戏化元素对在线学习行为的影响尚属新兴的课题,且在过去游戏化元素的研究中,虽然说明了游戏化元素对其学习者有积极的促进作用,却没有说明其内在作用机理。我们用实证方法检验了成就类、沉浸类游戏化元素会促进学习行为,同时发现社交类元素在一定的学习场景中也会对学习行为造成不利影响,为今后研究打开了新的视角。

第二,丰富了在线学习环境下的情绪认知理论,检验了积极情感和消极情感对学习者行为的影响机制。在已有认知路径的基础上,本研究引入情绪认知理论来阐述游戏化元素如何影响学习者情感并最终影响在线学习行为,构建了“游戏化元素—情感体验—在线学习行为”的影响路径。同时,为未来检验游戏化元素的不同性质、情感的不同类型等对在线学习行为的影响提供参考。

第三,本研究揭示了自我效能在学习者情感与在线学习行为之间的调节作用。作为社会学习理论的微观应用,强调自我调节在学习过程中的重要作用,本研究证明自我效能越高的学习者更有利于直接避免消极的在线学习行为。

第四,以往的研究探索了游戏化元素在不同场景下的应用效果,但对于虚拟学习社区背景下的研究尚属空白,本研究通过对游戏化元素对在线学习行为的影响及情感体验的中介作用进行探讨,将学习者情感体验融入游戏化元素与在线学习行为,探索这三者之间的影响关系尚属首次。

此外,本文采取了两种不同的方式测量相关变量,对三种游戏化元素的测量设定为形成性测量模型,而对情感体验、在线学习行为、自我效能的测量设定为反映性测量模型。形成性模型在模型界定、识别和估计、信效度评价以及模型应用等方面均与反映性模型存在很大不同,但是却被很多研究者所忽视,这也为后来的研究提供了一定的借鉴意义。

(三)管理启示

第一,采纳积极的游戏化元素。本文将游戏化元素分为三类,即成就类、社交类和沉浸类。我们重点考察了虚拟学习社区中不同的游戏化元素对学习者情感产生的影响,从本研究中可以看出,成就类、沉浸类游戏化元素有助于提高学习者在虚拟学习社区中的情感体验。但本文也发现游戏化社交元素在促进积极情感的同时,对学习趋近行为也可能造成负向影响。因此,社区管理者应该根据不同发展阶段的管理目标,对游戏化元素进行选取并组合不同的游戏化元素,在满足学习者基本心理需要的基础上,激发学习者的学习动机。

第二,重视学习者的情感体验。由于积极情感能够有效地促进学习者的在线学习行为,社区管理者应寻找多种途径满足学习者的基本心理需要,让学习者把在游戏化中获得的积极体验转移到学习中,实现学习者与社区的积极互动,促进学习者更有效地学习。从本研究中可以看出,当学习者在虚拟学习社区中能够感受到积极情感时,他们的积极情感会转化为积极行为,并抑制消极的在线学习行为。在学习过程的管理中,管理者应充分考虑学习者的情感体验,激发学习者的积极情感体验。

第三,注重学习者主观因素。以往的研究主要根据学习者的性别、年龄、参与动机、学历等客观特质制定相应的管理策略,一定程度上忽视了学习者的主观内在因素。本研究证明了自我效能正向调节了情感体验与趋避行为之间的关系,有助于避免趋避学习行为的产生。因此,社区管理者在进行虚拟社区管理的时候,还需要充分考虑其他影响因素,尤其是与学习者自身有关的变量,注重学习者主观因素的影响,以提高游戏化元素的作用效果。

(四)局限性与未来展望

然而,本文探讨并验证了一系列重要的问题,但仍存在一些局限性。首先,本研究主要基于英语虚拟学习社区,尽管我们进行了仔细的研究设计,但不能保证获得的结果也同样适用其他领域,未来的研究可以在不同的领域进行检验。其次,未来可以考虑其他划分标准,或添加一些新的游戏化元素,使研究更具有普适性。此外,本研究主要考虑了自我效能对模型的干扰作用,接下来的研究,可以进一步考虑其他因素对模型的干扰作用。最后,未来的研究可以重点关注游戏化社交元素对学习者在线学习行为的影响,深度发掘游戏化元素的内在作用机制。

参考文献

[1]ANDREATOS, A. Virtual communities and their importance for informal learning [J]. International journal of computers communications & control, 2007(1): 39-47.

[2]BANDURA A. Self-efficacy: toward a unifying theory of behavioral change [J]. Advances in behaviour research & therapy, 1977, 1(4):139-161.

[3]BANDURA A, LOCKE E A. Negative self-efficacy and goal effects revisited [J]. Journal of applied psychology, 2003, 88(1):87.

[4]BARSADE S G, Gibson D E. Why does affect matter in organizations? [J]. Academy of management perspectives, 2007, 21(1):36-59.

[5]CAPRARA G V, GIUNTA L D, EISENBERG N. Assessing regulatory emotional self-efficacy in three countries [J]. Psychological assessment, 2008, 20(3):227.

[6]CHEN M, BARGH J A. Consequences of automatic evaluation: immediate behavioral predispositions to approach or avoid the stimulus [J]. Personality & social psychology bulletin, 1999, 25(2):215-224.

[7]CHIN W W, MARCOULIDES G. The partial least squares approach to structural equation modeling [J]. Advances in hospitality and leisure, 1998, 8(2).

[8]CSIKSZENTMIHALYI M. Beyond boredom and anxiety [M]. Jossey-Bass publishers, 1975.

[9]DETERDING S, DIXON D, KHALED R, et al. From game design elements to gamefulness: defining "gamification" [C]//Proceedings of the 15th International Academic MindTrek Conference: Envisioning Future Media Environments, 2011:9-15.

[10]DETTMERS S, TRAUTWEIN U, LÜDTKE D, et al. Students' emotions during

homework in mathematics: testing a theoretical model of antecedents and achievement outcomes [J]. Contemporary educational psychology, 2011, 36(1):25-35.

[11]DHIR A, YOSSATORN Y, KAUR P. Online social media fatigue and psychological wellbeing: a study of compulsive use, fear of missing out, fatigue, anxiety and depression [J]. International journal of information management, 2018, 40(1):141-152.

[12]DONOVAN R J. Store atmosphere: an environmental psychology approach [J]. Journal of retailing, 1982(1): 34-57.

[13]FORGAS J P, GEORGE J M. Affective influences on judgments and behavior in organizations: an information processing perspective [J]. Organizational behavior and human decision processes, 2001(1): 3-34.

[14]FREITAS S, MORGAN J, GIBSON D. Will MOOCs transform learning and teaching in higher education? Engagement and course retention in online learning provision [J]. British journal of educational technology, 2015(3): 455-471.

[15]GREENHAUS J H, PARASURAMAN S, WORMLEY W M. Effects of race on organizational experiences, job-performance evaluations, and career outcomes [J]. Academy of management journal, 1990(1): 64-86.

[16]GUTT D, VON RECHENBERG T, KUNDISCH D. Goal achievement, subsequent user effort and the moderating role of goal difficulty [J]. Journal of business research, 2020(1): 277-287.

[17]HAMARI J, KOIVISTO J. Why do people use gamification services? [J]. International journal of information management, 2015(4): 419-431.

[18]HENSELER J, RINGLE C M, SARSTEDT M. A new criterion for assessing discriminant validity in variance-based structural equation modeling [J]. Journal of the academy of marketing science, 2015(1): 115-135.

[19]HEUVEN E, BAKKER A B, SCHAUFELI W B, et al. The role of self-efficacy in performing emotion work [J]. Journal of vocational behavior, 2006(2): 222-235.

[20]JONG M S Y, SHANG J J, LEE F L, et al. Learning online: a comparative study of a situated game-based approach and a traditional web-based approach [J]. International conference on technologies for e-learning and digital entertainment, 2006: 541-551.

[21]KISILEVICH S, ANG C S, LAST M. Large-scale analysis of self-disclosure patterns

among online social networks users: a Russian context [J]. Knowledge and information systems, 2001(3): 609-628.

[22]KOIVISTO J, HAMARI J. The rise of motivational information systems: a review of gamification research [J]. International journal of information management, 2019(8): 191-210.

[23]KURMAN J. Self-enhancement: is it restricted to individualistic cultures [J]. Personality and social psychology bulletin, 2001(12): 1705-1716.

[24]KWON S J, PARK E, KIM K J. What drives successful social networking services? A comparative analysis of user acceptance of Facebook and Twitter [J]. The social science journal, 2019(4): 534-544.

[25]LAM U F, CHEN W W, ZHANG J, et al. It feels good to learn where I belong: School belonging, academic emotions, and academic achievement in adolescents [J]. School psychology international, 2015(4): 393-409.

[26]LEE E, LEE K Y, SUNG Y, et al. Delete Facebook: antecedents of Facebook fatigue [J]. Cyberpsychology behavior and social networking, 2019(6): 417-422.

[27]MATSUMOTO, D. Culture, context, and behavior [J]. Journal of personality, 2007(6): 1285-1319.

[28]MEHRABIAN F, BAGHIZADEH K, ALIZADEH I. The relationship between empowerment, occupational burnout, and job stress among nurses in Fasht Medical Education centers: a dataset [J]. Data in brief, 2018(5): 1093-1098.

[29]OOI K B, HEW J J, LEE V H. Could the mobile and social perspectives of mobile social learning platforms motivate learners to learn continuously? [J]. Computers & education, 2018(5): 127-145.

[30]PODSAKOFF P M, MACKENZIE S B, LEE J Y, et al. Common method biases in behavioral research: a critical review of the literature and recommended remedies [J]. Journal of applied psychology, 2003(5): 879-903.

[31]PRICE M, HANDLEY K, MILLAR J. Feedback: focusing attention on engagement [J]. Studies in higher education, 2011(8): 879-896.

[32]RESCHLY H. Engagement as flourishing: the contribution of positive emotions and coping to adolescents engagement at school and with learning [J]. Pschology in the school, 2008(5): 1103-1113.

[33]SCHWARZER R, MUELLER J, GREENGLASS E. Assessment of general perceived self-efficacy on the Internet: data collection in cyberspace [J]. Anxiety, stress, and copying, 1999 (3): 145-161.

[34]SOUTHGATE E, SMITH S P, CIVIDINO C, et al. Embedding immersive virtual reality in classrooms: ethical, organisational and educational lessons in bridging research and practice [J]. International journal of child-computer interaction, 2019(1): 19-29.

[35]TAWAFAK R M, ROMLI A B T, ARSHAH R B A, et al. Framework design of university communication model (UCOM) to enhance continuous intentions in teaching and e-learning process [J]. Education and information technologies, 2020(2): 817-843.

[36]URBACH N A F. Structural equation modeling in research using partial least squares information systems [J]. The journal of information technology theory and application, 2010(2): 5-40.

[37]WARR P B, BARTER J, BROWNBRIDGE G. On the independence of positive and negative affect [J]. Journal of personality and social psychology, 1983(3): 644-651.

[38]WUY C, HSIEH L F, LU J J. What's the relationship between learning satisfaction and continuing learning intention? [J]. Procedia social & behavioral sciences, 2015 (191): 2849-2854.

[39]XU F, BUHALIS D, WEBER J. Serious games and the gamification of tourism [J]. Tourism management, 2017(3): 244-256.

[40]ZHANG S, ZHAO L, LU Y, et al. Do you get tired of socializing? An empirical explanation of discontinuous usage behaviour in social network services [J]. Information & management, 2016(7): 904-914.

[41]邱林, 郑雪, 王雁飞. 积极情感消极情感量表(PANAS)的修订 [J]. 应用心理学, 2008(14): 249-254,268.

[42]王才康, 胡中锋, 刘勇. 一般自我效能感量表的信度和效度研究 [J]. 应用心理学, 2001(1): 37-40.

Is Gamification Good for College Students? Influence of Gamification Elements in Virtual Learning Communities

Li Jinjing

Abstract: Gamification continues to inject creativity and vitality into the field of education, and whether it is beneficial to college students' learning has gradually become a hot topic of social concern. Most of the current research regards gamification as a single element and only stays at the cognitive level of gamification elements, lacking an overall exploration of the impact mechanism of gamification elements. Taking virtual learning communities as the background, this study introduced the "cognition-affection-action" theory to explore the influence of different kinds of gamification elements on college students' online learning behavior from both the cognitive and affective paths. The results show that immersion and achievement gamification elements have positive effects on learning behavior, while social gamification element has a negative effect on learning behavior due to the social burnout in virtual learning communities. The research innovatively constructs a model of the influence mechanism of gamification elements on college students' online learning behaviors, which enriches and expands the research and practice of college students' learning behaviors in virtual learning communities.

Keywords: gamification, college students, virtual learning community, online learning behavior

沟通会激发我们的创意吗?

——数字化场景下的人人交互如何影响创意创新表现*

◎ 杨木　韩春佳**

摘要:通过数字技术支持下的在线用户创新社区,企业可从其用户群中获得众包创意,进而促进其新产品的研发和已有产品的持续改进。本研究从 Microsoft Idea 平台收集大规模用户行为数据,通过实证方法研究用户在数字化场景下的交互行为如何影响其创意产出和创新表现。研究结果表明,用户的在线交互频次与高质量创意的产生数量呈正相关,但与总体创意产生数量呈倒 U 形关系。此外,我们发现,广泛的跨界交互会刺激更多创意的产生,但同时会损害创意的质量。该研究希望进一步揭示数字化场景下群策群力式的用户创意的产生机理,以期对企业在数字化变革时代的创新战略有所启发和指导。

关键词:用户创新;数字平台;用户交互;众包

* 本文基于英文论文"Stimulating Innovation: Managing Peer Interaction for Idea Generation on Digital Innovation Platforms"整理。

** 杨木:肯特商学院,肯特大学,高级讲师;研究领域包括数字创新、数字营销、隐私;邮箱:m.yang@kent.ac.uk。韩春佳:格林威治大学,高级讲师;研究领域包括数字创新、数字营销、创业;邮箱:c.han@gre.ac.uk。

一、概述

让客户参与企业的创新过程,有助于提高创新的成功概率(Schemmann, et al.,2016)。数字技术的发展为客户参与式的创新提供了一种经济高效的方法(Sawhney, et al.,2005)。依靠数字技术,企业和普通客户沟通成本显著降低,大量客户得以通过数字平台参与到企业的创新过程(Mahr, et al.,2012)。企业通过数字平台,借助众包的方式,广泛从其客户群中获取关于产品、服务与流程的创意和创新(West, et al.,2008)。这种群策群力的客户参与式创新通常以两种形式在互联网上展开:竞赛模式和社区模式。竞赛模式往往是针对某一特定问题展开,在限定的日期内面向广大客户全面征集解决方案或创意方案,采用评比的方式对优胜方案予以物质奖励。社区模式完全不同于竞赛模式,该模式以在线社区的形式运营,客户可在社区内分享一切有关企业产品和服务的想法与建议,没有具体主题限制,也没有具体时间限制。这种用以广泛征集用户创意和创新的社区通常被称为在线用户创新社区(Online User Innovation Community, OUIC)(Schemmann, et al.,2016)。社区内参与创新的企业客户,通常被称为用户(Gebauer, et al.,2013)。

OUIC作为吸纳用户参与创新的重要媒介,已被国际企业广泛使用(Gebauer, et al.,2013)。数据显示,标准普尔500指数(S&P 500)企业中,超过80%的高科技企业早已建立自己的OUIC并借此获益(Mahr, et al.,2012)。业内知名的成功OUIC案例,包括戴尔公司的Idea Storm和星巴克的My Starbucks Idea。这两个在线社区分别于2007年和2008年就已推出运营。其中戴尔公司通过Idea Storm收集了23000多个创意(Schemmann, et al.,2016)。两家企业均声称各自有数百个来自OUIC的创意已被采纳并运用到自己的产品和服务之中(Bayus,2013)。

OUIC以在线社区的形式运营,其独到之处在于提供了一个用户之间、用户与企业之间交流沟通的平台。组织管理的相关研究和实践经验通常告诉我们,人与人之间的有效沟通与交流是实现组织效率的必要环节。在创新领域,高效而广泛的交流也被认为是激发创新能力和结果必不可少的。但是,这一被广泛认同的关系是否真实存在?在数字化场景下,用户间的沟通交流究竟如何影响创意创新的产出和表现?这一系列问题仍有待基于真实数据的检验与研究。

本研究通过收集 Microsoft Idea 在线用户创新社区的数据,获取了平台上 5468 名用户的长期交互行为数据以及 11985 个创意创新结果。通过对这一样本数据的分析,我们调查研究了 OUIC 上用户交互频次和交互主题的多样性对创意创新产生的数量与质量的影响。研究结果表明,用户的交互频次与高质量创意的产生数量呈正相关,但与总体创意产生数量呈倒 U 形关系。而用户交互主题的多样性与其总体创意产生数量呈正相关,但与高质量创意产生数量呈负相关。

根据以上研究结论,我们可以说,对“沟通会激发我们的创意吗”这一问题,答案远非我们通常设想的那么简单。跨界(跨主题)的沟通会带给我们更多创意的产生,但伴随的可能是对创意质量的损害;专注在特定领域的沟通带给我们的是更多高质量创意的产生,但过于频繁的沟通带来的可能是对创意数量产生的负面影响。该研究希望通过揭示数字化场景下用户创意的产生机理,以期对企业在数字化变革时代的创新战略有所启发和指导。

二、研究假设

OUIC 作为一种在线社群,其组织模式表现出极大的用户自组织形态。OUIC 本身没有传统组织的层级结构(Magee, et al.,2008),用户往往以自愿为前提融入组织,拥有绝对的自主权来选择在线互动的内容和主题(Dahlander, et al.,2011)。在网络社区中,用户通过发帖分享信息,围绕信息分享进行同伴互动,从而构建出用户之间的社交关系(Figallo,1998)。这类社交关系的构建和发展往往表现出极大的自发性,从本质上有别于传统组织的社交生态。

对传统组织的研究通常认为,个体之间的互动和思想交流,有利于思想产生过程中对多样化知识的检索(Hinsz, et al.,1997;Kohn, et al.,2011)。社交行为可触发创新者对他人创新创意结果的持续关注,进而促使创新者自身创意成果的出色表现(Bullinger, et al., 2010)。然而,鉴于OUIC与传统组织的区别,针对传统组织的已有认知可能并不适用于OUIC这一新型社群。因此,用户的在线交互行为如何影响其创意表现,仍是有待回答的重要问题。

(一)互动频次与创意表现

用户在线社区一直是用户展示产品相关知识和解决问题能力的重要场所(Nambisan, et al.,2007)。持续的用户交互被认为有利于强化批判性思维(Anderson, et al.,2001),产生有价值的知识(Rothaermel, et al.,2001),进而为用户带来更多"创造灵感"(Nambisan, et al., 2007)。因而,比较合理的假设是,用户的在线交互有助于推动其更好的创新表现。

然而,基于注意力基础观(Attention-Based View)理论观点,注意力是一种稀缺资源(Simon,1947)。处理信息会耗费大量精力,挤占可分配的注意力,从而影响创新者实际可用于创作的时间和精力(Uzzi,1997)。因此,过度高频的用户互动可能会为个人创意表现带来负面影响。据此,我们提出假设:

H1:用户互动的频次与其创意产生的数量之间存在倒U形关系。

用户互动可能是把双刃剑,但用户间持续性的沟通交流可能是打磨自身创意、提高创意质量的有效方法。用户交互有利于创新者更好地了解产品本身以及产品相关的技术(Nambisan, et al.,2007),持续性地对他人创新创意成果的关注带给创新者创造机会,使其更容易提出高品质的创意成果(Smith,2003)。因此,我们提出假设:

H2:用户交互频次与其被采纳创意数量之间存在正相关关系。

(二)跨界交互与创意表现

OUIC 作为在线社区通常包含多个版块。每个版块可能涉及不同类型的产品知识,包括产品技术、产品市场,以及产品使用等各类相关知识(Nambisan, et al.,2007)。不同定位下的每个版块如同各具特色的“思想空间”(Dougherty, 1992),为用户提供了接触到不同知识的独特机会。参与不同版块内的交互活动,使用户得以跨越不同类别的知识界限,吸收更广泛的且具特色的知识内容(Carlile,2004)。这种跨越版块的交互(Carlile,2004;Bayus,2013)可能带给用户更多创意灵感,激发其更好的创意表现。因此,我们提出假设:

H3:用户跨界交互的广度与其创意产生的数量之间存在正相关关系。

汲取跨界知识可能激发灵感,带来更多创意(Jeppesen, et al.,2010)。但高品质的创新创意可能更多地根生于扎实的专业性,依赖创新者在细分专业领域的深耕与挖掘(Bayus,2013)。知识的跨界会打开新的领域,激发创意灵感,但同时也会带来新旧知识及跨界信息的连接难度(Dahlander, et al.,2011)。知识连接的困难可能会影响创意成果的最终品质。OUIC 通常涉及数以万计的用户内容,包括各类建议、想法及评论。阅读这些用户生产内容,从而获得有效信息并参与互动讨论,会耗费创新者大量的时间和精力。由于仅有少量用户创意能够最终获得企业肯定并采纳(Bayus,2013),创新者从 OUIC 处获取的大量知识和信息并不具备很高的价值属性,需要依靠较高的专业性和较大的精力投入完成对价值信息的甄别工作。对于获取的跨界知识,创新者由于缺乏相关领域的专业知识,完成价值信息的甄别无疑会变得更加困难重重。大量投入的跨界互动可能非但不会带来价值信息用以支撑高品质创意的产生,相反,跨界互动所触发的精力衰减可能会损耗已有的品质创意的生产效率,带来被采纳创意结果的减少。因此,我们提出假设:

H4:用户跨界交互的广度与其被采纳创意数量之间存在负相关关系。

三、假设检验

该研究的数据来源于微软公司针对 Power Business Intelligence（Power BI）设计的用户互动平台。Power BI 平台于 2014 年 9 月收到第一个创意。为了稳定围绕新创意的互动,我们抓取了 2014 年 9 月至 2018 年 6 月期间发布的所有创意的数据。在数据收集期间,平台共收到 11985 个想法,其中 559 个想法已经实施,实现率为 4.66%。由于非匿名用户与匿名用户贡献的想法无法相互区分,我们删除匿名用户发布的想法,允许在个人层面进行研究用户。想法数变为 9243,涉及用户 5469 人。所有这些用户的评论数量为 30940 条评论。数据的描述性统计和相关性分析见表 1、表 2。

表 1　描述性统计

	均值	标准差	最小值	最大值
想法数	4.4582	6.4763	1	45
已实施的想法数	0.2881	0.8111	0	8
评论数	2.9752	6.5771	0	49
评论多样性	0.1391	0.2395	0	0.9819

表 2　相关性分析

	评论数	想法数	已实施的想法数	评论多样性
评论数	1	—	—	—
想法数	0.8004***	1	—	—
已实施的想法数	0.3308***	0.4780***	1	—
评论多样性	0.7906***	0.6993***	0.2859***	1

注：***p-value<0.001。

（一）H1 检验

三个回归模型(1)(2)(3)被采纳并用于测试 H1，具体如下；

$$y_{qty}=\beta_0+\beta_1 x_{No}+\varepsilon, \tag{1}$$

$$y_{qty}=\beta_0+\beta_1 x_{No}+\beta_2 x_{No}^2+\varepsilon, \tag{2}$$

$$y_{qty}=\beta_0+\beta_1 x_{No}+\beta_2 e^{x_{No}}+\varepsilon, \tag{3}$$

在模型 1 中，线性效应为正(0.788)且显著。在模型 2 中，线性和二次效应都很显著。线性效应为正，即 1.118，二次项具有负效应，即－0.011。此外，调整后的 R 平方值从 0.641 增加到 0.665。在模型 3 中，线性和指数效应显著。同样，线性效应是正的，而指数效应是负的。调整后的 R 平方值进一步下降至 0.666。因此，我们可以确认交互次数与想法数量之间的非线性关系，支持 H1。见表 3。

表 3　H1 结果

模型	调整后的 R 平方	Sig.（ANONA）	项	层次回归		
				标准系数	*T* 值	Sig.
1	0.641	<0.001	常量	2.113	47.680	<0.001
			x_{No}	0.788	128.340	<0.001
2	0.665	<0.001	常量	1.716	37.730	<0.001
			x_{No}	1.117	79.620	<0.001
			x_{No}^2	－0.011	－25.890	<0.001
3	0.666	<0.001	常量	2.003	46.630	<0.001
			x_{No}	0.842	134.340	<0.001
			$e^{x_{No}}$	－1.224e－20	－26.320	<0.001

(二)H2 检验

本文使用零膨胀负二项式(ZINB)回归模型对 H2 检验,检验模型如下:

$$Pr(y_{qlty}=j)=\begin{cases}(1-p)\dfrac{\Gamma(j+\tau)}{j!\ \Gamma(\tau)}\left(1+\dfrac{\lambda}{\tau}\right)^{-\tau}\left(1+\dfrac{\tau}{\lambda}\right)^{-j}, & \text{if } j=1,\ 2,\ \cdots \\ p+(1-p)\left(1+\dfrac{\lambda}{\tau}\right)^{-\tau}, & \text{if } j=0\end{cases} \tag{4}$$

ZINB 回归分析的模型结果显示变量的系数在 0.001 水平上显著。为了验证 ZINB 模型,我们进行 Vuong 检验,测试结果证实了模型 4 更接近真实数据,所以 H2 获得检验支持。见表 4、表 5。

表 4　H2 和 H4 结果

	模型 4		模型 5		模型 6		模型 7	
变量	系数	标准误	系数	标准误	系数	标准误	系数	标准误
负二项部分:								
常量	−0.492***	0.059	−1.678***	0.032	−0.390***	0.071	−1.830***	0.036
x_{No}:评论数	0.023***	0.0039	0.083***	0.003	0.028***	0.004	0.034***	0.005
x_{div}:评论多样性	—	—	—	—	−0.357*	0.164	1.760***	0.155
零膨胀部分:								
常量	1.246***	0.078	—	—	1.348***	0.085	—	—
x_{No}:评论数	−0.437***	0.038	—	—	−0.482***	0.062	—	—
x_{div}:评论多样性	—	—	—	—	0.309	0.694	—	—
离散参数	1.074		0.324		1.151		0.355	
对数似然	−5450		−5704		−5447		−5647	

注:*** p-value<0.001; ** p-value<0.01; * p-value<0.05。

表 5　Vuong 测试结果

	Vuong z 统计值	H_A	p 值
原始	11.733	model4>model5	<0.001
AIC 校正	11.641	model4>model5	<0.001
BIC 校正	11.312	model4>model5	<0.001
原始	−9.248	model6>model7	<0.001
AIC 校正	−9.109	model6>model7	<0.001
BIC 校正	−8.613	model6>model7	<0.001

(三) H3 检验

针对 H3,我们再次使用层次回归分析方法对 H3 进行检验。

$$y_{qty}=\beta_0+\beta_1 x_{No}+\beta_2 e^{x_{No}}+\beta_3 x_{div}+\varepsilon, \tag{5}$$

$$y_{qty}=\beta_0+\beta_1 x_{No}+\beta_2 e^{x_{No}}+\beta_3 x_{div}+\beta_4 x_{div}^2+\varepsilon, \tag{6}$$

$$y_{qty}=\beta_0+\beta_1 x_{No}+\beta_2 e^{x_{No}}+\beta_3 x_{div}+\beta_4 e^{x_{div}}+\varepsilon。 \tag{7}$$

三个模型都证实了自变量评论对想法数量(p 值在 0.001 水平)有显著的正向影响。评论多样性的二次项($\beta=29.295$)和指数项($\beta=38.380$)在0.001水平上显著。当二次项和指数项添加到回归模型中时,调整后的 R 平方从 0.667 增加到 0.671。模型 6(具有二次项)和模型 7(具有指数项)都表现出凸曲线。基于这些结果,H3 确认当用户发表的评论变得更加多样化时,发表的想法数量略有增加。

(四) H4 检验

我们继续使用 ZINB 回归模型检验 H4。同时,为了验证 ZINB 模型,我们进行 Vuong 检验,将模型 6 与模型 7 进行了比较。Vuong 检验结果证实,模型 6 比模型7更显著的拟合数据，p 值在0.001的显著性水平。因此，H4获得检验结果支持。见表4、表5。

四、讨论

为了检验以上假设，本研究从Microsoft Idea平台收集大规模用户行为数据进行实证研究。关于创新创意的已有研究普遍认为，人与人之间以及组织之间的沟通交流会促进个体的创新表现。但这种交流沟通具体如何影响创新创意的结果？其中的机制与细节仍然有待进一步的研究和发现。本文以OUIC为例，具体考察了平台上用户的交互频次与跨界交互广度如何影响用户的创新创意表现。这里，创新创意的表现主要通过用户产生的创意数量和被采纳的创意数量两个维度进行衡量。

我们的研究结果表明，个人的沟通交流行为对其创新创意结果表现的影响确实比广泛被接受的相关认知更为复杂。具体来讲，我们发现，用户的在线交互频次与高质量创意的产生数量（被采纳的创意数量）正相关，但与总体创意产生数量呈倒U形关系；广泛的跨界交互会刺激更多创意的产生，但同时会损害创意的质量，导致被采纳的创意数量的减少。

我们的研究结论对创新创意领域的产业实践具有实际的指导意义。首先，我们的发现肯定了用户的交流互动对创新创意产出的积极影响。因此，作为在线创新平台的组织者，企业应该关注如何通过平台的机制设计来更好地鼓励平台上用户的交流互动。例如，电子游戏中广泛应用的虚拟货币、虚拟奖章等设置可以被借鉴并采纳到OUIC的机制之中，以更好地激发用户对互动交流的参与热情（Fiedler, et al.,2014）。

同时，我们的研究结论也告诫产业实践者，缺乏引导和控制的用户互动可能会损害用户的创新创意表现。过于频繁的用户互动会影响创新者可投入的创新精力，导致创新创意的产出下降；而过于广泛的跨界互动会损害用户针对特定领域和话题的专业性聚焦,进而影响高品质创新创意成果的产出。因此,针对 Microsoft Idea 这类对专业技术知识依存度较高的数字创新平台来讲,组织者应鼓励和引导用户专注于特定领域,开展深度的同行互动,以促进优质创意的大量产生。

本研究关注于数字场景下用户交互和创意产出的关系研究。未来研究可以以此为基石,持续深挖和扩展对于数字平台上用户的创新创意行为的研究。具体来讲,接下来的研究可以进一步挖掘用户交互对创意产出的影响机理,揭示用户交互激发创意产生的实现路径。另外,除了用户交互,其他用户行为和因素也可能存在对用户创意产出的实际影响。例如,在线交流所透露出的情绪、讨论组的交流氛围等,都可能直接或间接地影响用户的在线创新创意的参与热情和具体表现。未来研究可扩展思考维度,讨论和检验其他可能影响在线创新创意表现的对象与因素。

参考文献

[1]ANDERSON T, LIAM R, GARRISON D R, et al. Assessing teaching presence in a computer conferencing context [J]. Online learning, 2001, 5(2): 2472-5730.

[2]BAYUS B L. Crowdsourcing new product ideas over time: an analysis of the Dell IdeaStorm community [J]. Management science, 2013, 59(1): 226-244.

[3]BULLINGER A C, NEYER A K, RASS M, et al. Community-based innovation contests: where competition meets cooperation [J]. Creativity and innovation management, 2010, 19(3): 290-303.

[4]CARLILE P R. Transferring, translating, and transforming: an integrative framework for managing knowledge across boundaries [J]. Organization science, 2004, 15(5): 555-568.

[5]DAHLANDER L, O'MAHONY S. Progressing to the center: coordinating project work [J]. Organization science, 2011, 22(4): 961-979.

[6]DOUGHERTY D. Interpretive barriers to successful product innovation in large firms [J]. Organization science, 1992, 3(2): 179-202.

[7]FIEDLER M, SARSTEDT M. Influence of community design on user behaviors in online

communities [J]. Journal of Business Research, 2014, 67(11): 2258-2268.

[8]FIGALLO C. Hosting web communities: building relationships, increasing customer loyalty, and maintaining a competitive edge [M]. John Wiley & Sons, Inc., 1998.

[9]GEBAUER J, FÜLLER J, PEZZEI R. The dark and the bright side of co-creation: triggers of member behavior in online innovation communities [J]. Journal of business research, 2013, 66(9): 1516-1527.

[10]HINSZ V B, TINDALE R S, VOLLRATH D A. The emerging conceptualization of groups as information processors [J]. Psychological bulletin, 1997, 121(1): 43.

[11]JEPPESEN L B, LAKHANI K R. Marginality and problem-solving effectiveness in broadcast search [J]. Organization science, 2010, 21(5): 1016-1033.

[12]KOHN N W, PAULUS P B, CHOI Y H. Building on the ideas of others: an examination of the idea combination process [J]. Journal of experimental social psychology, 2011, 47(3): 554-561.

[13]MAGEE J C, GALINSKY A D. 8 social hierarchy: the self-reinforcing nature of power and status [J]. Academy of management annals, 2008, 2(1): 351-398.

[14]MAHR D, LIEVENS A. Virtual lead user communities: drivers of knowledge creation for innovation [J]. Research policy, 2012, 41(1): 167-177.

[15]NAMBISAN S, BARON R A. Interactions in virtual customer environments: implications for product support and customer relationship management [J]. Journal of interactive marketing, 2007, 21(2): 42-62.

[16]ROTHAERMEL F T, SUGIYAMA S. Virtual internet communities and commercial success: individual and community-level theory grounded in the atypical case of TimeZone.com [J]. Journal of management, 2001, 27(3): 297-312.

[17]SAWHNEY M, VERONA G, PRANDELLI E. Collaborating to create: the Internet as a platform for customer engagement in product innovation [J]. Journal of interactive marketing, 2005, 19(4): 4-17.

[18]SCHEMMANN B, HERRMANN A M, CHAPPIN M M H, et al. Crowdsourcing ideas: involving ordinary users in the ideation phase of new product development [J]. Research policy, 2016, 45(6): 1145-1154.

[19]SIMON H A. Administrative behavior: a study of decision-making processes in administrative organization [M]. New York: Simon & Schuster, 1947.

[20]SMITH S M. The constraining effects of initial ideas [J]. Group creativity: innovation through collaboration, 2003: 15-31.

[21]UZZI B. Social structure and competition in interfirm networks: the paradox of embeddedness [J]. Administrative science quarterly, 1997: 35-67.

[22]WEST J, LAKHANI K R. Getting clear about communities in open innovation [J]. Industry and innovation, 2008, 15(2): 223-231.

Stimulating Innovation: Managing Peer Interaction for Idea Generation on Digital Innovation Platforms

Yang Mu　Han Chunjia

Abstract: This study investigates user behaviours in online innovation communities which are enabled by digital technologies to obtain an understanding of the relationship between users' social interaction and their innovation contribution. The new type of innovation communities enables firms to crowdsource ideas from their users for developing new products and improving existing ones, and to facilitate the interactions among users. From an empirical study which collects a large-scale, quantitative data set from Microsoft's Idea platform of Business Intelligent products, this paper focuses on the amount and diversity of users' social interaction, particularly their commenting behaviours on the platform, and uses the number of posted ideas and the number of implemented ideas to capture users' contribution to the firm's innovation development. The findings indicate that the amount of user interaction is positively related to the number of implemented ideas, but has an inverted U-shaped relationship with the idea number. Moreover, diverse user interaction encourages idea posting, but is negatively associated with the number of implemented ideas. The findings should provide managerial guidance to firms on incentivising and managing user interaction in online communities in order to improve firms' innovation development.

Keywords: open innovation, digital platform, user interaction, crowdsourcing

文化战略研究

Cultural Strategy Research

迪士尼电影《花木兰》的创作与运营策略

——文化挪用与文化折扣*

◎ 陈睿　陈之奕**

摘要:2020 年,迪士尼推出了一部源自中国的新电影《花木兰》,但却受到了中国消费者市场的负面评价。以此为例,本研究通过 Nvivo 和 Rost CM 对创作者的采访记录和消费者评论进行内容编码和文本分析,从用户的角度探讨迪士尼花木兰的文化挪用策略和中国市场形成的文化折扣现象,并探讨该电影的创作和运营策略。研究结果表明,文化挪用是一种有效的电影创作策略,但基于误读的文化挪用会导致电影运营中的文化折扣。因此,在电影创作和运营中应采取相应的策略,更好地实现文化的可持续发展。

关键词:创意策略;运营策略;文化折扣;文化挪用;迪士尼;《花木兰》

---

* 基金项目:国家自然科学基金面上项目"数字创意产品多业态联动开发机理及模式研究"(71874142),项目负责人:陈睿;西华大学"青年学者"人才支持计划(2019)。

** 陈睿,西华大学文学与新闻传播学院文化产业管理系副主任,管理学博士,讲师,硕士生导师;研究方向:文化创意管理、数字创意产业,邮箱:chenrui_pub@ 139.com。陈之奕,女,西华大学文学与新闻传播学院中国语言文学专业 2019 级硕士研究生;研究方向:文艺学、创意与传播。

一、研究背景

近年来,随着文化的全球流行,文化产品的跨地域生产、传播与消费逐渐受到人们的重视。在此过程中,文化挪用成为文化产品创造的主要途径,而文化挪用造成的文化折扣问题也成为文化产品运营的障碍之一。

随着文化生产的迅速发展,电影产品在全球范围内成为人民的主要娱乐消费之一。2001 年,中国正式加入世界贸易组织,在之后的一段时间里,国家广播电视总局颁布了一系列影视行业改革细则,促使中国影视市场自 2010 年起每年保持 30%左右的增速。多年以来,诸如好莱坞、迪士尼等进入了中国,致力于开拓和占领中国市场,并凭借着以内容为主的产品开发模式,包容、多元化的文化氛围,优秀的经营理念等迅速在中国国内市场上获得成功,形成了被广大消费者识别的电影品牌(Kohli, et al.,2020),其产品受到多数中国观众的青睐。与此同时,随着中国政府对国家文化软实力的提倡,中国文化凭借独特的文化底蕴和丰富的文化内涵,在国际上的传播速度逐渐加快。基于上述两点原因,一些国际化的电影公司开始在电影中加入了中国文化元素,既可以引发中国观众的文化认同,增加影片的关注度,也有益于一种独特文化在世界范围内的广泛传播。

迪士尼的《花木兰》于 2020 年 9 月正式上映。《花木兰》起源于中国北朝的长篇叙事诗《木兰辞》。它讲述了一个名叫木兰的女孩乔装成男人替她父亲从军的故事。她在战场上取得了巨大的成就,她拒绝了皇帝的奖赏,只希望她的家人能团聚。在这首长篇叙事诗中,作者突出了花木兰的善良和勇敢,高度赞扬了她保卫祖国、热爱祖国的品质。与大多数关于战争的诗不同,这首诗充满了对中国古代日常生活场景的描写,既有故事价值,也有文学价值。同时,这首诗能够被国际改编的前提是诗中独特的中国文化和引人入胜的故事,这也是它的特点。《花木兰》起源于中国文化,由具备西方文化成长背景的导演进行文化挪用,又最终在中国市场上进行传播。它的创作与运营过程都具备跨文化的特征。

《花木兰》有着非常特殊的价值。1998 年，由华特·迪士尼出品的动画电影《花木兰》正式上映。导演和编剧基于原著和对中国和中国文化的了解，在原著故事的基本结构上对内容进行了一定程度的修改。最后，动画电影《花木兰》以其突出的票房成绩和吸引人的情节在世界上赢得了一些奖项，并在各大网站收获了观众的高分评价：它在美国网站“烂番茄”上赢得 86％的“新鲜”评级，在中国豆瓣网上取得 7.9 评分。借助中国观众对本国文化的认同，迪士尼成功地通过这部电影进入了中国市场，同时也将中国文化带给了世界观众。基于这一成功，迪士尼推出真人版《花木兰》。这部电影于 2018 年投入制作，最终于 2020 年上映。尽管备受关注，但总体而言，真人版《花木兰》并没有延续动画版的成功，烂番茄评分为 74％，豆瓣评分仅为 5.0（截至 2020 年 12 月）。可以看出，与国际观众的评价相比，真人版电影的票房和口碑在中国的表现并没有达到预期。具有中国文化内涵的电影在海外市场受文化折扣的影响较小，而在中国本土市场则受到较高的文化折扣。这一部电影在中国市场以失败告终，这也证明了电影《花木兰》存在文化折扣。所以，电影《花木兰》具有相当的研究价值与研究意义。

当然，众所周知的是，西方导演与中国文化电影的组合并不是第一次出现，出名的还有电影《功夫熊猫》。但《功夫熊猫》的三部作品在中国市场表现非常好（三部电影在豆瓣网上的评分分别为 8.1、8.0 和 7.7），并没有表现出显著的文化折扣，因此不适用于本研究。从《花木兰》中可以看出，文化挪用确实可以作为一种电影产品可持续发展的策略，但这种策略存在一些问题。出现这些问题的原因是什么？这种现象是否违反了文化折扣理论？一方面，对这一原因的研究，有助于今后制作出具有丰富文化内涵和明显文化特色的电影。另一方面，对这一特殊现象的理论解释也有利于文化折扣理论的发展和完善。

二、文献综述

(一)迪士尼电影的相关研究

迪士尼被公认为创造了强大的文化产品,为多种形式的媒体做出了重大贡献。由于迪士尼在全球文化产业的巨大影响力,对于迪士尼的研究已具有许多积累。总体来说,对于迪士尼的研究有不同的方向。这里仅列举与本文相关的研究,主要有两个层面。

第一,对于迪士尼电影叙事创作的讨论。这种叙事探讨涉及两个方面:首先,对内容本身的研究。长久以来,迪士尼以动画故事的创作而出名,对于其内容的探讨涉及多个层面。这些讨论展示了迪士尼电影中所呈现的多元文化影像,包括了种族、性别、民族和消费主义(Van Wormer, et al.,2015),或是对迪士尼动画电影 70 年系列中自然场景的表现进行考察(Prévot-Julliard, et al.,2014)。这也促使一些学者加入了抨击迪士尼的流行运动。另外,一些研究还将迪士尼电影的叙事内容与其他学科进行结合,通过迪士尼电影的叙事方式与叙事内容分析女性角色、精神教育和儿童发展教育(Guerrero, et al.,2015)。还有的是通过系统地考察迪士尼动画电影,探讨影片中养育子女和照顾子女的叙事(Holcomb, et al.,2014)。其次,对电影作品的解读。对迪士尼电影作品的解读可以通过文化批评、电影批评等多种理论视角。学术和文化批评主要是从导演的角度来解读作品,强调基于高质量的作品等,并有意识地区分品牌、风格和创作者的角色(Hernández-Pérez, et al.,2016)。

第二,对迪士尼电影运营模式的讨论。这种运营模式涉及了三个方面:首先,对迪士尼传播媒介与传播模式的讨论。迪士尼的传播拓展方式是:通过 BBC 将动画改编成广播等声音媒介,强调美学和角色的开发,扩大与迪士尼开发的世界和角色的接触(Jackson, et al.,2019)。并且,迪士尼的电影为主题公园和度假村、消费产品,甚至是游轮提供了素材,形成一个完全整合的媒体巨头。其次,对迪士尼电影运营模式变化的讨论。迪士尼电影的运营是多样和不断变化的,在过去,根据迪士尼动画电影在比利时的开发和运营经验,它采取的方式是发掘其建构的文化记忆的方式,突出迪士尼流行儿童电影和流行文化中无处不在的形象(Van de Vijver, et al.,2015)。在新电影的创作中,迪士尼在以往的作品基础上进行了创新,回应了人们对增加多样性的呼吁,在全球范围内释放想象空间的潜力。但是这同时对全球媒体文化产生了同质化效应。并且迪士尼植根于企业利益和文化投射,重新产生了一种后殖民主义进程(Anjirbag, et al.,2020)。值得提出的是,迪士尼以动画与长篇动画电影的创作而出名,其主题公园的设计是将与动画和电影相关的情绪转移到三维的现实,为孩子和成年人提供重要的心理确认。动画电影作为其中一方,成为迪士尼发展体验经济、沉浸式环境和艺术公司的重要环节(Chytry, et al.,2012)。最后,对迪士尼运营模式的研究还涉及了客户管理等方面。华特·迪士尼公司通过与顾客建立牢固的联系,提高了顾客忠诚度(Lawrence, et al.,2020)。

(二)电影创作中的文化挪用的相关研究

电影的创作过程事实上是电影导演、编剧、演员等人在特定的文化环境和文化背景中选择上述元素,并重新塑造这些元素的过程(Johnson, et al.,2007)。文化挪用指的是"the use of a culture's symbols, artifacts, genres, rituals, or technologies by members of another culture"(Rogers,2006),这是"一个积极的过程"。传统文化与价值通过消费者的认同和占有产生。但是由于全球化对传统文化来说是一种威胁,为了存续,传统文化需要扩展运作和不断挪用,与其他全球文化共存(Dalmoro, et al.,2020)。虽然常常被引用,但自 20 世纪起,文化挪用首次明确地出现在论文中是用于探讨女权主义挪用的修辞策略,以评估其作为反霸权主义策略的作用(Shugart, et al.,1997)。

文化挪用是在媒介研究和修辞批评中(Harold, et al.,2004; Buescher, et al.,1996)常常被关注的概念。但是,在电影创作中,相关研究更多关注文化挪用的方式和类型。根据分类依据的差异,文化挪用可以被分为不同的类型。在艺术领域中的文化挪用分为三类:主题挪用、内容挪用和客体挪用(Young,2005)。在电影产品的创作过程中,涉及的文化挪用有三种:

(1)就电影创作的主题挪用而言,相关研究主要集中于探讨局外人将其他文化成员的文化或生活作为叙事主题,进而讨论多元文化的冲击与成长模式。如通过探讨好莱坞电影对非洲文化的翻拍和挪用,探讨了非洲文化对全球文化的冲击方式。这种无处不在的文化形式揭示了文化中介的广泛范围,是我们这个超链接时代的特征。在这种文化挪用中,不再有“原创”或“忠实的拷贝”,只有成长中的无穷无尽的变革(Böhme,2017)。

(2)就电影创作中的内容挪用而言,相比于主体挪用和客体挪用,这是一种更为普遍的方式。这种挪用并不是整个艺术作品,而是一种风格或形式。比如某些亚文化从小说到电影作品的挪用(Shamoon,2021),进而进行相关文化传播与影响的探讨。

(3)就电影创作的客体挪用而言,相关研究主要针对的是对有形物品(如雕塑等)的占有,这种占有是从产生它的文化成员转移到外来者。电影在文化挪用的叙事过程中从其他文化的商业类型中汲取的相关图像线索,但在形式中填充了更加适应其他文化的内容,使电影作品在大众文化话语和国家民族主义中寻找契合点(Raundalen,2005)。

电影中的文化挪用可能导致多元文化的形成。艺术在文化的挪用和表达中发挥着作用,电影是一种便于进一步传播的工具(Laurendeau,2012)。随着时代变化和科技发展,小说文化被挪用至电视、电影中。在文字与视觉艺术之间,两种媒介、两种文化充满活力地对话,并参与复杂议程。这种混合的世界主义的附加动态,有时令人满意,有时则存在问题(Bharat,2020)。在媒介研究中,文化挪用是作为技术与方法论来应用的(Regan,2014)。

另外,与本文中的研究方法有相似之处的是文化挪用在艺术学实践中的研究。在音乐中,虽然在文化材料的一般添加方面不存在问题,但文化挪用可能会使作曲家面临文化冒犯、侵犯个人或合法权利的指控(Naylor,2014)。为了避免这些指控,音乐行业从业者需要花时间去探索文化的真正内涵,对他人的文化表示尊重和理解,这样被研究的对象就不会被贬低或利用(Howard,2020)。这为本研究提供了可行性参考。

(三)电影运营中的文化折扣问题的相关研究

“文化折扣”理论由 Colin Hoskins 和 R. Mirus 于 1988 年在其论文中首次提出,指的是由于文化背景和文化结构的差异,致使某些国家或地区的观众无法认同或理解某一种国际产品,并致使这种产品价值降低。他们认为,一些扎根于特定文化的影视作品可以获得基于相同经验和生活方式观众的认同与理解,但对于其他地区具备不同信仰、观念和历史文化的观众来说,这些作品却很难被接受(Hoskins, et al.,1988)。具体而言,文化折扣就是指文化产品在跨文化、跨地域背景下的价值损失或减少(Walls, et al.,2012)。

运营就是对运营过程的计划、组织、实施和控制。电影的跨文化运营过程总是与文化折扣紧密相关。总体来说,文化折扣的成因研究是文化折扣理论研究最主要的部分。针对电影产品而言,文化折扣的形成有许多原因。

文化折扣的最主要成因是文化挪用和文化距离。区别于由文化距离和管理者的个人价值观共同决定的心理距离,文化距离指的是不同地域、不同文化的消费者群体之间的文化价值观差异(Sousa, et al.,2006)。除了上述的根本性和普遍性原因外,还有学者对于电影产品运营中的文化折扣的形成有所研究。

第一,在电影产品的内容运营方面,电影作品的内容因素有影片的题材和类型、原始故事的来源、故事发生地或电影取景地、参演明星或演员的种族、网站在线推广、影评人的回应等(Johnson,2007; De Vany, et al.,1999;Lee,2006)。此外,电影中由美学特殊性和内容特殊性构成的文化特异性也会影响电影跨文化传播(Wang, et al.,2020)。

第二,在电影产品的宣传策略方面,就电影的宣传策略而言,电影的发行时间、电影的语言翻译相似性等也会对电影吸引力产生影响(Cabral, et al.,2020;

Gao, et al.,2020)。也有研究表明,电影作品的获奖情况一定程度上代表了电影的内容质量,这造成的声誉信号对不同国家的消费者的选择有一定的影响(Lee,2009;Elliott, et al.,2018)。

第三,在电影产品的市场与消费者管理方面,就电影市场而言,电影出口地区的现有市场状况是影响文化折扣的重要因素之一,同一题材的竞争大小一定程度上决定了电影跨文化传播效果(Moon, et al.,2015)。消费者是市场的重要主体,从消费者的视角看,受众异质性对于电影出口来说也是影响因素之一(Kim, et al.,2014)。不同的文化产品消费者构成许多独特的文化市场,这些文化市场与各类受众异质性关联,导致文化折扣的产生(Fu, et al.,2010)。

另外,国家亲缘关系(人们对某一国家的兴趣和钦佩)与购买或消费该国其他产品和服务的愿望也是相关的(Brady, et al.,2016)。

需要指出的是,文化折扣并非一成不变。由于消费者的新颖性感知(Baek, et al.,2016)、文化品位(Park,2015)以及学习和模仿行为(Craig, et al.,2005)等因素的变化,文化折扣会随着消费者自身感知和市场因素的变化而发生改变。这种改变具体如下:由于文化折扣和文化溢价因素的影响,文化距离和产品销售的关系呈U形(Moon, et al.,2014)。甚至,文化距离可能对这些文化产品进口有着积极的促进作用(Alaveras, et al.,2018)。

综上所述,目前对文化挪用在电影创作中的应用研究也多集中于社会批评和艺术学中,影视与文化行业的应用较缺乏。对文化折扣理论的研究更多的是关注其形成原因以及其在当今社会实践过程中的变化,对于形成原因也多归咎于消费者、作品和市场,对于电影创作者的关注不多。这些对真人版电影《花木兰》在中国遭遇观众接受难的问题无法做出相应解释,基于此,本文从用户的角度出发,通过对中国这一特定地区的观众就真人版《花木兰》的评价做出分析,对同样文化背景下的受众接受问题做出阐释,主要关注电影创作与运营中的文化挪用和可能造成的文化折扣问题,并对未来的电影创作者和制造商做出建议。因此,本文就以下问题做出分析:

Q1:中国观众对于真人版《花木兰》分别有哪些认知和评价?他们对这些认

识与情感分别有哪些感知维度？

Q2:电影主创团队对于电影有怎样的认识和理解？这些理解与中国观众的认知有何差异？差异的根源是什么？

Q3:电影《花木兰》的接受现象是否与文化折扣理论相悖？形成文化折扣的原因是否与文本创作构成关联？如果有，文本创作对于文化折扣的形成是否存在影响？对于未来出口电影的文本创作有哪些启示？

三、研究方法

针对受众部分，本研究首先运用 Rost CM 软件对于采集到的用户评价进行文本分析，得出观众的认知与评价及其相关维度，将其作为后续内容分析具体代码的依据。在依据上述内容，利用 Nvivo 软件对观众评论做出详细的编码与分析。

针对导演与主创团队部分，本研究直接采用 Nvivo 软件进行文本的编码与分析。

最终本研究将两个结果进行对比，判断电影《花木兰》在文化挪用的过程中是否存在文化折扣的问题，具体差异是什么，并最终得出结论。

（一）样本

评论家和他们的评论遍布所有行业，在娱乐行业中尤其多，对娱乐行业的影响也是很显著的，从经验上来看，评论家的评论对于后期的电影票房收入影响远远大于早期的票房影响，电影评论不仅是一种意见领袖，而且是一种先行的预测指标（Eliashberg, et al.,1997）。消费者评分对电影在影院上映时间的影响较大，而评论家评分对电影市场整体的影响更大（Souza, et al.,2019）。因此，对于受众评价的分析不仅可以反映电影在市场的口碑，还可以反映和预测受众对电影的接受程度和电影的票房成绩。因此，本文立足于真人版电影《花木兰》的受众评价，对受众评价进行具体分析，提取其中与电影文本创作相关的部分，再结合电影创作团队的访谈记录，对于文本创作是否构成文化折扣这一论点及其影响程度进行分析。

本研究使用了以下两个样本：

样本1是发布在豆瓣网上的中国用户关于真人版电影《花木兰》的在线评论。豆瓣网创立于2005年，是中国最大的社区评论网站之一，其自我定义为“以技术和产品为核心、生活和文化为内容的创新网络服务，致力于帮助都市人群发现生活中有用的事物”。它为其用户提供大量关于书籍、影视、音乐等作品的信息，并且，该网站上无论是信息描述还是评论打分都是由用户自身提供（USG，user-generated content）。豆瓣网的计分规则是：用户在对电影进行评分时，可以给出一星到五星的评价。然后豆瓣网通过计算（这种计算方式并未公布），得出一个满分为10分的评价分数（这就是引言中豆瓣网评分的来源）。该网站上的用户评价分为两个部分——短评和影评：短评短小精炼，对于观众的评价有着精炼的反映；影评专业详细，但篇幅较长。在呈现用户评价时，网站管理者主动筛选并删除了与影片无关、涉及恶意评价和人身攻击等的评论，并对用户短评的呈现进行了豆瓣用户投票加权平均及从高到低排序的处理，因此，该网站的用户评论可以一定程度上客观反映中国观众对于电影的看法。

样本2是导演妮基·卡罗及主创团队有关于真人版电影《花木兰》的访谈记录。其中包括导演及主创团队提及的关于真人版电影《花木兰》创作、选角时的过程，他们对“花木兰”的故事、这一角色所传递出的精神价值的理解以及影片在宣传过程中对于“花木兰”故事的定位，这些信息客观反映了导演及主创团队对“花木兰”故事及其人物的理解，在一定程度上反映了他们对中国文化和中华民族精神的认识。必须注意的是，在电影《花木兰》从筹备到上映的过程中，导演、主创以及主演团队接受了许多不同媒体关于电影的采访，但由于时间的限制等多种因素（尤其是电影上映之前不能泄露太多细节以免影响消费者的选择），这些采访篇幅较短、内容不多，因此并不能完全反映导演以及主创团队对故事和角色的深刻理解。

(二)数据提取

所有数据提取于2020年12月,样本1提取了豆瓣网上所有公开呈现的影评和短评,其中包括短评405条、影评3141条,再经过人工筛选,删除其中表意不清、与影片无关的无效内容。为解决Q1的问题,借助Nvivo 11对提取的内容进行词频分析与编码处理。

为解决Q2中关于主创团队意见的问题,样本2提取在网页公共页面中搜索关键词"花木兰导演""花木兰""妮基·卡罗",筛选其中与真人版电影《花木兰》相关的信息,以及在IMDb(爱影库)、烂番茄的"花木兰"信息页面中关于该影片的简介,最主要的是电影官方的精神价值定位,并对这些信息进行内容分析。所有的访谈资料共包含视频和文字资料两大部分。

四、研究过程与结论

(一)中国观众的观影关注

1.观众短评

如上述,豆瓣上的用户短评较为短小,具备一定的代表意义,可以精确提炼出观众的主要观点。为解决Q1,本研究首先采集豆瓣上的用户短评,并对其进行高频词统计,去除其中无关的语词项,得出观众的认知与评价及其相关维度如表1,将其作为后续内容分析具体代码的依据。

表 1　中国观众短评的认知与评价及相关维度高频词统计表

观众认知						观众情感		
维度	高频词	频次	维度	高频词	频次	维度	高频词	频次
故事创作	故事	68	演员人物	刘亦菲	98	正向	期待	17
	剧情	60		角色	40		好看	15
	特效	16		演技	40		感动	8
	画面	13		女巫	33		精彩	7
	设定	13		巩俐	27		厉害	5
	场面	12		演员	26	负向	尴尬	35
	动作	11		反派	14		难看	31
	服装	10		皇帝	14		差	25
	内核	9		表演	11		一星	24
	感情	9		李连杰	9		失望	16
	设计	9	内容核心	文化	54		浪费	10
	情节	8		女性	46		莫名其妙	9
	制作	8		女权	23		水土不服	9
	审美	8		时代	10		恶心	7
	武打	8		身份	10		无聊	7
	战争	7		童话	9		差劲	7
	逻辑	7		历史	9		不伦不类	6
	价值观	7		自我	8		失败	6
	镜头	7		传统	8		一言难尽	6
	音乐	7		成长	8		一塌糊涂	5
	节奏	7		民族	7			
	风格	6		政治	5			
	质感	5		国家	5			
	价值	5						

其语义网络构成见图 1。

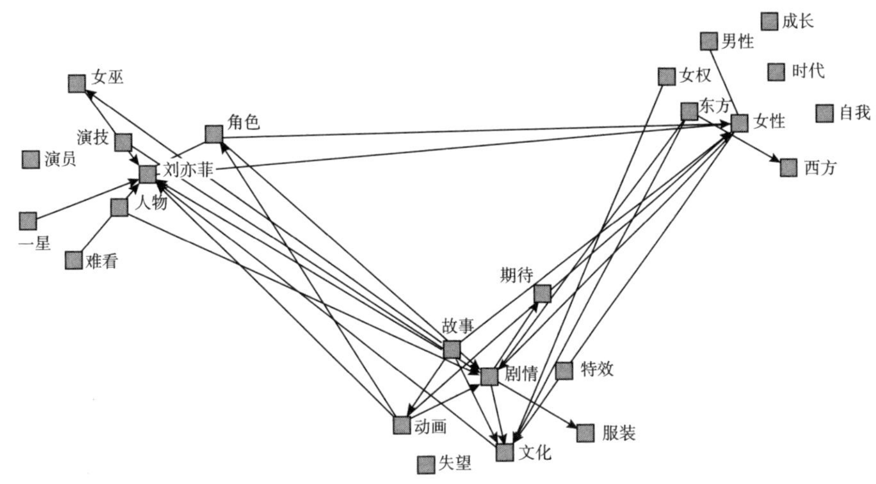

图1　中国观众短评中认知与评价语义网络图

由此可以得出，中国观众对真人版电影《花木兰》的认知维度主要在于故事创作、演员人物和情感表意三大方面，对于影片的故事创作本身关注程度最高，涉及多个方面，包括故事、剧情、制作等影视创作与故事讲述方面，乃至对于配乐方面都有所关注；同时，观众关注的认知维度在于内容核心方面，中国观众普遍认为该影片一定程度上阐释和赞颂了女权主义和女性主义，肯定了女性的自我成长与自我价值。另外，影片中有对于中国传统文化与传统价值观的呈现，尤其是对国家、民族的忠诚；值得关注的是，影片在中国国内具备很强的名人效应，短评中多次提及演员姓名或剧中人物姓名，对于演员的演技评价也有所涉及。在情感维度方面，高频词分析结果可得，虽然也有"精彩""感动"等正面评价词汇，但中国观众对于真人版电影《花木兰》的评价普遍较低，认为差而且尴尬。

2.观众影评

基于这些观点，对于中国观众在豆瓣的线上影评进行爬取。豆瓣的影评与短评是相互区别的两个部分，影评篇幅较长，观点鲜明，评论专业而细致，且具备一定的实用性建议，适宜对观众的评价与观点做出深入而具体的分析和研究。因此,为了解决Q1,本研究对豆瓣上的观众影评进行选择性爬取,按照其他用户对于影评的赞同程度,分别提取五星影评58篇、四星影评40篇、三星影评58篇、二星影评55篇、一星影评47篇,共计258篇。文章和评论可能被编码多次。

为保证编码的有效性和科学性,邀请了研究团队的其他成员,在进行详细培训和充分沟通后分组各自进行独立编码。两组编码结束后,使用Nvivo软件中的编码比较进行信度可靠百分比检验。将两组编码的结果进行对比和相互验证,编码比较是根据每个大类(故事创作、内容核心、演员人物)进行计算的,检验结果显示:编码一致性百分比达到90%以上,符合检验要求。对两组编码不一致的编码结果,再次进行讨论并确定编码方案,最终形成编码结果如图2所示。

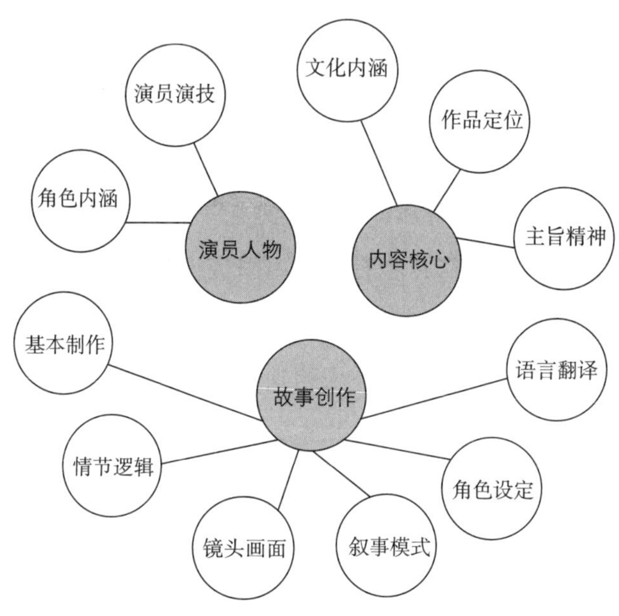

图2 观众的主要认知维度

维度一:故事创作。编码结果显示,故事创作是观众评论最集中和占比最大的一个部分,这表明中国观众对故事创作本身的关注程度较高。在故事创作方面，观众的关注主要分为基本制作、情节逻辑、镜头画面、叙事模式、角色设定和语言翻译六个元素。编码参考点频数分布如图3所示。

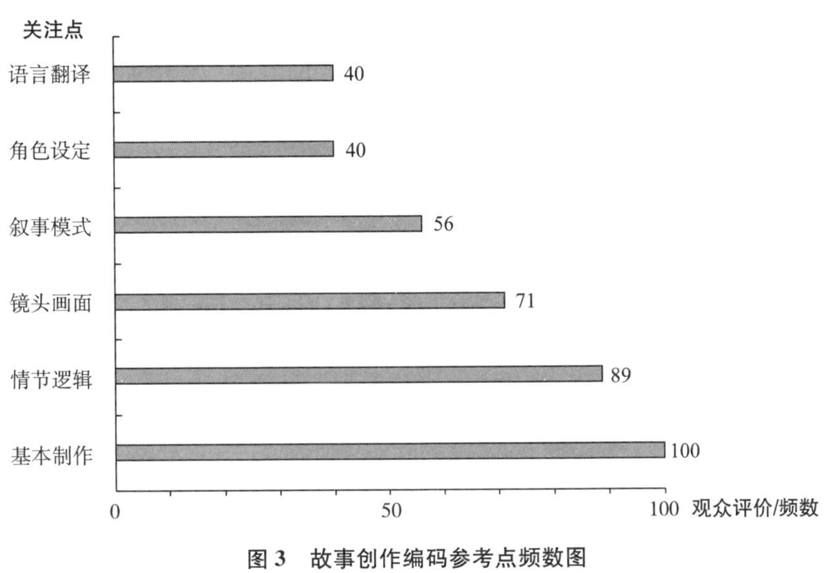

图3 故事创作编码参考点频数图

基本制作上，中国观众普遍认为剧中的人物妆容服饰、道具、配色、特效等都“很糟糕”“尴尬”“不讲究”，与中国历史与文化实际不符，只是对中国元素和符号进行了拼凑，且不具备审美效果，是“审美上的东方主义”；情节逻辑上，多位观众认为电影的剧情较为“紧凑”，但总体来说“不合常理”“逻辑混乱”，本应讲述的成长和自我觉醒的过程过于平顺，乃至与历史“相去甚远”；镜头画面上，观众认为电影取景和视觉效果值得称赞，尤其是雪山、草原、雅丹地貌等自然风光和宫殿场景的建筑构图都显得大气恢弘，情感评价较高；叙事模式上，电影主要是讲了一个自我意识觉醒和成长的故事，总体而言叙事是通顺而流畅的，但有的观众认为叙事过于“平缓”、表达方式“乏力”，以至于最后人物和剧情的转变都显得过于突兀；角色设定上，观众对花木兰和仙娘两个角色的评价较多，但是普遍认为电影对于花木兰这一人物的成长过程叙事和铺垫不足，因此不容易与她产生情感共鸣，仙娘这一角色行为逻辑混乱，人物前后行为令人费解；语言翻译上，中国观众对电影英文配音的接受度很低，认为太过“违和”，且剧中的台词并不符合中国人的习惯用语。此外,观众还对电影中诗歌《木兰辞》中的翻译有极大不满,认为这是导演及主创团队的西方文化背景与中国文化和中国诗歌之间的不协调的显性表现。总体来说,中国观众对电影《花木兰》的故事创作关注程度最高,但评价较低,编码结果显示,已编码的参考点中负面评论的覆盖比例比正面评论高出 4 倍。必须提出的是,故事创作是与文化无关的内容,但是,调查结果显示,中国观众对故事创作方面的关注已经超越了对文化内容的关注。

维度二:内容核心。除了关注故事创作之外,中国观众最关注的是电影所表达的内容核心。在内容核心方面,观众主要关注电影中呈现出的文化内涵、作品定位和主旨精神三个要素。编码参考点频数分布如图 4 所示。

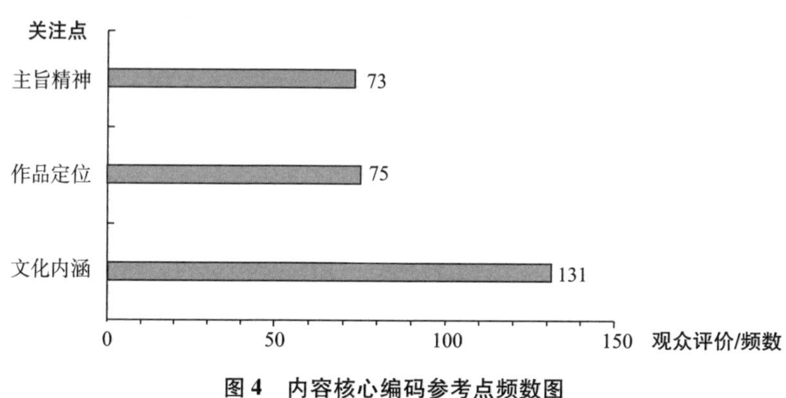

图 4　内容核心编码参考点频数图

文化内涵上,可以说,观众对文化内涵的关注度是最高的,但是对电影呈现出的中国文化内涵的评价是最低的。观众普遍认为电影中出现的中国元素更像是“西方人视野中的中国元素”,而非真正的中国元素,导演及主创团队只是对带有中国符号和中国特色的东西进行了一种堆砌,包含了西方对于中国的刻板印象,乃至电影本身也只是以一个中国故事为外壳而以西方文化为实际内核的故事。另外,电影中出现的“忠、勇、真”在一定程度上成为中国传统文化的体现,但也有观众认为电影中对这种价值观的表达过于肤浅和简单;主旨精神上,部分观众对影片中女权主义的书写持赞同和认可的态度,认为它歌颂了女性的觉醒和成长，赞美了女性的力量，体现了普世的、现代化的价值观，但也有部分观众认为影片中缺乏对于女性主义真正的讨论，电影对女性主义的强调埋没了花木兰故事原本的精神价值，并且，电影反而体现出了典型的个人英雄主义——这是与花木兰故事的初衷相违背的；作品定位上，观众普遍认为这是典型的迪士尼商业“公主系列”电影，符合“童话故事”的架构，所以与艺术和所宣称的“英雄史诗”都是不挂钩的。在这个部分，观众负面评价的比例也远高于正面评价。

维度三：演员人物。除了上述两个部分外，观众主要关注的还有演员人物这一维度，其中包括了演员演技和角色内涵两个元素。编码参考点频数分布如图 5 所示。

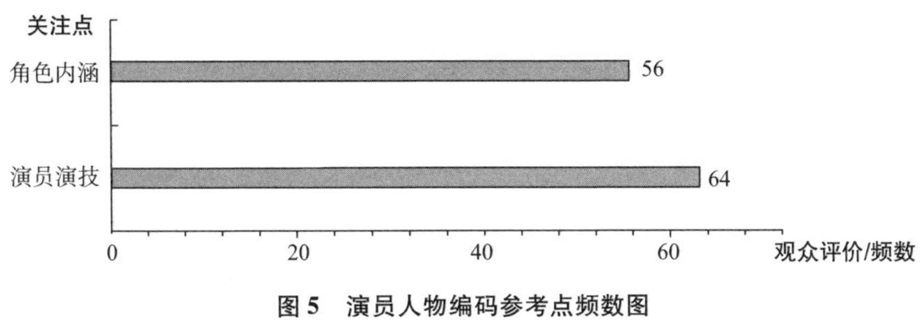

图 5　演员人物编码参考点频数图

角色内涵上，大部分观众集中于讨论花木兰和仙娘两个角色，认为花木兰勇敢、善良、倔强，不屈服于现实和宿命，具有反抗精神，但电影中的角色刻画因为缺乏了成长过程而略显失败；演员演技上，主要争议集中于花木兰饰演者刘亦菲上，部分观众对于刘亦菲演技的评价较低，也有观众认为其演技不错，对于其他一众演员及其演技的评价都较好。在这部分，观众负面评价很高，几乎没有正面评价。

总体来说，中国观众对于真人版电影《花木兰》的评价较差，负面评价较多，具体比例如图 6 所示。

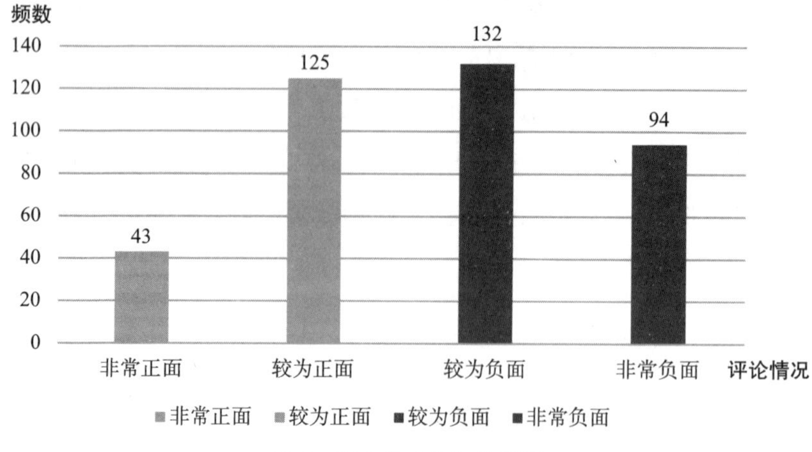

图6 观众情感认知频数图

(二)主创团队的创作关注

如上述,为解决Q2,本研究对真人版电影《花木兰》的导演及主创团队的访谈记录,在IMDb、烂番茄的"花木兰"信息页面中关于该影片的简介进行分析,可以一定程度上反映出主创团队官方对"花木兰"故事及其精神内核的理解,反映出他们对中国文化和精神的认识。本研究发现电影主创团队对《花木兰》的理解主要分为三类,三类理解在访谈中的提及频率大致持平。

第一,文化理解。文化理解指的是访谈中主创团队谈及电影包含的文化内涵的部分,其中包括主创团队认识的中国文化和花木兰的故事。访谈中提及,主创团队为了解中国文化和花木兰故事,多次来到中国并学习相关中国文化,以此为基础进行电影的创作和剧作的相关设计。关于中国文化的部分,主创团队的关注点主要集中于对中国文化元素的理解,如用取景地来展示中国地理风貌、对于"四爪金龙"与皇帝的关联的理解,但缺少对于中国文化内核真正的理解。

第二,人物理解。人物理解指的是主创团队关于电影主角花木兰这一人物的性格、精神等方面的理解。在访谈记录中，主创团队认为，花木兰的性格是“聪明坚强又温柔”，她尤其是坚强的，且具备极强的信念，她是一个真实、真诚的人物，同时也是一位战士；在精神方面，主创团队认为，花木兰不是超级英雄，而是用自己的聪慧和信念战胜困难的普通人，这一角色应该带给观众的启示是认清自己的内心、做真实的自己。

第三，价值理解。价值理解指的是主创团队对于电影的定位和电影传递出的精神内核的理解。在电影定位方面，影片被定义为“冒险动作片”，他们认为电影充满壮丽、激动人心、史诗般的氛围，虽然包含了部分浪漫元素，但他们努力让电影回归现实主义，目的是描述战争和这个真实的故事；在精神内核方面，IMDb 和烂番茄的“真人版电影《花木兰》”信息页中显示，这一电影的主要文化内涵宣传点在于“Loyal, Brave, True”。在访谈中，主创团队认为，电影展现了一种“坚定的女性在行动的美”，赞颂了女性的意志和力量。另外，导演还提到，在电影《花木兰》的主要制作人员中女性占比很大，且主要由女性领导，因为这是一部书写女性力量的电影，并且也可以借此鼓励其他制作公司多给其他女性机会。

以上三种理解的占比如图 7 所示。

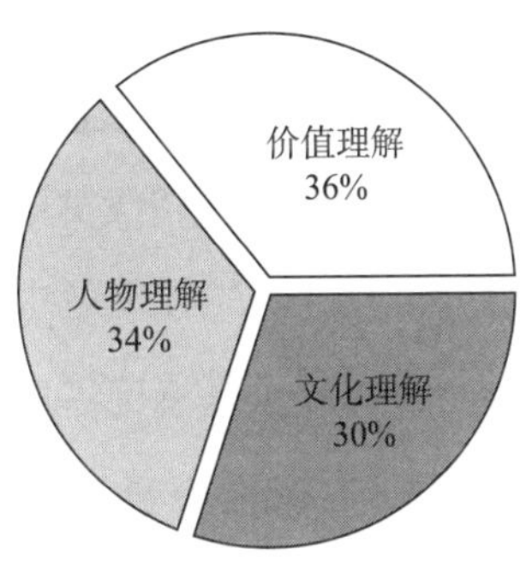

图 7　主创团队的主要认知占比

除此之外，还有一些关于电影拍摄和制作过程中对于镜头运用和情感表意的介绍，在此不做赘述。

五、讨论

（一）编码结果分析

根据编码结果可得，Q2 中有关导演及主创团队与中国观众对电影《花木兰》理解的差异如下：

第一，主旨精神与人物的理解差异。必须指出的是，导演对于花木兰故事的理解并非完全错误，在中国古代，花木兰的故事之所以可以流传至今，其原因在于两点：故事的传奇性，而这种传奇性既不悖于中国古代道德规范，也完成了人物成长；女性主义，打破了传统的性别规范，提出了“谁说女子不如男”的观点，这与西方女性主义话语在某种程度上是一致的。迪士尼对这个故事的最重要的叙事在于：将性别问题作为主线与核心，构建了性别间的矛盾与冲突，并发掘了整体社会与个体发展之间的冲突与对立（林丹娅，等，2019）。但是，这种做法事实上隐蔽了《花木兰》这一文本在中国最突出的精神价值。在中国人的认知中，孝顺长辈和保卫国家是她最可贵的品质，而这种品质被迪士尼解读和异化成为木兰在相亲失败后对个人价值的证明，具备浓重的个人主义。迪士尼电影将她几乎塑造成了一个好莱坞语境中的“超级英雄”（康宁，2010）。

第二，中国文化的错误认知。导演虽然在了解中国文化上做出了非常大的努力，但他们对于中国文化的了解仅限于具备中国感觉的元素与符号及其背后的特定象征，对于真正文化内涵的理解较少，这就造成了电影中随处可见的中国元素，但仅仅浮于表面而无法深入内核，无法引起中国观众的共鸣。电影《花木兰》中尤其令中国观众诟病的是导演及主创团队虚假的地理认知：比如北方的福建土楼，新西兰的草甸和雪山，不适时宜的对联、灯笼等，这是一种典型的西方文化背景的世界架构（world-building）——只需有中国地域的感觉和能帮助塑造中国故事与人物即可（韩晓强，2020）。事实上，迪士尼对于《花木兰》进行的动态改写，造成了西方语境中东方主义范式的永恒化，将民间叙事简化为一个静态的、统一的整体(Wang,2020)。

第三,故事创作的不重视。显然,主创团队对于故事创作的问题关注较少,对于故事叙事模式和逻辑结构毫无关注,但这却是中国观众观看时的重心所在。除了文化内涵外,观众更关注的是人物的前后行为是否符合逻辑、故事叙事方式是否能吸引人,这种问题决定了观众是否能与电影产生共鸣,相比文化的差异化理解来说,这种问题似乎更不能被中国观众原谅。显然,电影中被观众批评最多的是对仙娘人物的刻画,他们认为人物缺乏必要的成长过程,因此人物前后行为存在很大的逻辑问题,无法说服观众。这种对于人物刻画的疏漏在电影中不止一处,是电影在中国观众中得到差评的重要原因。

这些在中国和美国的作者与观众中表现的差异根源其实是前现代和现代伦理之间的差异、古代中国社会和现代西方社会之间的距离与差异(Yang,2018),也就是社会距离。

事实上,花木兰的故事在中国的历史上也不断被改编,不同时代的改编者在故事中都或多或少地寄予了相应的时代精神(Li,2020)。木兰的故事自 20 世纪初被传入美国,它的 3 次传播高潮都与美国的历史文化思潮息息相关,因此,文化接收者必然会依据自身标准对信息进行选择、调整和改编,这就形成了传播过程中的文化过滤,同理,读者在接受过程中也会形成文化误读(李楠,2017)。所以,作为民间叙事在多元媒介下实现文化与内容传承的典型案例之一,《花木兰》在被不断接受与改编中,被叙事主体的人们使用自身的文化背景和道德判断力选择了不同的表达方式,决定了媒介和民间叙事的内在走向(朱婧薇,2019)。在现代语境中,对于花木兰叙事的不同风格演绎事实上是对经典和传统叙事的颠覆,体现了不同的青年女性主体对于男权政治的颠覆,是对不同意识形态的抵抗,在这种颠覆与抵抗中促成了女性主义的重建(罗晓东,等,2016)。

因此可以解决 Q3 中的问题:作为一部具有中国文化内涵的作品,它在中国市场上遭遇差评的原因在于"花木兰"这一中国故事在美国传播形成的文化折扣和文化误读。这种差异导致了电影《花木兰》在创作初期就与中国传统存在着一定的文化距离，因此构成了电影在中国市场的接受困难。这是与文化折扣理论不相违背的，因为文本创作会影响文化折扣的形成。文化挪用是一种电影创作的途径，但由于迪士尼对其他文化的误读，造成了电影在运营过程中的文化折扣。

(二)解决策略

在文化的商业创造过程中，必须权衡文化母国与文化创造国之间的关系，寻求一个均衡点，达到双方的文化一致和认同一致。对于创作者来说，具体策略如下：

第一，对于故事主题的把握：针对电影产品的创作，在跨文化传播过程中，面对复杂和充满陌生感的国情，情感沟通比其他沟通方式更加具备优势。应当以基于相似感情导致的“共同情感”为介质，超越人为建设的国界、文化界系统，消解意识形态和语言壁垒，建立对传播内容的共同理解与认同(徐明华，等，2019)。针对电影产品的运营，社交平台是一种有效的媒介形式，可以利用社交媒体平台与观众建立情感联系，推广让观众与电影主角产生共鸣的内容(Nanda, et al.,2018)。在《花木兰》中，导演将女权主义作为不同文化情感沟通的核心，但是当今的女权主义的宣传与活动存在一个问题：新媒介和新的叙事方式虽然塑造了女权主义者形象，却又回避了与平台互动秩序不协调的女权主义者问题，在放大女权主义的表达的同时又使之局限于受众接受和偏好的范围内(Savolainen, et al.,2020)。这同时也是导演在电影叙事中存在的问题，所以，女性主义并不是一个适当的情感切入点。

第二，对故事创作的重视：虽然我们的研究重心在于文化折扣，但叙事也是电影创作的关键。精彩的叙事可以让人一定程度上忽略文化差异和文化误读，这也是曾经动画版《花木兰》在中国取得高分的原因之一。针对电影产品的创作，电影作品最具吸引力的方面就是叙事，如果忽略了故事讲述，就是等同于忽略了电影最核心的部分，在《花木兰》的改编中，迪士尼创造和满足了全球口味，并创造出不再传达原文信息或意义的另一种叙事方式(Giunta,2018)。针对电影产品的运营,创作者在追求多元文化融合的同时却忽略了文本的基本创造,导致基本情节逻辑失误、叙事节奏不够吸引人。电影的核心竞争力始终是内容资源,只有实现内容资源的精心锻造和有效开发,才能始终保持吸引力(陈睿,等,2020)。

第三,对其他文化的深入学习:针对电影产品的创作,电影的创作者,应该致力于深入学习不同的文化,努力克服文化心理距离和社会距离;针对电影产品的运营,制造方应该灵活地调整作品的传播模式,并加强与受众直接的沟通,将品牌及品牌理念置于全球化的背景下,才能有效开展跨文化传播(公克迪,等,2017)。在很长一段时间内,电影都居于休闲和文化的中心,找到电影中商业和文化的结合的方式,适应国家地区的国情和发展状况,注入国家的特殊性从而引起观众的文化认同,才能找到独特的市场吸引力(Gundle,2020)。电影在不同文化的国家之间的成功因素是不同的,重视特定地区的因素是成功的关键(Gaenssle, et al.,2018)。不可否认的是,电影《花木兰》的导演团队对中国文化的了解浮于表面,只会导致文化元素的大杂糅,不会深入人心。

六、总结

综上所述,我们生活在一个文化全球化的世界,文化挪用是一种重要的文化产品创作途径,同时也是文化产品跨国界传播的关键。但由于文化误读的存在,电影产品在运营过程中产生了相应的文化折扣。

当然,客观地说,如果不真正生活在一个特定的国家或文化背景中,我们就无法真正理解这个国家的真实生活与文化。但这并不意味着文化产品的跨文化创作和运营是不可能的,为了避免出现这种文化误读和文化折扣,创作者需要找到一个普遍的情感切入点。将情感价值与个人体验相结合,深入研究不同形式的文化,特别是来自其母国的文化。此外,创作者应重视叙事创作,成功实现文化挪用,完成文化商业创作过程,实现传统文化作品与创新产品的融合。这一方面是电影在创作与运营过程中应该采取的策略。另一方面,根据本案例,中国文化的可持续发展同时也依赖外国与中国的互相交流学习、全球化的情感共鸣以及对叙事的创新和重视。

由于全球化,中国乃至其他国家文化的可持续发展策略不断创新,文化挪用只是其中很小的一个部分。事实上,对于一个国家来说,等待别人的文化挪用,不如首先壮大自身文化实力,进行有效的文化宣传,形成积极导向,才能构成文化可持续发展的动力。

本研究的不足之处在于两点:

第一,研究样本的多样性有待提高。虽然本研究精选的在线平台是最大的用户评论网站之一,而且用户活跃度很高。但并不是所有的观众都使用在线评论,而那些使用在线评论的人也不局限于这类社交媒体。根据艾瑞咨询的指标显示,2019 年至 2020 年,豆瓣网超过 60%的用户年龄在 19 岁至 35 岁之间,主要分布在中国东部经济发达地区。然而,根据其他研究,中国动画电影的总观众中有 80%是 20 到 40 岁的年轻人,我们的研究是具有局限性的。

第二,研究案例还有待扩充。由于国家文化的熟悉程度、电影数量的限制等多个原因,本文仅对《花木兰》这一部电影进行了研究。事实上,具备文化挪用条件且产生了文化折扣的电影作品还有许多。

因此,未来的研究方向有:对于其他年龄乃至全年龄阶段的用户进行文化理解差异分析,对其他类似电影进行相关文化挪用与文化折扣的研究等。我们期待有更多的研究结果涌现。

参考文献

[1]ALAVERAS G, GOMEZ-HERRERA E, MARTENS B. Cross-border circulation of films and cultural diversity in the EU [J]. Journal of cultural economics, 2018, 4(42): 645-676.

[2]ANJIRBAG M. Reforming borders of the imagination: diversity, adaptation, transmediation, and incorporation in the global Disney film landscape [J]. Jeunesse: young people,

texts, cultures, 2020, 11(2): 151-176.

[3]BAEK Y M, KIM H M. Cultural distance and foreign drama enjoyment: perceived novelty and identification with characters [J]. Journal of broadcasting & electronic media, 2016, 60(3): 527-546.

[4]BHARAT M. Going global: filmic appropriation of Jane Austen in India [J]. South Asian popular culture, 2020, 18(2): 1-13.

[5]BÖHME C. African appropriations: cultural difference, mimesis, and media [J]. Africa, 2017, 87(2): 434-435.

[6]BRADY J, KO D. Consumer affinity for foreign countries, film attendance, and interest in purchasing products from foreign countries: an exploratory study of Korea and Ireland [J]. International journal of human ecology, 2016, 17(1): 15-25.

[7]BUESCHER D T, ONO K A. Civilized colonialism: Pocahontas as neocolonial rhetoric [J]. Women's studies in communication, 1996, 19(2): 127-153.

[8]CABRAL L, NATIVIDAD G. Movie release strategy: theory and evidence from international distribution [J]. Journal of economics & management strategy, 2020, 29(2):276-288.

[9]CHYTRY J. Walt Disney and the creation of emotional environments: interpreting Walt Disney's oeuvre from the Disney studios to Disneyland, CalArts, and the Experimental Prototype Community of Tomorrow (EPCOT) [J]. Rethinking history, 2012, 16(2): 259-278.

[10]CRAIG C, GREENE W, DOUGLAS S. Culture matters: consumer acceptance of U.S. films in foreign markets [J]. Journal of international marketing, 2005, 4(13): 80-103.

[11]DALMORO M, COSTA, HERTER M, et al. Traditionscapes in emerging markets: how local tradition appropriation fosters cultural identity [J]. International journal of emerging markets, 2020, 15(6): 1105-1126.

[12]DE VANY A, WALLS W D. Uncertainty in the movies: does star power reduce the terror of the box office? [J]. Journal of cultural economics, 1999(22): 329-354.

[13]ELIASHBERG J, SHUGAN S M. Film critics: influencers or predictors? [J]. Journal of marketing, 1997(61): 68-78.

[14]ELLIOTT C, KONARA P, LING H, et al. Behind film performance in China's changing institutional context: the impact of signals [J]. Asia pacific journal of management, 2018, 35(1):

63-95.

[15]FU W W, GOVINDARAJU A. Explaining global box-office tastes in Hollywood films: homogenization of national audiences' movie selections [J]. Communication research, 2010, 2 (37): 215-238.

[16]GAENSSLE S, BUDZINSKI O, ASTAKHOVA D. Conquering the box office: factors influencing success of international movies in Russia [J]. Review of network economics, 2018, 17 (4): 245-266.

[17]GAO W, JI L, LIU Y, et al. Branding cultural products in international markets: a study of Hollywood movies in China [J]. Journal of marketing, 2020, 84(3): 86-105.

[18]GIUNTA J V. "A girl worth fighting for": transculturation, remediation, and cultural authenticity in adaptations of the "ballad of Mulan" [J]. SARE: Southeast Asian review of English, 2018, 55(2, SI): 154-172.

[19]GUERRERO A P S. An approach to finding teaching moments on families and child development in Disney films [J]. Academic psychiatry, 2015, 39(2): 225-230.

[20]GUNDLE S. "We have everything to learn from the Americans": film promotion, product placement and consumer culture in Italy, 1945-1965 [J]. Historical journal of film radio and television, 2020, 40(1,SI): 55-83.

[21]HAROLD C. Pranking rhetoric: "culture jamming" as media activism [J]. Critical studies in media communication, 2004, 21(3): 189-211.

[22]HERNÁNDEZ-PÉREZ M. Animation, branding and authorship in the construction of the "anti-Disney" ethos: Hayao Miyazakis works and persona through Disney film criticism [J]. Animation, 2016, 3(11): 297-313.

[23]HOLCOMB J, LATHAM-MINTUS K, FERNANDEZ-BACA D. Who cares for the kids? Caregiving and parenting in Disney films [J]. Journal of family issues, 2014, 36(14): 1-31.

[24]HOSKINS C, MIRUS R. Reasons for the US dominance in international trade in television programs [J]. Media culture & society, 1988, 10(4): 499-504.

[25]HOWARD K. Equity in music education: cultural appropriation versus cultural appreciation: understanding the difference [J]. Music educators journal, 2020, 106(3): 68-70.

[26]JACKSON V. "What do we get from a Disney film if we cannot see it?": the BBC and the

"radio cartoon" 1934-1941 [J]. Historical journal of film, radio and television, 2019, 39(2): 290-308.

[27]JOHNSON V. What is organizational imprinting? Cultural entrepreneurship in the founding of the Paris Opera [J]. American journal of sociology, 2007, 1(113): 97-127.

[28]KIM H, JENSEN M. Audience heterogeneity and the effectiveness of market signals: how to overcome liabilities of foreignness in film exports? [J]. Academy of management journal, 2014, 57(5): 1360-1384.

[29]KOHLI G S, YEN D, ALWI S, et al. Film or film brand? UK consumers' engagement with films as brands [J]. British journal of management, 2020, 4: 1-30.

[30]LAURENDEAU G. Arts and the re-appropriation of culture in native societies in Quebec, Canada: the production of "N'teishkan", a documentary film about traditional knowledge [J]. The international journal of the arts in society: annual review, 2012, 2(2): 247-264.

[31]LAWRENCE K, GREENE H. Customer loyalty the Disney way [J]. American international journal of humanities arts and social sciences, 2020, 13(2): 83-94.

[32]LEE F L F. Cultural discount and cross-culture predictability: examining the box office performance of American movies in Hong Kong [J]. Journal of media economics, 2006, 19(4): 259-278.

[33]LEE F L F. Cultural discount of cinematic achievement: The academy awards and U.S. movies' East Asian box office [J]. Journal of cultural economics, 2009, 33(4): 239-263.

[34]LI Z. Female warriors: a reproduction of patriarchal narrative of Hua Mulan in the Red Detachment of Women (1972) [J]. Media international Australia, 2020, 176(1): 66-77.

[35]MOON S, BAYUS B L, YI Y, et al. Local consumers' reception of imported and domestic movies in the Korean movie market [J]. Journal of cultural economics, 2015, 39(1): 99-121.

[36]MOON S, SONG R. The roles of cultural elements in international retailing of cultural products: an application to the motion picture industry [J]. Journal of retailing, 2014, 91(1): 154-170.

[37]NANDA M, PATTNAIK C, LU Q S. Innovation in social media strategy for movie success a study of the Bollywood movie industry [J]. Management decision, 2018, 56(1, SI): 233-251.

[38]NAYLOR S. Appropriation, culture and meaning in electroacoustic music: a composer's perspective [J]. Organised sound, 2014, 19(2): 110-116.

[39]PARK S. Changing patterns of foreign movie imports, tastes, and consumption in Australia [J]. Journal of cultural economics, 2015, 39(1): 85-98.

[40]PRÉVOT-JULLIARD A, JULLIARD R. Historical evidence for nature disconnection in a 70-year time series of Disney animated films [J]. Public understanding of science, 2014, 24(6): 672-680.

[41]RAUNDALEN J. A communist takeover in the dream factory-appropriation of popular genres by the east German film industry [J]. Slavonica, 2005, 11(1): 69-86.

[42]REGAN S. Updating Addison: culture, appropriation and the connoisseur [J]. Forum for modern language studies, 2014, 51(1): 1-14.

[43]ROGERS R. From cultural exchange to transculturation: a review and reconceptualization of cultural appropriation [J]. Communication theory, 2006, 16(4): 474-503.

[44]SAVOLAINEN L, UITERMARK J, BOY J. Filtering feminisms: emergent feminist visibilities on Instagram [J]. New media & society, 2020, 10(10): 1-23.

[45]SHAMOON D. Class S: Appropriation of "lesbian" subculture in modern Japanese literature and New Wave cinema [J]. Cultural studies, 2021, 35(1): 27-43.

[46]SHUGART H. Counterhegemonic acts: appropriation as a feminist rhetorical strategy [J]. Quarterly journal of speech, 1997, 83(2): 210-229.

[47]SOUSA C M P, BRADLEY F. Cultural distance and psychic distance: two peas in apod? [J]. Journal of international marketing, 2006, 14(1): 49-70.

[48]SOUZA T L D, NISHIJIMA M, FAVA A C P. Do consumer and expert reviews affect the length of time a film is kept on screens in the USA? [J]. Journal of cultural economics, 2019, 43(1): 145-171.

[49]VAN DE VIJVER L. Going to the exclusive show: exhibition strategies and moviegoing memories of Disney's animated feature films in Ghent (1937-1982) [J]. European journal of cultural studies, 2015, 19(4): 404-418.

[50]VAN WORMER K, JUBY C. Cultural representations in Walt Disney films: implications for social work education [J]. Journal of social work, 2015, 16(5): 578-594.

[51]WALLS W D, MCKENZIE J. The changing role of Hollywood in the global movie market [J]. Journal of media economics, 2012, 25(4): 198-219.

[52]WANG X, PAN H, ZHU N, et al. East Asian films in the European market: the roles of cultural distance and cultural specificity [J]. International marketing review, 2020, ahead-of-print.

[53]WANG Z. Cultural "authenticity" as a conflict-ridden hypotext: Mulan (1998), Mulan Joins the Army (1939), and a millennium-long intertextual metamorphosis [J]. Arts, 2020, 9(3): 78.

[54]YANG Q. Mulan in China and America: from premodern to modern [J]. Comparative literature: East & West, 2018, 2(1): 45-59.

[55]YOUNG J. Profound offense and cultural appropriation [J]. The journal of aesthetics and artcriticism, 2005, 63(2): 135-146.

[56]陈睿,陈之奕. 元媒介视域下"哈利·波特"系列作品的IP运营策略[J]. 电影文学, 2020. 27(20): 127-134.

[57]公克迪,涂光晋. 品牌跨文化传播理论的演进:基于文化心理距离的视角[J]. 当代传播, 2017. 33(5): 65-69.

[58]韩晓强.《花木兰》:迪士尼公主与家国想象[J]. 电影艺术, 2020. 65(6): 65-68.

[59]康宁. 比较文化视野下的花木兰[J]. 电影文学, 2010. 17(16): 26-27.

[60]李楠. 接受学视角下的文化变异——以"木兰故事"在美国的百年传播为例[J]. 北京联合大学学报(人文社会科学版), 2017. 15(1): 104-110.

[61]林丹娅,张春. 性别视角下的迪士尼改编《木兰》之考辨[J]. 南开学报(哲学社会科学版), 2019. 26(6): 156-163.

[62]罗晓东,李高翔. 花木兰:经典叙事的风格颠覆与女青年主体重建[J]. 当代青年研究, 2016. 34(2): 88-93.

[63]徐明华,李丹妮. 情感畛域的消解与融通:"中国故事"跨文化传播的沟通介质和认同路径[J]. 现代传播(中国传媒大学学报), 2019. 41(3): 38-42.

[64]朱婧薇. 媒介变迁与民间叙事的现代传承——以木兰传说为例[J]. 文化遗产, 2019. 13(1): 116-125.

The Creation and Operation Strategy of Disney's *Mulan*: Cultural Appropriation and Cultural Discount

Chen Rui　Chen Zhiyi

Abstract: In 2020, Disney released a new film *Mulan* that originated from a Chinese stroy, but received negative reviews from the Chinese consumer market. Taking this as an example, this paper conducts content coding and text analysis of creators' interview records and consumer comments using Nvivo and Rost CM to explore Disney *Mulan*'s cultural appropriation strategy and the cultural discount phenomenon formed in the Chinese market from the perspective of users, as well as to discuss the creation and operation strategy of the film. The results show that cultural appropriation is an effective strategy for film creation, but cultural appropriation based on misinterpretation will lead to cultural discounts in the film operation. Therefore, we suggest that appropriate strategies should be adopted in film creation and operation to better achieve cultural sustainability.

Keywords: creation strategy, operation strategy, cultural discount, cultural appropriation, Disney, *Mulan*

文化与创意产业竞争力评价指标体系构建及分析

——以山东省为例

◎ 崔颖新　尹翀*

摘要: 文化与创意产业(简称"文创产业")是以创意为核心,运用智力资本创造价值产品、满足精神需求的产业。提升文创产业竞争力是顺应文化强国战略目标,增强国家和区域软实力的重要路径。近年来,随着文化强省战略的实施,山东省文创产业取得了一定成绩,但与发达省份相比仍有差距。本文以国家统计数据为基础,构建指标体系,应用统计学方法对比评价了山东省与其他省(区、市)文创产业的竞争力情况。结果表明,山东省新兴文创产业规模大而不强、文化消费水平较低、版权与专利产出不足、产业高端人才匮乏。由此进一步提出发展新兴文创产业、开发消费者文化需求、提高产品科技含量、培养与引进高

* 崔颖新,齐鲁工业大学(山东省科学院),山东省科技发展战略研究所,硕士研究生;研究方向:科技创新治理;邮箱:cuiyingxin19990109@ 163.com。尹翀,齐鲁工业大学(山东省科学院),山东省科技发展战略研究所、管理学院,博士,副研究员,硕士生导师;研究方向:科技创新治理、经济与管理复杂网络;邮箱:yinchong@ 163.com。

端人才等建议,也希望为国家文化强国战略的实施提供支持。

关键词:文化与创意产业;竞争力;因子分析;山东省

一、引言

文化与创意产业(以下简称“文创产业”)是衡量一个国家或地区软实力水平的标志之一,是扩大区域影响力、凝聚力和带动力的重要手段,也是经济和资源积累的重要途径(田辉,2015)。发展文创产业,对于促进山东省经济发展、彰显和传承区域特色文化、传递文化价值观、树立文化大省形象具有重要意义。国家《“十四五”文化产业发展规划》提出,要进一步健全文化产业体系和市场体系,持续优化文化产业结构布局,以促进文化供给质量明显提升,文化消费更加活跃,文化产业规模持续壮大,推动文化及相关产业增加值占国内生产总值比重持续攀升,显著提升文化产业发展的综合效益。山东省历史文化底蕴深厚,是经济大省和文化资源大省,近年来一直推进建设文化强省,致力于打造文创产业发展新高地。2021 年 2 月,中共山东省委办公厅、山东省人民政府办公厅印发《关于促进文化和旅游产业高质量发展的若干措施》的通知,提出实施文化和旅游消费促进行动,提升“好客山东”品牌影响力,培育壮大市场主体,加快文化和旅游产业智慧化建设,建设文化和旅游人才队伍等多项措施,旨在推动文创产业高质量发展,提高文创产业软实力,助力全省新旧动能转换,构建经济发展新格局。

山东省文化及相关产业增加值持续攀升,从 2013 年的 1834.4 亿元增长到 2018 年的 2528 亿元。据山东省文化和旅游厅、中商产业研究院统计数据显示,截至 2019 年,山东省共有各级示范园区 19 家、国家级和省级文化产业示范基地共 147 家,文创产业不断成长壮大。2021 年,山东省科技厅公布了首批省级文化和科技融合示范基地,包含 7 家集聚类基地和 20 家领军企业,意味着山东省文化与科技深度融合发展取得了阶段性突破。但从占比来看,2018 年山东省文化及相关产业增加值占全省 GDP 比重为 3.79%，占全国文化及相关产业总增加值的 6.14%，而 2018 年北京、浙江等发达地区的文化及相关产业增加值占全省 GDP 的比重分别达到了 9.29%、6.57%。而从微观文创主体活跃度来看，山东省文创产业主体数量不高，远低于广东、江苏等，且缺乏如北京掌阅科技股份有限公司、上海阅文集团等具有全国影响力、竞争力和知名度的文创主体。由此可见，山东省文创产业经济贡献度不高，产业结构层次较低，微观主体实力不强，与山东省文创产业的发展战略目标存在较大差距。

本文根据已有研究设计了文创产业竞争力评价指标体系，运用定性与定量分析相结合的方法对山东省文创产业的竞争力水平进行了实证研究；通过同其他地区的综合比较，揭示了山东省文创产业发展差距与瓶颈因素，并借鉴发达省份文创产业发展经验，围绕构建山东省由文化资源大省向文化与创意产业强省转型的可行路径，提出几点建议。

二、文创产业概念界定与指标分析

(一)文创产业概念界定与特征

1947 年，德国法兰克福学派的阿多诺和霍克海默出版了《启蒙的辩证法》一书，第一次系统地使用了“文化产业(Culture Industry)”这个概念，认为“文化产业”是指世界大战后，电影和广播等大众娱乐传媒正逐步朝着工业化的方向发展，在销售文化产品的同时操纵着大众的价值观和精神情感(Horkheimer, 2013)。Ruth Towse(2002)提出，文化产业也称创意产业，包括视觉、表演、电影、音乐、出版、时尚、游戏和玩具等艺术表现形式，也包括文化内容的设计、保存和传播，以及为促进和推动上述活动而开展的各项创新创造性活动。2004 年，中国国家统计局印发了《文化及相关产业分类》等文件，明确定义了文化产业的概念内涵，指出文化产业是“为社会公众提供文化、娱乐产品和服务的活动,以及与这些活动相关的活动的集合。”(于嘉,2009)2012年,国家统计局进一步明晰了“文化产业”的内涵,即主要为社会公众带来文化活动、产品与服务的产业,同时规定了广播影视、演艺、新闻出版、休闲娱乐、动漫游戏、广告会展、创业设计、民族民间工艺品等众多文化产业门类(和肖毅,2017)。

梳理国内研究成果的代表性观点,其中徐芳雅(2014)指出,在文化新经济时代,文化产业以满足人们日益增长的精神文化需求为导向而从事文化生产与提供精神产品活动,具有功利化、经济化、多元化、一体化、市场化等特点。朱晓莉(2017)认为,文化产业正日渐发展成为经济支柱性产业,为与文化产业相关联的其他产业提供了良好的基础条件和发展空间,以培育新的经济增长动力,是一种创新活力足、资源能耗低、产业链条长、附加值较高、渗透作用强的精神产业。周永根(2020)指出,文化创意产业是一种以创意积累为基础,开发运用智力资本并挖掘文化价值的产业集群,具有自身成长速度快、产品影响范围广、渗透融合效应强、低消耗低污染等特征。

综合上述观点,本文认为,文化与创意产业是指以满足人们的文化需求作为目标,以文化资源开发为基础,以文化创意创新活动为支撑,生产、创作与销售文化创意产品和提供文化服务的行业。按行业类别,文化与创意产业可包括文化制造业、文化批发零售业和文化服务业。产业的不断融合发展,催生出许多新兴文化业态,包括文艺活动、艺术表演、数字出版、动漫游戏、网络文化、文化旅游等。文创产业一般具有以下几个特征:

1. 人力资本支撑强

从本质上看,文创产业是一种创意性强、附加值高的行业,而人是文创产业发展的源动力。知识水平高、创新能力强的人才是文创产业高质量发展的关键支撑,营销技能好、服务水平强的人才是促进产品转化为消费的重要保障。文创产业的产业链条较长,可以吸纳更多的人才资源,尤其是大型文化企业在文化创意设计、产品生产、营销和服务过程中需要大量的人员参与。文创产业人才还包括非遗传承人、传统文化艺术家、个人创作者等小型文化个体。

2. 消费带动效应大

文化消费是文化产业链和创新链上的终端环节，是推动文创产业繁荣发展的关键所在（朱媛媛，等，2020），能够以丰富多样的文化产品和创意成果营造消费氛围，扩大文创活动规模和影响力，持续提高公众消费参与度。实质上，文创产业的根本目标就在于发掘文化的精神娱乐价值，通过社会化的生产方式提供合适的文化娱乐产品，发挥娱乐效应，以满足人们日益增长的精神需求。

3. 跨界融合程度高

随着社会信息化和数字化水平提高，文化创意的产生和创意产品的制造也为其他产业的发展提供了动力，文创产业与其他产业之间的边界日渐模糊，呈现出多元融合的特点。文化创意本身就是一种众创的理念，可以最大限度上实现多向融合，为文创产业注入新的生机活力。以“文化+”为基础，文创产业与旅游、体育、科技等领域跨界融合的程度越来越大，为衍生产品的制造和社会经济的发展提供了支持（顾江，等，2021）。

4. 业态模式创新快

在新一代信息技术驱动下，文创产业在技术创新、产品创新、服务创新、业态创新等方面不断突破，产业间的交互协作大幅提升了文创产业生产效率（周锦，2018），不断催生种类繁多的新业态、新模式、新产品，创造活力持续加强，“多元融合”“科技带动”“产品衍生”“交互体验”已是当前文创产业发展的新方向（聂黎，2019）。新兴文化业态已经成为低碳经济、绿色发展的典型代表，文化新动能逐渐成为引领和带动区域经济产业转型发展的关键要素。

（二）评价方法分析与指标构建

近年来，众多学者对不同省份的文创产业进行了多层次和多角度的比较分析，曹俊华（2016）基于波特“钻石模型”，从生产要素、需求条件、支持产业、产业组织四个基本要素对湘、鄂、豫三省的茶文化产业竞争力进行对比分析，指明了湖北省茶文化产业在产品和市场方面的竞争优势与劣势。张航航（2016）以

2007年中国西北地区甘肃、陕西、青海、宁夏、新疆5个省级区域的42个部门投入产出表为基础，运用前向关联指数和后向关联指数、直接消耗系数和完全消耗系数、影响力系数和感应度系数等比较分析了西北地区文化产业的关联效应、依存度和波及效果，为中国西北地区制定文创产业发展策略提供了参考。孟育耀(2016)借鉴了亚当·斯密的绝对优势理论以及赫克歇尔、俄林的要素禀赋理论等比较优势理论，对中国京津沪渝4个直辖市的文化产业进行了比较分析，指出四地文创产业在文化资源、产业规模、产业结构、集群发展等方面存在一定差距，并在借鉴北京、上海等地文创产业先进经验的基础上，进一步提出加快重庆文创产业发展的建议参考。冯蕾(2019)运用SWOT因素分析法将大连市文化产业发展水平与同级同类城市比较，分析了影响文创产业发展的优势与劣势，以及产业发展存在的机遇和风险，并结合城市特点和实际情况，提出了可行的对策建议。

从已有研究来看，大多数学者多以SWOT方法、比较优势理论等定性研究方法对文创产业发展及竞争力水平进行研究，而采用主成分分析、因子分析、数据包络分析等定量方法的研究成果较少。本文以统计学因子分析方法为基础，设计文化与创意产业竞争力评价指标，对山东省以及全国其他省(区、市)的文化与创意产业竞争力水平进行综合评价，衡量本省文创产业与发达省(区、市)存在的差距，识别不足。

考虑产业基础属性及上述文创产业的基本特征，综合借鉴已有研究和客观性指标设计原则，建立基础性的文化与创意产业竞争力综合评价指标体系。其中包含3个一级指标和22个二级指标(如表1)。总量指标描述文创产业概貌与一般总体性特征，代表文创产业的总体发展情况，采用能体现文创产业规模、创新与创意活跃度、人力资本、知识资产、技术和消费水平的指标来衡量，包括文化及相关产业增加值、营业收入、从业人员数、法人单位数、资产总计、专利授权总数以及作品自愿登记数、版权合同登记数、居民人均文化娱乐消费支出。其中，文化版权描述了文创产业的核心创意产出与实力标志。结构指标代表文创产业的相对发展水平，采用能反映文创产业一般特征与个性特征的结构性指标来衡量，包括文创产业的增加值、支出、从业人员、法人单位数、居民人均文化消费支出、专利授权总数等在各省(区、市)全部产业中的占比以及法人单位平均拥有的作品自愿登记数、版权合同登记数。细分行业指标描述新兴文创产业发展情况,采用能突出反映文创产业跨界融合和业态模式涌现水平的指标来衡量,包括动漫、游戏、网吧、演出等新兴细分产业或衍生业态的收入、支出、从业人员、资产等在文创产业总量中的占比。

表1　文化与创意产业竞争力综合评价基础指标

一级指标	二级指标	指标来源
总量指标	文化及相关产业增加值(亿元)	郑奇洋等,2021
	文化及相关产业营业收入(万元)	自设
	文化及相关产业从业人员数(人)	程浩等,2019
	文化及相关产业法人单位数(个)	魏莹等,2019
	文化及相关产业资产总计(万元)	自设
	文化及相关产业专利授权总数(项)	袁渊等,2020
	作品自愿登记数(件)	丁仕潮等,2020
	版权合同登记数(份)	连春光等,2020
	居民人均文化娱乐消费支出(元)	陆伟等,2020
结构指标	文化及相关产业增加值占地区生产总值比重	吴琳萍等,2018
	一般公共预算文化体育与传媒支出占一般公共预算支出比重	自设
	文化、体育和娱乐业从业人员占年底就业人员数比重	杨头平等,2018
	文化及相关产业法人单位数占法人单位总数比重	自设
	文化及相关产业专利授权总数占国内三种专利授权数比重	魏莹等,2019
	居民人均文化娱乐消费支出占居民人均消费支出比重	郝挺雷等,2020
	作品自愿登记数/文化及相关产业法人单位数(件/个)	自设
	版权合同登记数/文化及相关产业法人单位数(份/个)	自设

续表

一级指标	二级指标	指标来源
细分行业指标	新兴文创产业营业收入占文化及相关产业营业收入比重	自设
	新兴文创产业支出占文化及相关产业支出比重	自设
	新兴文创产业从业人员占文化及相关产业从业人员比重	自设
	新兴文创产业资产占文化及相关产业总资产比重	自设
	新兴文创产业机构数占文化及相关产业机构总数比重	自设

三、实证分析

（一）数据来源与统计分析

1. 数据来源

研究数据主要来源于由国家统计局和中宣部共同发布的《中国文化及相关产业统计年鉴 2020》、国家统计局发布的《中国统计年鉴 2020》以及地方统计局发布的 2020 年各省（区、市）统计年鉴。数据期为 2019 年。

2. 因子分析

本研究以表 1 指标为基础，进行因子分析，初步结果显示共提取了 4 个公因子。由于旋转后的因子载荷矩阵中，有 1 个公因子对应的全部指标变量均具有很小的因子载荷数值，且部分变量在多个公因子上具有高载荷，对基础评价指标进行修订，选取其中部分指标进行第二轮因子分析。经过多次尝试及结果的综合比较分析，选取其中 10 个指标构建最终指标体系（如表 2）。经检验，KMO 值为0.7，大于阈值 0.5，Bartlett 球形检验结果小于 0.05 且显著性强，表明变量指标之间存在较强相关性，数据可以进行因子分析。根据特征值大于 1 的原则，利用主成分分析法提取了 3 个公共因子。每一个指标提取因子之后的公因子方差都达到了 0.7 以上，表明原始指标能被公因子解释的比例较大，各变量所包含的信息能被提取的公因子表示的程度较高。且 3 个因子所含指标的意义也具有共性特征。经过以上综合验证,以该评价指标数据进行因子分析有效。根据指标共性特征,3 个因子分别命名为文创产业发展质量、文创产业支撑作用和文创产业潜在实力。

方差贡献率上,文创产业发展质量的贡献率最高,为 31.133%,其次是文创产业支撑作用,为 30.186%,最后是文创产业潜在实力,为 21.226%,这 3 个公因子累积方差贡献率达到 82.545%,包含了原始指标的大部分信息。因子载荷上,文创产业发展质量因子在新兴文创产业营业收入占文化及相关产业营业收入比重、新兴文创产业资产占文化及相关产业总资产比重、新兴文创产业机构

表 2　山东省文化与创意产业竞争力水平评价指标与因子提取结果

指标	单位	公因子方差	旋转后的因子载荷矩阵		
			文创产业发展质量	文创产业支撑作用	文创产业潜在实力
作品自愿登记数/文化及相关产业法人单位数	件/个	0.801	−0.250	0.848	−0.143
版权合同登记数/文化及相关产业法人单位数	份/个	0.848	0.071	0.918	−0.023
文化及相关产业增加值占地区生产总值比重	%	0.847	−0.630	0.654	0.152
文化及相关产业法人单位数占法人单位总数比重	%	0.811	−0.488	0.757	−0.007
文化及相关产业专利授权总数占国内三种专利授权数比重	%	0.892	−0.186	0.102	0.920
居民人均文化娱乐消费支出占居民人均消费支出比重	%	0.722	−0.173	0.587	−0.589
新兴文创产业营业收入占文化及相关产业营业收入比重	%	0.870	0.917	−0.167	−0.024

续表

指标	单位	公因子方差	旋转后的因子载荷矩阵		
			文创产业发展质量	文创产业支撑作用	文创产业潜在实力
新兴文创产业从业人员占文化及相关产业从业人员比重	%	0.921	0.559	−0.156	0.764
新兴文创产业资产占文化及相关产业总资产比重	%	0.726	0.837	−0.130	0.089
新兴文创产业机构数占文化及相关产业法人单位数比重	%	0.816	0.701	−0.181	0.540

数占文化及相关产业法人单位数比重上的因子载荷值较高。此因子从产业结构层级、产业协同水平等发展质量的角度反映了文化与创意产业的竞争力水平。文创产业支撑作用因子在作品自愿登记数/文化及相关产业法人单位数、版权合同登记数/文化及相关产业法人单位数、文化及相关产业增加值占地区生产总值比重、文化及相关产业法人单位数占法人单位总数比重、居民人均文化娱乐消费支出占居民人均消费支出比重指标上的因子载荷值较高。该因子从支撑新旧动能转换和产业结构体系优化的作用上反映了文化与创意产业的竞争力水平。文创产业潜在实力因子在文化及相关产业专利授权总数占国内三种专利授权数比重、新兴文创产业从业人员占文化及相关产业从业人员比重上的因子载荷值较大。此因子从产品创新等潜在实力的角度反映了文化与创意产业的竞争力水平。

(二)综合比较分析

进一步采用回归方法计算因子得分,以各因子的方差贡献率占3个公因子总方差贡献率的比重为权重，计算出各省（区、市）文化与创意产业竞争力水平综合得分，计算公式为 $F=(F_1\times0.31133+F_2\times0.30186+F_3\times0.21226)/0.82544$ (1)。文创产业增加值对 31 个省（区、市）的得分进行分段处理见图 1。

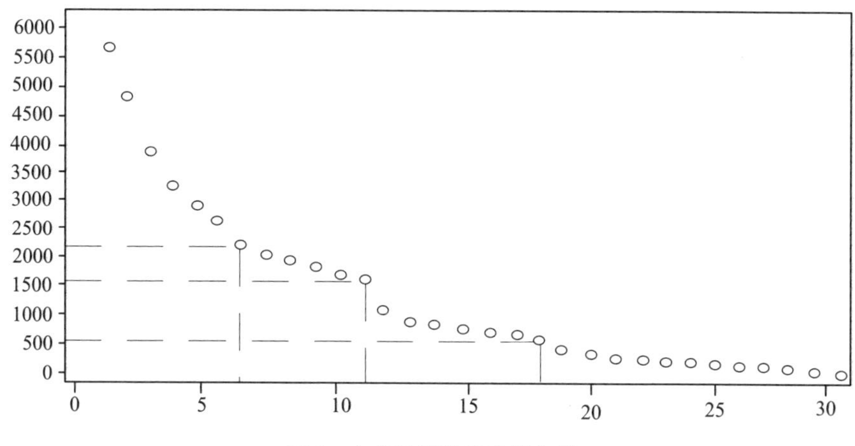

图 1　文化及相关产业增加值

资料来源：《中国文化及相关产业统计年鉴 2020》。

由于各省（区、市）增加值在 2100 亿元、1500 亿元以及 500 亿元处有较为明显的拐点和分界线，可将样本分为 4 段，并根据总体情况和分段情况分别排序（见表 3）。各省（区、市）竞争力水平评价指标变量数据情况如表 4 所示。

表3　各省(区、市)文化与创意产业竞争力水平各因子与综合因子得分及排名

文创产业增加值分段区间(亿元)	地区	文创产业增加值		发展质量			支撑作用			潜在实力			总得分		
		增加值(亿元)	全国排名	得分	全国排名	分段排名	得分	全国排名	分段排名	得分	全国排名	分段排名	得分	全国排名	分段排名
>2100	北京	3075.11	4	−0.60	22	2	4.24	1	1	0.14	9	2	1.36	2	1
	上海	2193.08	6	−0.50	19	1	2.24	2	2	−0.78	29	7	0.43	7	2
	江苏	4657.12	2	−0.86	26	4	0.03	11	3	−0.47	24	6	−0.43	22	3
	浙江	3812.96	3	−1.03	29	6	−0.10	12	4	−0.05	14	3	−0.44	23	4
	广东	5787.81	1	−1.51	31	7	−0.19	15	5	0.61	2	1	−0.49	25	5
	山东	2528.00	5	−0.71	24	3	−0.66	26	6	−0.29	21	5	−0.59	28	6
	河南	2142.51	7	−0.90	27	5	−0.77	28	7	−0.08	15	4	−0.64	31	7
[1500,2100]	四川	1706.00	11	−0.01	13	1	0.58	5	1	0.15	8	1	0.25	10	1
	湖南	1836.06	9	−0.23	15	2	0.22	6	2	−0.14	17	4	−0.05	15	2
	福建	2055.08	8	−1.10	30	5	−0.40	22	3	0.07	12	2	−0.54	26	3
	安徽	1537.28	12	−0.79	25	3	−0.63	25	5	−0.08	16	3	−0.55	27	4
	湖北	1779.75	10	−0.95	28	4	−0.47	23	4	−0.26	20	5	−0.60	29	5

续表

文创产业增加值分段区间(亿元)	地区	文创产业增加值		发展质量			支撑作用			潜在实力			总得分		
		增加值(亿元)	全国排名	得分	全国排名	分段排名	得分	全国排名	分段排名	得分	全国排名	分段排名	得分	全国排名	分段排名
[500,1500]	云南	622.38	17	0.67	8	1	−0.23	17	3	0.10	11	2	0.19	11	1
	天津	573.84	19	−0.25	16	3	0.80	3	1	−0.81	30	6	−0.01	14	2
	重庆	864.56	13	−0.68	23	7	0.18	8	2	−0.30	22	4	−0.27	16	3
	江西	854.00	14	−0.52	20	5	−0.40	21	6	0.23	6	1	−0.29	18	4
	辽宁	587.37	18	0.04	11	2	−0.31	18	4	−0.89	31	7	−0.33	19	5
	陕西	723.00	16	−0.57	21	6	−0.32	19	5	−0.19	19	3	−0.38	20	6
	河北	845.56	15	−0.48	18	4	−0.86	30	7	−0.56	25	5	−0.64	30	7

续表

文创产业增加值分段区间(亿元)	地区	文创产业增加值		发展质量			支撑作用			潜在实力			总得分		
		增加值(亿元)	全国排名	得分	全国排名	分段排名	得分	全国排名	分段排名	得分	全国排名	分段排名	得分	全国排名	分段排名
<500	西藏	73.68	30	0.32	9	8	0.06	10	4	4.93	1	1	1.41	1	1
	宁夏	90.41	29	2.43	1	1	0.59	4	1	−0.75	27	11	0.94	3	2
	吉林	175.81	27	1.92	2	2	0.19	7	2	0.37	4	3	0.89	4	3
	甘肃	178.19	26	1.87	3	3	−0.18	14	6	−0.17	18	8	0.60	5	4
	黑龙江	187.38	25	1.28	5	5	0.08	9	3	0.19	7	5	0.56	6	5
	内蒙古	350.23	22	1.70	4	4	−0.36	20	8	−0.42	23	9	0.40	8	6
	贵州	446.56	21	0.73	7	7	−0.22	16	7	0.26	5	4	0.27	9	7
	青海	49.44	31	1.05	6	6	−0.47	24	9	−0.67	26	10	0.06	12	8
	海南	161.10	28	−0.20	14	11	−0.12	13	5	0.50	3	2	0.01	13	9
	广西	448.35	20	0.00	12	10	−0.76	27	10	0.03	13	7	−0.28	17	10
	新疆	258.22	24	−0.27	17	12	−0.97	31	12	0.11	10	6	−0.42	21	11
	山西	344.01	23	0.14	10	9	−0.80	29	11	−0.78	28	12	−0.44	24	12

表4　各省(区、市)文化与创意产业竞争力水平评价指标数据

地区	发展质量			支撑作用					潜在实力	
	新兴文创产业营业收入占文化及相关产业营业收入比重	新兴文创产业资产占文化及相关产业总资产比重	新兴文创产业机构数占文化及相关产业法人单位数比重	作品自愿登记数/文化及相关产业法人单位数	版权合同登记数/文化及相关产业法人单位数	文化及相关产业增加值/地区生产总值	文化及相关产业法人单位数/法人单位总数	居民人均文化娱乐消费支出/居民人均消费支出	文化及相关产业专利授权总数/国内三种专利授权数	新兴文创产业从业人员占文化及相关产业从业人员比重
北京	0.26	0.40	0.76	532.35	4.36	9.29	20.63	5.28	6.58	1.27
上海	0.67	0.84	3.50	474.89	1.80	6.09	12.74	6.35	5.54	3.23
江苏	0.58	0.73	10.82	123.06	0.78	5.00	8.61	4.19	3.84	3.20
浙江	1.03	1.73	7.56	15.42	0.56	6.57	8.44	4.27	5.69	6.02
广东	0.72	1.11	3.86	15.18	0.40	5.79	9.70	4.20	11.07	3.44
山东	0.62	0.91	17.48	104.57	0.38	3.79	4.15	3.85	5.01	4.09
河南	0.93	1.68	13.61	1.69	0.21	4.29	7.65	3.30	4.77	5.26
四川	1.71	2.59	21.75	217.39	1.40	3.98	9.07	3.32	4.60	10.46
湖南	1.60	3.55	22.26	8.04	0.57	5.05	9.31	5.08	5.90	7.86
福建	0.92	2.18	6.77	140.31	0.09	5.31	8.48	3.12	5.74	4.48
安徽	1.21	1.85	15.50	53.16	0.07	4.52	8.42	3.17	3.72	7.22
湖北	0.84	1.58	9.18	46.79	0.41	4.24	9.56	3.40	4.39	3.20
云南	4.16	5.14	24.11	2.97	0.66	2.98	6.83	3.48	4.19	19.68
天津	0.62	2.34	6.83	215.42	1.60	4.29	8.39	4.96	3.59	5.62

续表

地区	发展质量			支撑作用					潜在实力	
	新兴文创产业营业收入占文化及相关产业营业收入比重	新兴文创产业资产占文化及相关产业总资产比重	新兴文创产业机构数占文化及相关产业法人单位数比重	作品自愿登记数/文化及相关产业法人单位数	版权合同登记数/文化及相关产业法人单位数	文化及相关产业增加值/地区生产总值	文化及相关产业法人单位数/法人单位总数	居民人均文化娱乐消费支出/居民人均消费支出	文化及相关产业专利授权总数/国内三种专利授权数	新兴文创产业从业人员占文化及相关产业从业人员比重
重庆	1.32	1.15	10.84	263.56	0.38	4.00	10.12	3.80	4.27	6.78
江西	1.32	2.73	16.77	31.86	0.80	3.76	7.05	3.26	6.89	5.79
辽宁	2.56	3.38	12.83	22.93	0.50	2.50	7.38	4.76	3.59	7.47
陕西	1.77	1.87	10.28	28.31	0.54	3.02	9.62	3.96	5.83	7.80
河北	1.60	2.35	9.91	24.58	0.31	2.60	5.86	3.65	4.14	5.87
西藏	2.79	6.37	50.26	0.90	0.46	4.76	7.02	1.53	21.08	52.87
宁夏	6.91	11.55	28.44	4.72	1.72	2.58	4.00	4.19	2.25	16.13
吉林	7.57	3.50	55.63	77.46	1.19	1.56	3.61	3.67	4.44	22.71
甘肃	9.77	8.72	27.90	5.28	0.48	2.20	5.82	2.96	4.53	15.52
黑龙江	5.71	4.22	35.60	3.61	1.52	1.46	6.15	3.37	5.04	17.91
内蒙古	7.92	9.82	23.02	6.43	0.00	2.17	5.47	3.58	3.70	18.22
贵州	6.49	2.17	28.64	139.29	0.25	2.91	5.64	3.27	4.13	23.79
青海	8.77	5.46	13.23	0.01	0.00	1.80	8.50	3.45	2.92	15.65
海南	3.18	1.35	17.38	1.44	1.24	3.28	10.32	2.62	5.18	16.20

续表

地区	发展质量			支撑作用					潜在实力	
	新兴文创产业营业收入占文化及相关产业营业收入比重	新兴文创产业资产占文化及相关产业总资产比重	新兴文创产业机构数占文化及相关产业法人单位数比重	作品自愿登记数/文化及相关产业法人单位数	版权合同登记数/文化及相关产业法人单位数	文化及相关产业增加值/地区生产总值	文化及相关产业法人单位数/法人单位总数	居民人均文化娱乐消费支出/居民人均消费支出	文化及相关产业专利授权总数/国内三种专利授权数	新兴文创产业从业人员占文化及相关产业从业人员比重
广西	2.81	3.36	16.69	8.39	0.55	2.28	5.58	3.01	5.21	12.96
新疆	2.24	1.91	17.84	4.48	0.12	2.02	7.68	2.77	3.69	17.64
山西	3.42	3.72	14.08	1.29	0.03	2.16	5.57	4.21	3.30	10.41

综合来看,西藏在文创产业潜在实力上具有绝对优势,且文创产业发展质量和支撑作用均处于全国中上游水平,因此总得分全国排名第一位;北京在文创产业支撑作用上远超于其他省(区、市),总得分在全国排名第二;宁夏在文创产业发展质量中得分较高,同时文创产业支撑作用也处于上游水平,总得分在全国排名第三。西藏在文化及相关产业专利授权总数占国内三种专利授权数比重以及新兴文创产业从业人员占文化及相关产业从业人员比重上均排名全国第一,因此其文创产业潜在实力远超于其他省(区、市);北京在平均每个文化及相关产业法人单位自愿登记的作品数、平均每个文化及相关产业法人单位登记的版权合同数、文化及相关产业增加值占 GDP 比重、文化及相关产业法人单位数占法人单位总数比重上排名全国第一,居民人均文化娱乐消费支出占居民人均消费支出比重上排名全国第二,因此其文创产业支撑作用最强;宁夏在新兴文创产业资产占文化及相关产业总资产比重上位居第一名,在新兴文创产业营业收入占文化及相关产业营业收入比重以及新兴文创产业机构数占文化及相关产业法人单位数比重上位于前列,从而其文创产业发展质量与其他省(区、市)拉开了一定差距。由于东部发达地区围绕工业制造业、金融、商务、物流等产业打造经济体系,现代文创产业的增长贡献度相对较低,广东、江苏和浙江等发达省份的总得分排名比较靠后。文化与创意产业成为西藏、宁夏等经济较落后而文化资源丰富地区弯道超车和经济赶超的重要支撑,其在艺术展览、文化旅游、影视动漫等领域发展势头强劲,具有较大的竞争力。

山东省文创产业竞争力水平在全国各省(区、市)中处于较低位置,排在全国第 28 位,在文创产业发展质量、支撑作用和潜在实力上均位于全国下游水平。虽然山东文创产业增加值在全国排名第五,但在新兴文创产业营业收入占文化及相关产业营业收入比重、新兴文创产业资产占文化及相关产业总资产比重上,山东省排名偏后,文创产业发展质量因子得分较低;在平均文化及相关产业法人单位登记的版权合同数、文化及相关产业法人单位数占法人单位总数比重上,山东省落后于大部分省(区、市),在文化及相关产业增加值占 GDP 比重以及居民人均文化娱乐消费支出占居民人均消费支出比重上,山东省居于中等位置,山东省文创产业支撑作用因子得分排在末端;在文创产业专利授权总数占国内三种专利授权数比重上,山东省处于中等水平,在新兴文创产业从业人员占文化及相关产业从业人员比重上,山东省在全国排名第 26 位,拉低了文创产业潜在实力因子得分,在该因子中山东省仅排在第 21 位。总之,从全国范围来看,山东省文创产业发展质量、支撑作用及潜在实力上均落后于全国平均水平。

在文化及相关产业增加值大于 2100 亿元的省份中,北京、上海、江苏综合得分排名在前三位,其中北京在支撑作用中的得分明显超过其他省(区、市),且在发展质量和潜在实力中均排名前列,总排名第一;上海在发展质量和支撑作用中具有一定优势,且这两个因子的方差贡献率较大,综合得分较高;江苏在发展质量中排名第四,支撑作用中排名第三,综合得分上江苏在该区间中排名第三。上海和北京两地在新兴文创产业营业收入占文化及相关产业营业收入比重、新兴文创产业资产占文化及相关产业总资产比重上均远超于该区间其他省(区、市),从而上海、北京在发展质量中排名前两位。北京和上海两地在平均每个文化及相关产业法人单位自愿登记的作品数、平均每个文化及相关产业法人单位登记的版权合同数两个指标上分别位于前两名。此外,两地在文化及相关产业增加值占 GDP 比重、文化及相关产业法人单位数占法人单位总数比重、居民人均文化娱乐消费支出占居民人均消费支出比重上也远高于其他省(区、市),从而北京、上海在支撑作用中列居前两名。广东、北京在文化及相关产业专利授权总数占国内三种专利授权数比重上水平较高,且广东在新兴文创产业从业人员占文化及相关产业从业人员比重上具有相对优势,从而广东和北京在潜在实力因子中分别排名第一和第二。

山东省在第一阶层中综合排名第六,其文化与创意产业竞争力相比北京、上海、江苏等地存在较大差距。发展质量主要反映文创产业,尤其是新兴文创产业的增长情况,山东省在发展质量中分段排名第三,处于中等水平,新兴文创产业的规模和质量仍然落后于分段排名第一、第二的上海、北京。支撑作用主要反映了文创产业支撑经济发展的水平,山东省在支撑作用中得分很低说明文创产业发展水平与经济发展总体水平不一致,文化娱乐消费的带动能力低,影响范围小。潜在实力主要反映了文创产业的专利、人才等潜在支撑力量,山东省在潜在实力中排名第五,表明山东省文创产业的创新性不强,与科技的融合度不高,还缺少具有创造活力的人才,尤其是高水平人才。从指标变量上看,山东省新兴文创产业营业收入占文化及相关产业营业收入比重、新兴文创产业资产占文化及相关产业总资产比重排名较低,但新兴文创产业机构数占文化及相关产业法人单位数比重排名较高,从而发展质量排名中等;由于山东省文化及相关产业增加值占 GDP 比重、文化及相关产业法人单位数占法人单位总数比重均处于该阶层省(区、市)中最低水平,在支撑作用中山东省分段排名低至第六位;山东省在文化及相关产业专利授权总数占国内三种专利授权数比重、新兴文创产业从业人员占文化及相关产业从业人员比重均处于中间偏低的水平,从而在潜在实力排名中处于靠后位置。

四、结论与建议

(一)结论

综合以上分析,对于山东省文创产业发展研究可得以下结论。

1. 文创产业规模大而新兴文创产业业态不强,经济发展带动性不高

从评价结果看,山东省文创产业体量大,而主体以传统业态为主,结构效益不高。近年来,山东省整合资源并拓宽文化与创意产业链,积极建设数字出版、演艺会展、动漫游戏、绿色网吧等众多新兴业态。目前山东省新业态的增长速度较快,新兴文创产业具备了一定的规模,但在整体结构上,文化制造业等传统产业仍然占据绝对的优势地位,大中小型动漫游戏、创意设计、数字出版等新兴文创企业的发展活力和动力不足,文创产业新业态的经济效益和社会效益有待提升。如,山东省新兴文创产业营业收入占全省文化及相关产业营业收入的比重仅为1.32%,而云南达6.49%,是山东的5倍左右;山东省新兴文创产业资产占全省文化及相关产业总资产的比重仅为0.91%,而湖南为3.72%,达山东的4倍以上。

2. 居民文化消费水平较低,供需结构不平衡

文化消费供给与需求薄弱是制约山东文创产业提升的重要因素。山东省文创产业居民人均文化娱乐消费支出为786.9元,而上海、北京两地已突破人均2000元,天津、浙江、广东、江苏等地也已达到人均消费1000元以上。山东省文化娱乐消费产品和服务的供给与居民文化需求不平衡,山东省缺少具有强大吸引力的创意产品、文娱活动和精品品牌,缺少个性化、特色化的营销和服务,文创产品的质量与大众文化偏好存在较大的差距。高质量的文创产品供给不足,公众的满意度较低,难以激发大众消费动力,无法充分开发居民潜在消费需求。虽然近年来山东省为提高文化消费水平、拉动经济增长采取了开发文化创意产品、举办主题消费活动、发放文化消费券等众多措施,并取得了一定成效,但山东省文化消费产品和服务活动的带动效应、引领作用和创新程度落后于发达地区,区域间文化娱乐消费水平差距较大。

3. 文化版权与专利产出不足,创新与创意管理能力较弱

知识产权保护意识淡薄,创意创新管理水平不高是限制山东省文创产业发展的重要瓶颈。目前山东省文创产业专利授权、版权和作品登记数量远远落后于北京、广东等地。北京市文创产业作品自愿登记数和版权合同登记数分别占全国总量的41.5%和44.03%,居全国第一,广东省文创产业专利授权数全国最高,占总量的38.1%,而山东省文创作品登记数仅占全国总量的4.15%,与北京相差10倍,版权合同登记数仅为全国的1.95%,占比极低,文化专利授权数占全国的4.8%,约为广东省的八分之一。山东省初创型的文创企业较多,且企业平均生命周期较短,有实力的大型文化科技企业较少。企业在创意设计、产品研发和营销等方面能力短板明显,且缺乏创意成果保护意识,未建立完善的知识产权保护与运作机制。

4. 文创产业高端人才匮乏

文创人才是山东省文创产业实力提升的关键制约因素。山东省文化及相关产业从业人员占全国总量的5.41%,而广东、江苏等地已经分别达到了16.34%和10.89%。一些大型文创产业法人单位主要以事业单位和国有企业为主,缺乏有活力的创意人才管理的体制机制,创造热情减退,人才队伍不能适应山东省文创产业发展的实际需要。具体而言,山东省一是缺少文创产业领域的高级管理人才,尤其是缺乏懂经营、懂管理,又擅长文创资源创意开发、文创产品营销的高级经营管理人员。二是缺少文化产品的市场开拓、创意策划、产品包装及营销,以及创意服务的推广宣传等专门人才。三是缺少符合当前文化科技融合需求、满足产业需要的专业技术人才,尤其是缺乏熟悉文化创意设计和现代信息技术的复合型人才。

(二)建议

立足山东省实际,发挥山东特色,借鉴文创产业发达省份经验,本研究提出如下建议。

1. 大力发展新兴文创产业,优化文创产业结构,释放文创产业新活力和新动能

一是加强传统文化与新兴产业的交流融合。将出版发行、文博展览、红色基因等传统文化与二次元、新媒体、互联网等新兴产业相融合,促进众多新型文化业态涌现。如将传统文学作品改编成影视剧,将孔子、孟子等传统文化名人故事编入动漫作品或设计动漫舞台剧,建设电子竞技场馆和俱乐部并举办相关赛事,打造红色景区视觉艺术文化空间和主题沉浸式游览产品等,加快提升动漫、影视、演艺、电竞等新兴文化业态。二是支持大型企业转型新兴文创领军企业。鼓励山东出版集团、山东影视制作公司等大型文化企业把握数字出版、动漫游戏、创意会展等新兴文创产业发展的重要机遇,通过兼并、重组、共建等方

式转型发展具有行业引领作用的文创企业，形成以大型领军文创企业为龙头，中小微文创企业共同发展的新局面。

2. 以文化品牌力量和文化消费新体验开发消费者文化需求，提升公众满意度

一是积极打造精品文化特色品牌。在“好客山东”文化品牌基础上，加快开发黄河文化、红色文化、儒家文化、运河文化等特色文化资源，重点建设孔子、庄子、孟子等名人文化品牌，风筝、葫芦、黑陶、年画等民间文化品牌以及仙境海岸、鲁风运河、黄河入海等旅游文化品牌等，以品牌的力量激发公众的消费热情，促使文创产业成为吸引公众注意力的“眼球经济”产业。二是打造更多全新的文化消费热点。紧跟大众文化消费偏好，运用科技手段创新文化资源和文化创意产品开发模式，对文化场馆、景区、博物馆等进行“体验式”包装，打造出一系列参与度高、吸引力大、体验感强的文化活动和创意衍生品，带给人们全新的文化消费体验，引导和扩大文化娱乐消费（庞英姿，2021）。

3. 提高文化产品科技含量与提升创意管理能力并重，增强文创企业竞争力

一是鼓励文创领军企业自主创意创新。吸引社会资本进入，加快培育一批科技与文化高度融合的文创新企业，自主开发核心成果，并借助新媒体等文化传播平台运营和传播。二是提升企业创意管理水平。以创意价值链竞争优势构建为目标，完善企业创意管理体系。在创意产生阶段，通过激励手段和控制机制催生并挑选出更多优秀的创意；在产品研发和制造阶段，严格监督生产流程以确保创意实现；在营销和售后阶段，注重市场调查和需求反馈，提升创意的商业价值。三是完善创新创意成果的保护机制。通过举办知识讲座、张贴宣传标语等方式加强对知识产权保护重要性的宣传和教育，增强文创产业企业和个人著作权的保护意识。文创产业要完善对专利和版权的保护机制，通过签订保密协议、规范成果署名、注册商标品牌等途径建立知识产权侵犯防御措施（白钰瑶，2019）。

4. 培养与引进高质量文创人才，提升文创产业发展软实力

一是做好高层次人才培育工作。完善文创学科建设，依托高校和科研院所，培养技术型、知识型、复合型文创人才。完善大学、文创机构与文创企业的人才培养机制，制定技能培训标准，通过企业培训、送学深造、校企联合培养等方式培育聚集一批熟悉文创产业管理知识以及文创企业运作方式的兼具研发、创新、经营等多种能力的人才精英（黄珍珍，2019）。二是加强文创产业人才引进力度。通过产业园区人才引进项目、创意创新人才和团队引进激励、开放人才绿色通道、发放人才绩效奖励等措施，提高对创意设计、营销策划、产品服务等专业型人才，以及兼具智力资本与技术资本的复合型人才的吸引力，引进一批富有文化情怀、善于经营管理、具备社会影响的文创行业领军人才，提高文创从业人员的整体素养，壮大高层次创意人才队伍，进一步优化文创产业人才结构（杨平，等，2019）。

5. 造就文化企业家，提升文创产业核心竞争力

一是促进文化创意人才创新创业。依托丰富而独特的资源优势、区域多元的文化追求、巨大的市场需求等营造开放包容的创新创业氛围，吸引创意人才流入并形成良好的互动交流环境。通过学习、培训、交流等方式吸收文化知识、技术知识和管理知识，大力支持文创人才创意创作，培育一批能够率先对文创产品和服务进行市场预测和效果推断的文化企业家，引领文化消费潮流。二是培养转化文化企业家。文化与创意产业是朝阳产业，为民营企业参与文化强省建设提供了广阔平台和重要机遇。山东省应积极引导现代民营企业家传承和发扬齐鲁文化，激发民营企业家的“市场敏感力”，努力开拓商业发展前景良好的影视创作、艺术表演、动漫动画、数字文化等领域，鼓励新一代民营企业家投身文化与创意事业，转型文化企业家。

6. 促进创意要素和谐共生，打造产业价值链与环境、人才等要素高效协同的文创产业生态系统

一是培育优化文创产业价值链。文化资源是文创产业价值链源头，依托市

场需求拉动,强化政策供给,促进创意要素在文创产业内集聚与整合,形成包含资源开发利用、创意设计、产品研发、产品制造、营销推广、服务消费等多个环节的文化与创意产业价值链,不断开发、凝聚、拓展和提升文化资源的附加价值。促进资源在价值链每一环节中流动、消化和沉淀,最终演变成文化价值高的创意产品与服务。二是构建文创产业生态系统。应着力建立省内良好的创意创新环境,以政策、资金、文化资源、新兴技术对企业和其他主体提供动态支持,促进创意人才、文创企业、营销和服务机构及消费群体等实现技术、产品和信息等要素的高效协同。

参考文献

[1]HORKHEIMER M. The culture industry: enlightenment as mass deception [J]. Marxists org, 2013, 10(64): 165-174.

[2]TOWSE R. Review of Richard E. Caves, creative industries: contracts between art and commerce [J]. Journal of political economy, 2002, 110(1): 234-263.

[3]白钰瑶. 文化产业知识产权保护的现状与对策建议 [J]. 管理观察, 2019(5): 66-67.

[4]曹俊华. 湘鄂豫三省茶文化产业竞争力比较分析 [J]. 安阳师范学院学报, 2016(4): 46-48.

[5]程浩, 黄晶莹. 四川省文化产业竞争力的评价研究——基于因子分析和聚类分析 [J]. 文化软实力研究, 2019, 4(2): 69-80.

[6]丁仕潮, 胡方晨, 魏引娣. 文化产业高质量发展的评价体系构建与实证研究 [J]. 安庆师范大学学报(社会科学版), 2020, 39(6): 60-67.

[7]冯蕾. 大连市文化产业发展状况比较分析及对策建议 [J]. 中国商论, 2019(22): 207-208.

[8]顾江, 陈鑫, 郭新茹,等. "十四五"时期健全现代文化产业体系的逻辑框架与战略路径 [J]. 管理世界, 2021, 37(3): 9-18,2.

[9]郝挺雷, 谈国新, 高山. 区域文化产业科技创新能力评价 [J]. 统计与决策, 2020, 36(20): 172-175.

[10]和肖毅. 文化产业的内涵、特点与发展趋势研究 [J]. 产业与科技论坛, 2017, 16(4): 12-13.

[11]黄珍珍. 福建省文化系统人才现状与发展对策 [J]. 中国人事科学, 2019(7): 78-88.

[12]连春光, 蔡月鹏. 江苏省文化产业高质量发展研究——基于苏浙粤比较 [J]. 江南论坛, 2020(10): 27-29.

[13]陆伟, 王玉琦. 西藏文化产业指标体系构建研究——基于层次分析法和熵权法的对比实证分析 [J]. 西藏民族大学学报(哲学社会科学版), 2020, 41(1): 81-86,93.

[14]孟育耀. 比较优势视野下的京津沪渝文化产业发展研究 [J]. 重庆第二师范学院学报, 2016, 29(5): 20-24.

[15]聂黎. 为文化产业插上科技的翅膀 [J]. 红旗文稿, 2019(15): 34-35.

[16]庞英姿. 昆明市文化消费能力提升对策研究 [J]. 中国市场, 2021(18): 50-51.

[17]山东省科学技术厅. 关于公布首批山东省文化和科技融合示范基地形式审查结果的通知[EB/OL].(2021-02-23)[2021-08-25].http://kjt.shandong.gov.cn/art/2021/2/23/art_13360_10286214.html.

[18]田辉. 河南省由文化资源大省到文化产业强省的发展策略 [J]. 商, 2015(27): 276,220.

[19]魏莹, 王杰, 曹琳剑. 区域视角下文化产业竞争力评价研究——以天津为例 [J]. 未来与发展, 2019, 43(5): 78-86.

[20]文化和旅游部. 关于印发《"十四五"文化产业发展规划》的通知[EB/OL]. (2021-04-29)[2021-08-25]. http://www.gov.cn/zhengce/zhengceku/2021-06/03/content_5615106.htm.

[21]吴琳萍, 景秀艳. 福州文化产业绩效评价指标体系构建 [J]. 商业经济, 2018(8): 76-78,124.

[22]徐方雅. 我国文化产业的发展现状及发展策略 [J]. 中国商贸, 2014(14): 191-192.

[23]杨平, 邢明强. 河北省文化产业人才队伍建设的现状与思考 [J]. 中国人事科学, 2019(5): 88-95.

[24]杨头平, 潘桑桑. 中部地区文化产业竞争力评价与差异分析 [J]. 经济地理, 2018,

38(12)：119-125.

[25]于嘉. 文化产业、创意产业与文化创意产业概念辨析［J］. 全国商情(经济理论研究)，2009(15)：21-22.

[26]袁渊，于凡. 文化产业高质量发展水平测度与评价［J］. 统计与决策，2020，36(21)：62-66.

[27]张航航. 我国西北地区文化产业关联度比较分析［J］. 洛阳理工学院学报(社会科学版)，2016，31(5)：38-41.

[28]郑奇洋，年福华，张海萍. 基于 VRIO 修正模型的长三角文化产业竞争力评价［J］. 地域研究与开发，2021，40(1)：44-49.

[29]中共山东省委办公厅，山东省人民政府办公厅. 关于促进文化和旅游产业高质量发展的若干措施的通知[EB/OL].(2021-02-25)[2021-08-25].http://www.yishui.gov.cn/info/8217/227748.htm.

[30]中商情报网. 2019 山东省文化产业示范基地分布情况及名单汇总[EB/OL].(2019-08-19)[2021-08-25].https://baijiahao.baidu.com/s?id=1642273792006159961&wfr=spider&for=pc.

[31]周锦. 数字技术驱动下的文化产业柔性化发展［J］. 福建论坛(人文社会科学版)，2018(12)：90-95.

[32]周永根. 文化创意产业的概念与特征［J］. 文化产业，2020(6)：25-27.

[33]朱晓莉. 苏州文化创意产业发展特点及对策研究［J］. 现代装饰(理论)，2017(1)：204-205.

[34]朱媛媛，甘依霖，李星明，等. 中国文化消费水平的地域分异及影响因素［J］. 经济地理，2020，40(3)：110-118.

Construction and Analysis of Competitiveness Evaluation Index System of Cultural and Creative Industries: Taking Shandong Province as an Example

Cui Yingxin Yin Chong

Abstract: The cultural and creative industries are industries that use intellectual capital to create valuable products and meet spiritual needs, with creativity as their core. Enhancing the competitiveness of cultural and creative industries is an important way to enhance the soft power of the country and the region in line with the strategic goal of building a culturally strong country. In recent years, although the cultural and creative industries in Shandong Province have made certain achievements with the implementation of the "Strong Culture Province Building" strategy, there is still a gap compared with the domestic developed provinces. Based on the national statistical data, this paper constructed an index system and applied statistical methods to compare and evaluate the competitiveness of cultural and creative industries between Shandong and other provinces and regions. The results show that the emerging cultural and creative industries in Shandong Province are large in scale but not strong, the level of cultural consumption of residents is low, the output of cultural copyright and patents is insufficient, and the high-end talents in cultural and creative industries are scarce. This paper puts forward some suggestions, such as developing emerging cultural and creative industries, developing consumers' cultural needs, improving the scientific and technological content of cultural products, and cultivating and introducing high-quality talents. Moreover, we hope to provide support for the implementation of the country's cultural power strategy as well.

Keywords: cultural and creative industries, competitive power, factor analysis, Shandong Province

加密艺术的溯源与确权机制探析*

◎ 黄杰阳**

摘要:NFT 加密艺术平台是基于区块链技术衍生出来的数字艺术品交易的新机制。加密艺术为数字艺术作品提供了信任背书,带来唯一标识、不可篡改的属性,引领了艺术品线上交易的繁荣。本文从密码技术入手,剖析加密艺术的确权认定、防伪溯源机制。加密艺术的溯源与确权机制,为数字艺术品创造了稀缺性,打造了全新的数字资产价值建构模式。

关键词:加密艺术;数字艺术;区块链;非同质化通证

随着科技的不断发展,艺术的边界不断发生变化。印刷术、照相机、摄像机、计算机和互联网的运用,带来了全新的艺术表现形式、艺术创作手段,深深影响了各个时代艺术风格。加密艺术,作为数字艺术与区块链技术相结合的新产物,不仅使艺术作者的角色更加丰富,也扩充了艺术品持有人的范围,带来全新的数字艺术风格。本文探析非同质化通证(Non-Fungible Token, NFT)为加密

* 本文是国家社科基金项目"区块链对数字出版产业全球价值链重构机理与中国战略选择研究"(批准号:20BXW048)成果之一。

** 黄杰阳,海峡出版发行集团副编审;研究方向:区块链创意管理;邮箱:hjyfj@ 126.com。

艺术带来的唯一标识、不可篡改的属性，剖析加密艺术市场的防伪溯源、确权认证机制。

一、数字艺术与加密艺术比较

数字艺术(Digital Art)是运用数字技术以数字设备为创作平台，通过数字设备为媒介传播和呈现的一种新兴艺术，通过网络、媒体和计算机承载传播，广泛应用于三维动画、影视特效、网页设计、动漫游戏等领域。采用计算图形设计制作的数码动画成为各种动画片、科幻片的主流技术模式。移动互联网普及使得网络渗透进人们的生活，手机、平板电脑等各种移动智能终端，让拍照、发视频、修图、改图成为日常生活方式。图片、视频社交使数字艺术流行普及。人工智能设计更让数字艺术作品瞬间大批涌现。

在 NFT 出现之前，各类数字作品容易被复制，难以确权。数字艺术作品在互联网上并不稀缺，人们很容易通过截屏或者拷贝、剪切的方式大量复制。原创作品、原创内容不仅容易被复制，也很容易被篡改或增删。传统互联网平台溯源性差，用户使用了作品也不知道出处。在这种技术条件下，数字作品的稀缺性不能成立，也就不能产生价值。这样一种艺术创作生态造成劣币驱逐良币效应，打击原创数字艺术的积极性和创造力。潜心做创意和创新的团队，得不到合理的回报，难以健康生长。互联网上有创意的数字艺术作品难以获得回报，却容易被复制、模仿。例如一张图片，任何人都有多种方式可以将其下载使用，利用浏览器的存图功能，抑或是手机等设备的截图功能，都可以轻易地将图片下载在本地，然后通过 Photoshop 等方式，对原数据进行修改，再通过网络传播。同样地，视频、音频也可以被仿造篡改。仿冒数字艺术作品在网上泛滥，优秀的数字艺术创作者，难以从数字艺术作品使用中得到回报。这也形成了数字艺术作品信任机制严重混乱，类似 P 图造谣、鬼畜视频等，造成数字艺术信任危机。

加密艺术(Crypto Art)横空出世,重塑了数字艺术信任机制。2017 年,第一个运用 NFT 标准开发的加密猫游戏(CryptoKitties)在网上爆火。在加密猫游戏中,每个 NFT 对应一只虚拟猫,玩家拥有 2 种以上的猫咪还能培育出独特卡通图案的新品种虚拟猫,并且可以繁殖多代。这款游戏培育了初代 NFT 玩家。共有数百万个加密猫 NFT 被发行并在平台上交易,一些加密猫甚至卖到 10 万美元以上。2018 年,OpenSea、Rarible、Async Art、SuperRare、Nifty Gateway 等加密艺术平台相继成立。2020 年以来,由于新冠疫情对实体经济的影响,实体的画廊、线下拍卖等相继暂停,人们纷纷开始选择线上艺术拍卖。NFT 加密艺术平台为线上拍卖提供了最完备的技术支持,所以加密艺术收藏和交易在几个 NFT 网站上迅速增加。DappRadar 报告显示,2020 年 NFT 市场交易量增长 785%,达到 7800 万美元。据 Non-Fungible 数据显示,2021 年第一季度,艺术领域 NFT 交易额达到了 8.6 亿美元,占全球 NFT 市场规模的 43%,进入爆炸性增长时期。2021 年 3 月 11 日,网名 Beeple 的数字艺术家连续创作的数字艺术组合作品"Everyday: The First 5000 Days"以 6934.6 万美元(含佣金)高价拍卖,创下在世艺术家作品拍卖第三高。NFT 加密艺术平台在区块链技术体系中衍生出来的数字作品确权、溯源、交易的新机制,正以狂澜之势席卷娱乐、游戏、体育、艺术、音乐、时尚等各个文化创意领域。

加密艺术的火爆,很容易让人联想到几年前移动互联网文创热潮,手机 App、社交媒体引领了一波数字文创大发展。相较移动互联网文创,加密艺术是一种新的艺术载体,也是一个新的运营概念,具有确定身份、高效流转、价值承载等功能,从技术层面解决了数字艺术作品确权、流转、追溯、信任的难题。在艺术风格上,加密艺术通过数字艺术品复制、媒合、拼贴、组合等形式,确立了极繁主义(Maximalism)风格(陆蓉之,2021)。这种艺术风格追求数大为美,色彩运用丰富,创意元素反复堆砌(陆蓉之,2021),衍生了数字孪生(Digital Twin)、元宇宙(Metaverse)等富有创意的数字艺术形态。加密艺术审美风格与移动互联网近 20 年来推崇的极简主义(Minimalism)形成鲜明对比;以苹果产品为代表的移动互联网生态强调个体专享体验,以简为美,这与其生态闭环的运营模式密不可分。

笔者认为,加密艺术与移动互联网,不论审美还是技术上都是互补的,共同引领数字文创发展。移动互联网从 App 到社交媒体,形成一套闭环的确权和收益机制,每个 App 都是一个创意载体,文化创意通过 App 项目运营及社交媒体来实现。相对而言,基于区块链的加密艺术平台,综合运用了区块链、Web3.0、虚拟现实等各种信息技术,建立了加密艺术确权与溯源机制。在这些技术栈中,区块链为加密艺术确立了鲜明特点,加密艺术更准确的名称应该是“区块链艺术”。区块链通过加密和共识协议为加密艺术提供信任背书,网络上多个分布式节点共同记录维护数据真实性。在加密艺术市场中,加密艺术作品依托区块链溯源与确权机制,大大提升了数字艺术品价值,提升艺术品变现效率,创造出一个自生长的艺术创意生态。对于加密艺术所依托的防伪溯源、确权认定机制,有必要作深入探讨。

二、加密艺术的溯源机制探索

溯源是确权的前提。非同质化通证作为一种标识和溯源手段,为链上加密艺术品提供一个可信的溯源机制。加密艺术品交易平台 KownOrigin 的创始人 James Mor 认为,区块链技术对艺术品的最大作用就是溯源,让买家可以迅速判断一副艺术品是否为真品(唐晗,2021)。通过 NFT,加密艺术品获得了独一无二的标识。艺术品与 NFT 建立映射链接,交易数据不可篡改,不至于将赝品当作真品交易,杜绝了数字作品容易复制的缺陷,并且所有流转过程在区块链上可以查看、追溯。

区块链技术的一个重要组成部分是密码哈希函数的广泛应用。哈希(Hash)是一种对几乎任意长度的数据(可以是文档、文本、图像等)进行密码哈希运算处理并输出唯一结果的数学方法,生成的结果称为哈希值。由于在哈希运算过程中数据没有发生变化,使得不同个体可以独立地进行数据输入,对该数据进行哈希处理并得到相同的结果。即使输入数值发生了最细微的变化（如仅改变了一个比特），都会导致最终的结果大相径庭。哈希取值范围非常大，产生重复结果碰撞的概率非常小。这是哈希运算的抗碰性，无法同时找到两个不同输入在经过哈希后得到相同的结果（Yaga, et al.，2018），即无法同时找到 x，y，使 $hash(x)=hash(y)$。

为了解决数字货币“双花”问题（也就是数字价值的稀缺性问题），区块链设计了把数据哈希值与时间戳一起打包写进区块中，区块前后链接形成链表结构；这样链上交易每一笔都可用哈希值层层追溯，验证链上交易每一笔都可信、可靠。区块链验证交易可靠性的常用手段是比对链上记录哈希值；如果哈希值不正确，则验证无法通过，不能达成出块共识。

加密艺术作品溯源正是运用哈希验证的思路。通过哈希加密函数提取作品哈希值，锁定在链上，并共识确认，在 NFT 智能合约内记录。链上保存作品哈希值和提取地址，链上数据与链下存储的文件一一对应。数字媒体文件容量较大，大量 NFT 数字媒体文件与智能合约是分离存储的。NFT 持有者所拥有的图像或视频一般存放在星际文件存储系统（IPFS）上，提取地址写入链上 NFT 智能合约。当用户获得链上 NFT 权益，即根据地址获得加密作品文件。通过哈希值的数学运算，验证 NFT 作品与原作的一致性。每个作品的哈希值独一无二并且锁定在链上，因此验证作品哈希值即可知道链上交易的加密艺术作品是否是原作品，从而有效杜绝造假。溯源过程参见图 1。

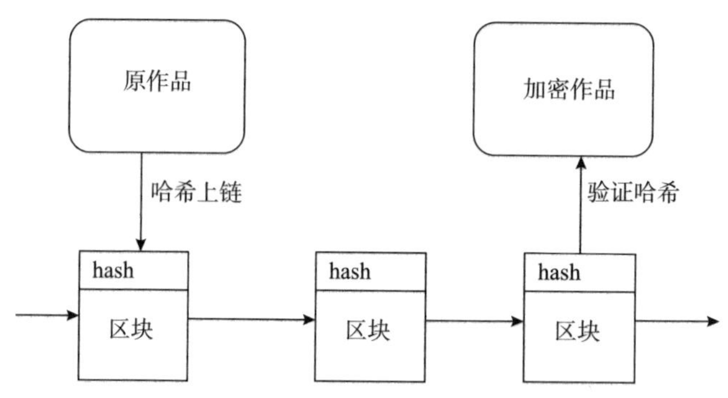

图 1　加密艺术作品的上链溯源机制图示

加密艺术作品的真实性可以用唯一不重复的哈希值来跟踪、溯源。哈希值作为溯源标识,采用数学方法可以验证链上交易数据,保证作品流转和使用过程可靠。数字作品来源可以追溯,意味着数字作品有了一个稳定的锚,不再被任意修改和复制。NFT 可被视为数字化的真实性证书,用于验证数字作品的载体乃是原件或正本。通过 NFT 的验证和溯源机制,数字作品有了稀缺性,每一个作品只有唯一一个哈希值,这是数字艺术品交易价值的保证。

本文从哈希锁定验证探析加密艺术溯源机制。加密艺术品防伪溯源机制的具体技术细节,与项目技术特性、运营思路有关。就加密猫(CryptoKitties)项目而言,其溯源机制不仅仅运用哈希值追溯;加密猫由 12 组基因编码排列组合来决定每只猫的体征,繁衍出几百万只各不相同的猫,再配合区块链底层的技术特点确权上链。加密艺术溯源,或者说 NFT 溯源在项目中实现还有更多细节需要根据项目特点和业务场景来探究。区块链可以保证链上数据真实不可篡改,但是不能杜绝源头造假。如果源头上链的艺术作品不是真迹,那么 NFT 机制仅仅只能传递虚假的信息。对于越来越多文创项目的 NFT 需求,特别是实物文创作品上链进行 NFT 溯源和确权,需要配合人工智能、物联网、隐私计算等技术使用。

三、加密艺术确权机制解读

加密艺术确权机制,就是对作品版权进行申请、登记、认证和存证的过程。创作者在区块链上注册艺术作品,创建 NFT 进行确权和流转;“粉丝”或收藏家可以购买艺术作品,并且可以像其他稀有艺术品一样交换、交易和持有。每笔交易都是在点对点的区块链网络上进行的,并且享有密码技术保护。NFT 通过区块链技术手段实现溯源与确权机制相结合,形成可流通的数字艺术品拍卖交易平台,大大提升了数字艺术作品的价值与可信度。NFT 加密艺术品交易平台把网络流量的入口设计好了,供数字艺术家发布,供收藏者购买。加密艺术市场交易的不是数字艺术品,而是数字艺术品的所有权证书(digital certificates of ownership),运用NFT交易构建起加密艺术品确权与流转的市场机制。

(一)身份认证

区块链系统采用非对称加密形式以解决链上参与者的身份认证与标识,为艺术品创作者、买家、收藏者等建立可信任的身份认证体系。非对称密钥算法使用了一对密钥:数学上彼此关联的公钥和私钥。私钥本质上是一个随机数,公钥是通过私钥计算得到的。公钥可以公开,不影响密码处理安全;但私钥则关系到账户安全,必须妥善保管,用于获得链上权益。尽管公钥和私钥之间有一定的关联,但知道公钥的信息并不意味着可以推导出私钥。公、私钥加密算法形成了数字签名。私钥被用来对交易进行数字签名,公钥用来验证由私钥生成的数字签名,进而完成参与者身份验证,实现确权、交易、流转环节上链。用户在链上登记、存证数字艺术品以及权利交换,依托公私钥密码机制解决,并实现信息脱敏与不可篡改。

每个人在区块链上都可以构建一个自己掌控数据所有权的数字身份。区块链数字身份具有标识唯一、数据可信的特点,所有数据的利用方、运营方,都需要在用户授权的情况下,才能访问产出于用户自身的数据。艺术家使用加密私钥对数字作品进行加密,保障其在铸造、交易、传播等环节的隐私与安全,保护作品内容的安全和完整性。

(二)智能合约

当作品的NFT被创建后,每一个加密艺术作品都有一个唯一标识。艺术家在NFT作品中,通过密码技术与区块链分布式账本记录,建立确权通证NFT,在区块链上形成不可篡改的智能合约。智能合约由某种程序语言写成,意味着一种数字形式的承诺,交由计算机和区块链网络自动执行。数字作品的信息、哈希运算结果、时间戳等被写入智能合约，生成通证权利；在基于非对称加密算法下，确保信息的公开透明和真实性。NFT 智能合约由区块链分布式公共总账记录每一笔交易并由共识协议来全网确认，网络中多个参与计算的节点来共同参与交易数据的记录，为作品权利的确认与转移提供了保障与溯源记录。智能合约不仅控制着加密艺术品的确权和流转，同时也控制着付款方式和艺术品收益分配权利。收藏者在平台客户端可以较为简便检索出数字艺术品的时间戳、哈希值、创作者信息等，便于作品权利确认、溯源验证。确权过程参见图 2。

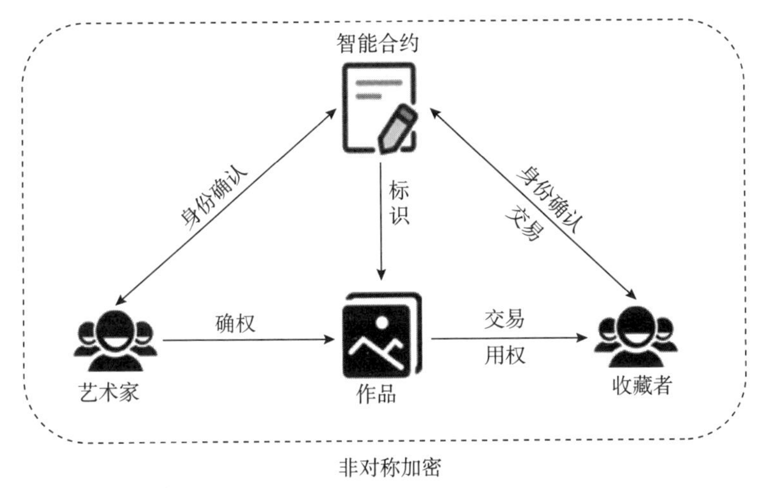

图 2　NFT 加密艺术品的确权机制图示

资料来源：臧志彭、胡译文，《基于区块链的数字文化产业价值链创新建构》。

关于合约技术标准，目前绝大多数 NFT 采用了以太坊平台 ERC721 和 ERC1155 标准，其他区块链可以搭建类似的 NFT。这些标准定义了如何查看数字资产归谁所有，链上如何流转。NFT 作为一种自定义比例的收入权益凭证，创作者可以设定保留部分经济收入权益，同时交易一部分权益；而创作者还可以享有对作品进行微调的权利。ERC721 标准提供了独特标识符（Identifier），每个标识符代表一个数字资产到地址的一个映射，而地址代表该标识符的所有者；ERC721 支持以许可的方式来转移这些资产（Finzer，2020）。ERC1155，将半替换的想法带到了 NFT 世界。在 ERC1155 中，ID 代表的不是单个资产，而是资产的类别,可以批量处理数字资产。比如在 NFT 游戏中,玩家想交易手中的1000 把剑,基于 ERC721 标准,玩家需要交易 1000 次才能实现,而 ERC1155 标准只需要执行一次传输操作即可完成。这大大减少了交易成本,促进了 NFT 的流通(Finzer,2020)。

(三)加密艺术品稀缺性

加密艺术诞生之前,互联网数字产品盈利模式是流量模式,通过流量变现获得营收。NFT 加密艺术的溯源与确权机制,通过密码技术,为数字作品赋予了稀缺性。每一份 NFT 加密艺术作品发行独一无二的通证,对应与数字作品具有映射关系的链上唯一哈希值凭证。加密数字艺术品因为稀缺,所以极具价值。加密艺术品竞拍与交易带来了全新的盈利模式,孤品走低频高价模式,通过拍卖实现价值,为各类数字资产的价值建构提供了新思路。

NFT 也可以被用于物理实体艺术品确权认证,打造 NFT 文创用品。通过对实体艺术品详尽的描述、摄影、度量、建模等,建立一套独立的数字化文档,基于区块链技术形成不可篡改、多方共识的 NFT。这些五花八门、完全相异的数字文档,都可以通过 NFT 确权机制,成为稀缺性的数字资产。NFT 数字资产通证永久保存,可以进行交易,丝毫不影响原本物理性存在的实体艺术品。在 NFT 溯源与确权的保证下,越来越多的文创作品加入 NFT 赋能的轨道上来,上链存证。因为 NFT 能够保证数字创意作品真实性,对线下文创作品也可以创建数字版本,高保真地交易从而发现并兑现价值。所有交易记录存在区块链平台上,买卖双方都可以随时随地从区块链下载交易存证记录的副本,甚至打印出来作为实体的凭证,对物理实体提供了可证明的出处、系列有序的记录,无论是拥有者的历史追踪、转手的时间与价格,一切信息必留下痕迹,无法被篡改或伪造,并且,对未来发生的一切,会自动依循智能合约持续执行、记录,以及分配利益。

四、区块链赋能新型数字创意生态展望

在区块链创意生态中，加密艺术与文创产业、游戏产业、版权产业深度融合，获得广阔发展空间。通过 NFT 的运用，区块链可覆盖任意类型版权作品，对生态内所有有价值的内容和创新成果实现数字化及快速确权，并提供作品进入加密艺术市场交易环节的后续保障服务。NFT 为数字创意作品开辟了一个确权与交易的途径，提供了试探定价和拍卖机制。

基于区块链的加密艺术为数字艺术领域带来一整套生产关系，包括作者的销售分成、数字艺术创作的激励、用户的数字身份。加密艺术适用于文创品牌“粉丝”经济的运营，一批高端文创品牌已经开辟了 NFT 赋能，“粉丝”社区为 NFT 产品推广提供势能。NBA Top Shot 将球员比赛的经典视频做成 NFT 数字资产，拍卖价达到 4 亿美元，因为 NBA 庞大的“粉丝”群体，为 NFT 流转和交易提供用户基数。对于在线影音等一直受盗版问题困扰的数字内容，NFT 不仅可以解决数字作品的确权问题，还带来了新的收入来源和“粉丝”互动方式。

加密艺术的应用场景丰富，游戏道具、活动门票、域名等领域都有其身影。在游戏领域，应用 NFT 为虚拟道具、游戏装备确权，打通不同游戏之间道具的流转交易。虚拟现实游戏体验对接 NFT 加密艺术场景，产生了元宇宙概念（Metaverse），以 Decentraland、Cryptovoxels 为代表。元宇宙应用以游戏和社交形式为加密艺术品展示提供数字化艺术体验空间，人们可以在虚拟空间进行 3D 创作，购买虚拟土地，交易 NFT 加密作品。

区块链赋能创意设计，让各种 AI 艺术创作成果可靠、可信、可证，将打造高度可信的人工智能艺术设计平台。

区块链艺术把数据主权还给用户，保护用户隐私，而且用户可以享有数据的派生权益。数字媒体行业，包括音乐、视频、电影、电子书等细分行业，沿着加密艺术的思路，走向确权和众创，将为数字媒体运营开辟新场景。

展望未来应用发展，在数字经济从流量红利走向存量价值时代，区域链溯

源和确权机制，建立了加密数字作品的稀缺性，为更广泛范畴数字资产价值建构开启了全新的模式。数字资产，包括各种大数据、监控数据、用户数据，同样可以通过区块链 NFT 建立溯源和确权机制，从而建构价值。NFT 将把全球亿万个数字资产价值化，很快会有越来越多的价值主体开始参与区块链艺术 NFT 应用庞大的市场蓝海中。

参考文献

[1]FINZER D. The non-fungible token bible：everything you need to know about NFTs[EB/OL].(2020-01-11)[2021-08-07].https://opensea.io/blog/guides/non-fungible-tokens/.

[2]YAGA D, MELL P, ROBY N, et al. Blockchain technology overview[EB/OL].(2018-10-01)[2021-08-07].https://doi.org/10.6028/NIST.IR.8202.

[3]黄杰阳. 区块链创意的自生长机制及应用场景[J]. 创意管理评论，2020，5：51-57.

[4]陆蓉之. 凤凰艺术：NFT 浪潮里新时代的整策师(Curategist)新局[EB/OL].(2021-04-07)[2021-08-07].http://art.ifeng.com/2021/0407/3517470.shtml.

[5]唐晗. 一文比较七大加密艺术品交易所：谁是王者[EB/OL].(2021-02-10)[2021-08-07]. https://www.zuocoin.com/a/news/industry/2021/0210/133615.html.

[6]杨嘎. 资深加密艺术策展人谈原生与非原生加密艺术[EB/OL].(2021-06-18)[2021-08-07]. https://www.chainnews.com/articles/616931961368.html.

[7]臧志彭，胡译文. 基于区块链的数字文化产业价值链创新建构[J]. 出版广角，2021(3)：26-30.

Analysis of Crypto Art's Traceability and Authentication Mechanism

Huang Jieyang

Abstract: The NFT Crypto Art platform is a new mechanism for trading digital art transactions derived from blockchain-based technology. Crypto Art provides a trust endorsement for digital artworks, bringing unique identification and tamper-evident attributes, which leads to a boom in online art transactions. Starting from cryptography, this article analyzes the authentication of Crypto Art and the anti-counterfeiting traceability. The traceability and authentication mechanism of Crypto Art creates scarcity for digital artwork, and builds a new value construction model for digital assets.

Keywords: Crypto Art, digital artwork, block chain, Non-Fungible Token

基于参观者行为视角的博物馆体验评价研究*

◎ 刘双吉　莫辛·沙菲**

摘要:博物馆是城市中极具吸引力的学习、旅游、休闲、娱乐目的地,参观博物馆已经成为人们的一种生活方式,参观者和博物馆管理人员都越来越关注参观后所获得的各种体验。本研究从参观者行为视角探索博物馆体验评价问题,构建了基于参观者行为视角的博物馆体验评价模型,基于现场调研和网络问卷获得的第一手资料。研究发现:(1)"蚂蚁"和"蚱蜢"式的参观行为对教育体验和审美体验影响显著,"蝴蝶"和"鱼"式的参观行为对娱乐体验影响显著。(2)四种参观行为对内容生成都影响显著,"蚂蚁"式的参观行为对强化影响显著。文章讨论了研究的结论、主要的理论贡献及对博物馆管理的启示,并对下一步的研究进行了展望。

关键词:参观者行为;博物馆体验;体验评价

---

* 基金项目:四川大学研究生课程建设项目"创意管理学"(2016KCJS041),作者感谢管理科学与工程国际学术研讨会的讨论意见和发表支持。

** 刘双吉,四川大学商学院博士研究生;研究方向:文化创意管理;邮箱:630638699@qq.com。莫辛·沙菲,四川大学商学院博士研究生;研究方向:文化创意管理。

一、引言

“体验”一词在当今各个领域都是比较热门的话题,从顾客的购买体验、手机用户体验、汽车驾驶体验、酒店的消费体验以及眼花缭乱的体验课程等,各个领域都越来越关注人们的体验。博物馆领域也不例外,作为承载中华优秀传统文化的一个重要空间载体,博物馆契合了当今人们精神方面的一个价值诉求,博物馆体验及体验的评价愈来愈受到参观者和博物馆管理人员的重视(杨永忠,2018)。

参观行为是参观心理的一种外在表现,参观者在博物馆中的参观行为受到参观心理的影响与制约(Vincent, et al.,2010)。参观者的参观行为、参观的侧重点、参观的时间、对展览关注的程度等行为,都是在参观需求、参观动机等参观心理驱动下产生的。研究参观者行为,有助于了解参观者的需求、爱好、态度、体验等心理因素,有助于针对性地推出有个性的专题展览,最大程度地满足参观者的体验需求(Yoshimura, et al.,2014)。在此背景下,深入研究博物馆参观者的行为及体验,揭示博物馆体验评价的影响机理就成为研究的必要。

二、文献综述和研究假设

(一)参观行为研究

西方对于博物馆的参观者行为研究起步较早,1897 年德国学者弗贺奈尔就试图通过问答的方法来获取参观者对于参观展品的意见(蔡祥军,2010)。此后,西方对于这一问题的研究进展缓慢,直到 1928 年,耶鲁大学教授爱德华·罗宾逊将目光转向对于“博物馆疲劳”现象的研究,即参观者在参观展览过程中因博物馆设计问题而产生的身体、精神疲劳的现象,开拓了博物馆参观者行为研究新领地(Yoshimura, et al.,2014)。Eliseo 和 Martine 曾进行了一项定性研究,旨在识别博物馆内的不同参观者的行为,他们的研究基于参观者在博物馆空间中的运动,归纳出四种基本的参观者行为:蚂蚁、蝴蝶、鱼和蚱蜢。其中,“蚂蚁”式参观者在博物馆里会走很长的路,他们愿意走很多路,同时愿意花很多时间参观博物馆。他们对参观博物馆里的展品基本都感兴趣,而且,他们对展品的细节也很感兴趣。他们愿意听讲解员讲解,而且人多并不会影响他们的参观。“蝴蝶”式参观者也有兴致参观所有的展览,他们的参观路径可以随时定向。如果某一展览人比较多,他们会选择晚点再过去参观。他们也愿意听讲解员讲解,如果展品之间的距离很近,他们会感到很压抑。“鱼”式参观者不愿意在博物馆里走很多的路,他们更喜欢站在展厅的中心,他们不愿意听讲解员讲解,他们很反感有众多参观者。“蚱蜢”式参观者对博物馆的展品比较熟悉,他们参观前有明确的计划和偏好。他们也不愿意听讲解员讲解,他们为了参观自己想看的展品,愿意走很长的路(Brida, et al.,2014)。

国内对于博物馆参观者行为的研究起步较晚,吴卫国(1987)在京津地区博物馆观众调查报告中率先使用统计学知识对参观者人口学特征、参观行为及态度之间的关系进行分析。20 世纪 90 年代,国内对这一问题的论述增多,但基本停留于最浅层的参观者行为调查,如潘红耘(1990)的湖北黄石市观众情况调查的启示等。最近十几年,对于博物馆参观者行为的研究有所突破,开始使用 SPSS、SAS 等现代化的统计软件,同时,心理学、社会学等多学科融合研究也成为这一时期研究的新趋势。

基于以上的文献梳理,本研究对博物馆参观者行为的研究主要采用 Eliseo 和 Martine 归纳出的四种参观行为,即“蚂蚁”式参观行为、“鱼”式参观行为、“蝴蝶”式参观行为、“蚱蜢”式参观行为,通过访谈和问卷获得的数据检验不同的参观行为对博物馆体验的影响。

(二) 博物馆体验研究

“体验(Experience)”一词最早起源于古希腊哲学,兴起于中世纪德国的古典美学中,它是指参与者获得感受并在大脑留下深刻印象的一种感觉(Wright,1989)。Bowsijk 等(2007)将“体验”定义为一种超越日常生活的东西,一种使其令人难忘的事物,它有助于丰富个人的经历。从消费者视角来看,体验是对购买和使用商品或服务使用的整体评价(Sheng, et al.,2012)。Li(2013)描述体验是为了发现未知、获取知识、证实假设而尝试某事的行动,是人们在和环境接触中获得的一种亲身经历。

在 Pine 和 Gilmore(1998)合作出版的书籍《体验经济》中,将顾客体验按照主动参加、被动参加和沉浸情景、吸入信息的情况分为娱乐、教育、逃避现实和审美等四个类型,游客离开平常居住地(逃避现实),感受到不同视觉上的文化与跨地区风俗的美感(审美),消磨时间并享受娱乐,还能通过这些过程产生感官上的冲击和心理上的情感,进而得到精神上的进步(教育)。书中还指出能使人产生最佳的旅游体验应该同时包括上述四个方面,即这四者发生交集的“甜蜜点”。在国内,旅游体验的划分方法也有很多,李林(2012)将旅游体验分成了自然、文化、娱乐、求知和自我实现等五个方面;李照斌(2017)根据其个体性、参与性、综合性等特点划分成娱乐、逃避、教育、美感和移情等五种类型;张萌和赵志明(2015)以周庄为研究对象,认为体验质量与游客类型有关,划分成追求游览与愉悦性、追求学习与知识型、追求发展与成就型、追求休闲与放松型四个类型。

博物馆体验的最早研究也来自西方,Falk 和 Dierking(1992)在其《博物馆体验》一书中最早描述了什么是博物馆体验,他们对博物馆体验的定义为“指从参观者开始产生参观的动机到参观博物馆活动结束的过程中参观者的所有想法、实际的行动和记忆的整体”。此后西方对博物馆体验的研究基本上都沿用这个概念。Levent 和 Pascual-Leone(2014)在其著作中描述了对艺术品的触摸、闻嗅、倾听等多感官体验能丰富博物馆参观者的体验,而拥挤的人群、长长的队伍、糟糕的音效、疲惫的双脚、缺乏座位、困难的定位和导航以及对艺术理解的不确定性等都会影响博物馆体验的理想效果。

基于对上述相关文献的梳理，本研究对博物馆体验的界定主要采用 Falk 和 Dierking(1992)在其《博物馆体验》一书中的描述，即指从参观者开始产生参观的动机到参观博物馆活动结束的过程中参观者的所有想法、实际的行动和记忆的整体。对博物馆体验的类型划分，主要采用 Pine 和 Gilmore(1998)对体验价值的分类，即教育体验、娱乐体验、审美体验和逃避现实体验。

(三)研究假设

参观者参观前的知识、计划、动机、行为等都会影响到参观者的体验，Antón 等(2017)基于参观者的计划和知识探索了博物馆体验价值的共创过程，本文基于参观者行为的视角，研究参观行为对博物馆体验的影响。基于此，本文提出以下研究假设:

1. 参观者行为对参观者体验的影响

不同的参观行为对参观者体验的影响可能影响不一样，Antón 等(2017)指出参观者参观前的动机、行为都可能影响参观者的体验。此外，大多数研究者都认为参观者行为和参观者体验之间的关系倾向正相关(Otto, et al., 1996)，由此本研究提出以下四个假设:

H1:"蚂蚁"式参观行为对参观体验有正向影响。

H2:"鱼"式参观行为对参观体验有正向影响。

H3:"蝴蝶"式参观行为对参观体验有正向影响。

H4:"蚱蜢"式参观行为对参观体验有正向影响。

2. 参观者行为对参观后内容生成和强化的影响

当参观者离开博物馆后，每个参观者获得的参观体验可能不一样，如何评价参观者活动的体验质量，有的学者通过参观者在社交平台上上传的照片来评价参观者的体验(Vu, et al.,2017),有的通过内容生成和强化两个指标来评价参观者的体验,其中内容生成是指参观者参观结束后,会及时在通过网络进一步寻找博物馆的有关信息,更期待下次参加博物馆组织的各项活动,适当的时候还要给博物馆管理层提一些提升工作质量的建议;强化是指再次参观时,获得体验进一步加深了(Antón, et al.,2017)。由此本文提出第五至第六个假设:

H5:四种参观行为对内容生成有正向影响。

H6:四种参观行为对强化有正向影响。

通过以上理论和相关假设,我们提出基于参观者行为视角的博物馆体验评价模型,如图1所示:

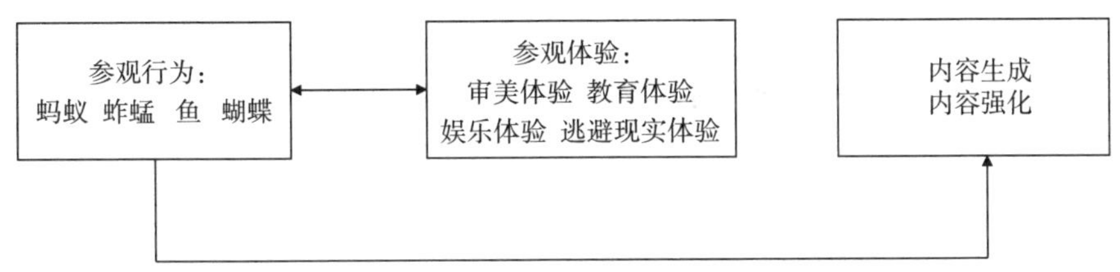

图1 基于参观者行为的博物馆体验评价模型

三、实证研究与结果

(一)描述性统计

本文研究的是参观者行为对参观体验的影响,数据收集采用现场收集和网络问卷相结合的方式进行,其中参观者行为量表、参观者体验量表、参观后的评价量表均采用李克特五级量表,从1分(非常不同意)到5分(非常同意)。最终回收问卷182份,有效问卷172份,有效问卷答题率约为94.5%。

本次受访者从性别来看,男性占比27.91%,女性占比72.09%;从年龄结构来看,25岁及以下的占比40.81%,26至35岁的占比29.53%,36至45岁的占比14.07%,46至55岁的占比10%,56至65岁的占比5.59%;从受教育程度来看,高中及以下学历的占比12.33%,本专科学历的占比61.27%,研究生学历的占比26.4%;从职业分布来看,学生占比46.16%,企业领导或管理人员占比8.49%,专业技术人员,教师医生占比19.65%,公务员占比5.58%,其他的共比占20.12%。

(二)数据检验与因子分析

从表1信效度检验可以看出,除了参观者行为量表的Cronbach's Alpha为0.749以外,其余两个量表的Cronbach's Alpha系数均大于0.8。效度检验方面,除了参观者行为量表的KMO值为0.690外,另外2个量表均超过了0.8,总体来说,测量指标内部一致性程度较高,效度也符合要求,适合下一步分析。

表1　信效度检验

变量	数据	Cronbach's Alpha	KMO
参观者行为	16	0.749	0.690
参观者体验	12	0.903	0.869
参观后评价	6	0.887	0.867

因子分析方面,参观博物馆行为的16个因子指标共提取了4个特征值大于1的主要因子,4个主要因子共能解释原有变量总方差的66.3186%,提取的4个主要因子所代表的测试项目和理论假设吻合,可以得出,将参观博物馆的行为分为"蚂蚁"式参观行为、"鱼"式参观行为、"蝴蝶"式参观行为、"蚱蜢"式参观行为四个类型是适合的。参观博物馆体验的12个因子指标共提取了4个特征值大于1的主要因子,4个主要因子共能解释原有变量总方差的77.302%,提取的4个主要因子所代表的测试项目和理论假设吻合,可以得出参观期间的体验分为教育体验、娱乐体验、逃避现实体验和审美体验4个类型是适合的。参

观博物馆后的6个因子指标共提取了2个特征值大于1的主要因子,2个主要因子共能解释原有变量总方差的71.154%,提取的2个主要因子所代表的测试项目和理论假设吻合,可以得出参观后的变量分为内容生成和强化2个类型是适合的。

(三)实证结果

从表2、表3参观者行为和参观者体验、强化、内容生成的回归分析结果看,四种参观行与内容生成有显著的正向关系,相关系数分别为($\beta=0.229, p<0.001$)、($\beta=0.105, p<0.01$)、($\beta=0.188, p<0.01$)、($\beta=0.135, p<0.05$),可见,"蚂蚁"式参观行为对内容生成影响最大,其次是"蝴蝶"式参观行为,"鱼"式参观行为影响最小;"蚂蚁"式参观行为与强化有显著的正向关系,相关系数为($\beta=0.118, p<0.01$);"蚂蚁"式参观行为、"蚱蜢"式参观行为与教育体验有显著的正向关系,相关系数分别为($\beta=0.389, p<0.001$)、($\beta=1.503, p<0.01$);"蚂蚁"式参观行为、"蚱蜢"式参观行为与审美体验有显著的正向关系,相关系数分别为($\beta=0.125, p<0.01$)、($\beta=0.091, p<0.01$);"蝴蝶"式参观行为,"鱼"式参观行为与娱乐体验有显著的正向关系,相关系数分别为($\beta=0.118, p<0.05$)、($\beta=0.207, p<0.01$)。

表2 参观者行为和内容生成、强化回归分析结果

Y	X	*B*	*T*	Sig
内容强化	(常量)	—	—	—
	蚂蚁	0.118	1.861	0.001
	鱼	−0.103	−1.457	0.119
	蝴蝶	0.069	1.022	0.304
	蚱蜢	0.032	0.471	0.629

续表

Y	X	*B*	*T*	Sig
内容生成	（常量）	—	—	—
	蚂蚁	0.229	5.198	0.000
	鱼	0.105	1.727	0.005
	蝴蝶	0.188	2.901	0.004
	蚱蜢	0.135	2.182	0.029

表 3　参观者行为和参观体验回归分析结果

Y	X	*B*	*T*	Sig
教育体验	（常量）	—	—	—
	蚂蚁	0.389	6.315	0.000
	鱼	−0.026	−0.424	0.672
	蝴蝶	−0.025	−0.413	0.680
	蚱蜢	1.053	1.867	0.007
娱乐体验	（常量）	—	—	—
	蚂蚁	0.059	0.959	0.061
	鱼	0.207	3.280	0.008
	蝴蝶	0.118	1.708	0.022
	蚱蜢	0.065	1.067	0.245
逃避现实体验	（常量）	—	—	—
	蚂蚁	0.219	3.466	0.091
	鱼	0.050	0.539	0.525
	蝴蝶	0.068	1.349	0.174
	蚱蜢	0.204	3.119	0.101

续表

Y	X	*B*	*T*	Sig
审美体验	（常量）	—	—	—
	蚂蚁	0.125	1.728	0.001
	鱼	−0.021	−0.168	0.866
	蝴蝶	0.078	1.484	0.136
	蚱蜢	0.091	1.236	0.002

四、结论与启示

（一）结论

本研究围绕“参观者行为视角下博物馆体验评价”讨论，研究结果部分支持了假设，得出如下结论：

“蚂蚁”式参观行为、“蚱蜢”式参观行为与教育体验有显著的正向关系，“蚂蚁”式参观行为、“蚱蜢”式参观行为与审美体验有显著的正向关系，“蝴蝶”式参观行为，“鱼”式参观行为与娱乐体验有显著的正向关系，实证结果表明不同的参观行为对体验的影响差异较大，“蚂蚁”式参观行为的参观者参观比较仔细，“蚱蜢”式参观行为的参观者在参观前有明确的计划，这些行为都导致了其获得更多的教育体验和审美体验，“蝴蝶”式参观行为和“鱼”式参观行为的参观者相对来说比较随性，去博物馆参观获得更多的是娱乐体验。

“蚂蚁”式参观行为、“蚱蜢”式参观行为、“蝴蝶”式参观行为、“鱼”式参观行为与内容生成有显著的正向关系，“蚂蚁”式参观行为与强化有显著的正向关系，实证结果表明参观结束后，博物馆管理人员应及时安排与参观者进行互动，进一步讨论对体验的感受，“蚂蚁”式参观行为因其参观仔细，所以其对参观后的体验感受更加强烈。

（二）主要贡献

1. 拓展了博物馆体验评价的新视角

Carmen Antón 等(2017)基于参观者知识、计划的视角等对博物馆体验价值的共创进行了探索,本研究从参观者行为出发探讨博物馆的体验评价,将更加深入拓展其研究视角。

2. 丰富了博物馆体验评价的研究

体验的评价在旅游学、营销学领域研究得比较多,但具体到博物馆领域还没有专门的研究,本研究从参观者行为视角出发研究博物馆体验评价,将进一步丰富体验评价的相关研究。

(三)管理启示

1. 提升参观者的体验质量

参观者的体验质量是博物馆管理层要重点关注的,只有不断提升参观者的体验质量,才会有越来越多的人走进博物馆,才会有越来越多的人经常光顾博物馆,博物馆的综合效益才会越来越好。

2. 优化展品的摆放

不同的参观行为对不同的体验有不同的影响,优化展品的摆放,在一定的参观时间内,可以使人们获得更多、更高质量的体验。

参考文献

[1]ANTÓN C, CAMARERO C, GARRIDO M J. Exploring the experience value of museum visitors as a co-creation process [J].Current issues in tourism, 2017, 4:1-20.

[2]BOWSIJK A, THIJSSEN T, PEELEN E. The experience economy: A new perspective [M]. Amsterdam: Pearson Education Benelux, 2007.

[3]BRIDA J G, DISEGNA M, SCUDERI R. The behaviour of repeat visitors to museums:

review and empirical findings [J]. Quality and quantity, 2014,48 (5): 2817-2840.

[4]FALK J H, DIERKING L D. The museum experience [M]. Washington, DC: Whalesback Books,1992.

[5]LEVENT N, PASCUAL-LEONE A. The multisensory museum: cross-disciplinary on touch, sound, smell, memory and space [M].Washington, DC: Rowman & Littlefield, 2014.

[6]LI L. Study on intention analysis of visitors' participation in co-creating value in Xiangshan Park [J]. Ecological Economy, 2013, 12:32.

[7]OTTO J E, RITCHIE J B. The service experience in tourism [J]. Tourism management, 1996,17 (3): 165-174.

[8]PINE B J, GILMORE J H. Welcome to the experience economy [J].Harvard business review, 1998, 76 (4): 97-105.

[9]SHENG C W, CHEN M C. A study of experience expectations of museum visitors [J]. Tourism management, 2012, 33:53-60.

[10]VINCENT F Y, LIN S W, CHOU S Y. The museum visitor routing problem [J]. Applied mathematics & computation, 2010, 216 (3):719-729.

[11]VU H Q, LUO J M, YE B H, et al. Evaluating museum visitor experiences based on user-generated travel photos [J]. Journal of travel & tourism marketing, 2017, 35 (4): 493-506.

[12]WRIGHT P. The quality of visitors' experiences in art museums [M]//VERGO P. The new museology. London: Reaktion Books,1989: 119-148.

[13]YOSHIMURA Y, SOBOLEVSKY S, RATTI C, et al. An analysis of visitors' behavior in the Louvre Museum: a study using blue tooth data [J]. Environment and planning B: planning and design, 2014,41(6):1113-1131.

[14]蔡祥军. 基于符号编译和知识学习的博物馆观众行为研究[D]. 南京:南京理工大学博士论文,2010.

[15]李丽娟. 旅游体验价值共创研究[D]. 北京: 北京林业大学博士论文, 2012.

[16]李林. 以观众体验为核心的博物馆展览设计 [J]. 东南文化,2012 (6): 103-107.

[17]李照斌. 基于 ASEB 栅格分析法的观众体验研究 [J].中国博物馆,2017 (1): 69-72.

[18]潘红耘. 湖北黄石市观众情况调查的启示 [J]. 中国博物馆,1990 (1): 79-81.

[19]吴卫国. 京津地区博物馆观众调查报告 [J]. 中国博物馆,1987 (2): 28-44.

[20]杨永忠. 创意管理学导论 [M]. 北京:经济管理出版社,2018.

[21]张萌，赵志明. 博物馆环境与观众体验关系研究［J］. 古今农业,2015（1）：102-105.

A Study of Museum Experience Evaluation from the Perspective of Visitors' Behavior

Liu Shuangji　Mohsin Shafi

Abstract: Museums are attractive destinations for learning, tourism, leisure and entertainment in cities. Visiting museums has become a way of life for people with both visitors and museum officials increasingly concerned with about the various experiences they receive. This paper explores the issue of museum experience evaluation by constructing a museum experience evaluation model based on the perspective of visitor behavior. Based on the first-hand information obtained from the field survey and online questionnaire, the research findings are as follows: (1) The "ant" and "grasshopper" visiting behaviors have a significant impact on the educational and aesthetic experience, while the "butterfly" and "fish" visiting behaviors have a significant impact on the entertainment experience. (2) All four kinds of visiting behaviors have significant influences on content generation, with the "ant" visiting behavior having a significant influence on content enhancement. This paper then discusses the research conclusions, the main theoretical contributions and the implications for museum management, and provides an outlook for further research.

Keywords: visitor behavior, museum experience, experience evaluation

管理学科创新

Management Discipline Innovation

论管理学的逻辑起点及学科性质

◎ 陈玉和　付晓*

摘要:管理学是不是科学?如果是科学,它属于什么样的科学?管理学是什么科学?管理学是技术还是科学?这些问题始终争论不休,但又无以确证。用严密的逻辑进行分析这些问题,并得到有效的证明,是一个重大的挑战。在此,我们基于科学的元分类,以实证科学的方法论原则,从多层次、多侧面来论证管理学作为设计科学这一命题。管理的逻辑起点从何处开始?管理的元问题是什么?本文通过对这些问题的追问、考辨,初步形成了一些认识。

关键词:管理学;管理的元问题;逻辑起点;学科性质

一、引言:从管理学的命名说起

管理学在英文里用得最多最普遍的就是 management,是由动词 manage 加上名词后缀"-ment"组合而成的。但辞书上确切地将 management 解释为"管理

* 陈玉和,工学博士,教授,博士生导师;潍坊工商职业学院特聘工商管理专业学科带头人。付晓:山东科技大学经济管理学院管理科学与工程博士研究生。

学”的,目前尚不多见(实际上在笔者所及的范围内还没有见到)。中国目前最大的百科全书——《中国大百科全书》没有专卷;《辞源》不见;《辞海》未收;1984年出版的《中国企业管理百科全书》没有“管理学”的条目;《朗曼现代英语词典(LONGMAN MODERN ENGLISH DICTIONARY)》未见将management释为“管理学”的;《英汉案头大辞源》也没有将management释为“管理学”。《不列颠百科全书(Encyclopedia Britannica)》(2007电子版)也没有“管理学(management)”条目。但学科学位既有理学学位,也有工学学位,还有管理学学位,具体讲有数十种。在中国国家科学基金的自然科学基金中将管理学分为三类:管理科学与工程,工商管理,以及公共管理。管理学没有被列入社会科学领域。以泰勒和法约尔的著作出版来标志管理学的正式问世。管理学作为研究管理的学问,这是一种最一般的关于管理学的界定。但这并不能使人们真正理解管理学。作为研究管理的学问,从科学传统上讲是要研究管理现象,但从实际看并非如此,绝大多数都是以如何进行管理展开的研究。那为什么会出现这种现象呢?管理学到底要研究解决什么样的问题,它应该解决什么样的问题?我们对管理学如何进行提问?如果说管理学是科学,那么它属于哪一类科学?因为从现实来看它与我们通常所学习和理解的科学是不同的。不要说与逻辑学和数学相比,即使与物理学、化学、生物学等比较,管理学也大不一样;哪怕是经济学、社会学也与管理学相差甚远;也许有一门学科可以与其相比肩,那就是教育学;或者还有其他若干学科也与其相类似(卜玉华,2014)。

科学是什么?科学都有哪些类型范畴?这并不是一个具有确定性答案的问题。也可以讲人们对科学本身还处于一种不自觉的状态——我们对科学本身的认识水平还很有限。陈玉和的科学元分类使得对科学分类的某些尴尬局面可能会有所改善。过去对科学的分类基本是以科学研究的对象进行的,研究什么就称之为什么科学,这似乎有同义反复的味道。从分类学角度出发,应该以科学本身的性质对科学进行分类,研究对象的差异,不等于科学本身性质的差异,研究自然现象、社会现象和人文现象都将现象作为研究对象,它们研究的是不同对象的现象,它们真的有根本的差异吗?而从研究现象这一特征来看,它们是不是应该属于同一类科学呢？当我们认为逻辑学是社会科学的时候，逻辑学在什么时候是研究社会现象的呢？当我们认为数学是自然科学的时候，数学反映的是自然界的什么现象呢？

大凡讨论某学科的属性问题，必是与学科分类有关的。如果学科分类本身比较完美，是不会出现类似问题的，因此反复讨论学科的属性问题，就说明学科提法或学科分类没有得到妥善的解决，既然是这样，那么如何进行学科分类就成为了解决学科无从归属的关键性问题。对某个学科科学属性的归属无法分类，那么我们可有突破学科分类的方法吗？在20世纪有一股方法论运动是逻辑实证主义，我们能不能借助逻辑的方法来实现这一目的呢？中国学术界在讨论有关学科的时候能够跟逻辑发生直接关系的有两种提法：一是关于学科对象的逻辑起点，一是关于它们是如何可能的。为此，如果我们通过对管理与管理学追问其“逻辑起点”和它们“是如何可能的”就必将能对管理与管理学的属性带来帮助。对于这个问题的解决能不能通过这种方法达到目的，我们只有通过尝试才能知道。即使不能通过这种方法解决问题我们也可以告诉后人——逻辑实证主义的方法不能确认管理学是什么科学。相反，如果通过逻辑的方法能够确认管理学是属于某种科学，那么，我们将进行另外的工作——在实践中确认是否如此，逻辑上的确认必须通过现实的检验取得一致的结果，其证明才是有效的。但是我们不能反过来，先采取经验的方法说明某学科科学是属于什么科学，然后再用逻辑的方法加以证明。

本文题为“论管理学的逻辑起点及学科性质”，即从科学的元分类出发以实证分析的方法证明管理学是设计科学这样一个命题，也是从管理的逻辑起点（元问题）与管理学的逻辑起点（元问题）追问的结果。“设计科学”也称“人工科学”，是美国科学家赫尔伯特·西蒙于20世纪提出的，后面又有不少人跟进，但没有在科学分类学的意义上进行过严格的论证。陈玉和在重新将科学解读为“人类对确定性的追求”的基础上，在《科学的元分类及其对未来科学发展方向的启示》一文中提出并初步论证了科学的统一性及做出了科学的元分类，解决了设计科学作为第三类科学的合法性问题,更为严密的论证工作已在该文中完成。从科学的元分类出发,科学分为"形式(抽象)科学"、"解释(实证)科学"和"设计(人工或实践)科学"。每个大类科学所属的学科具有基本相同的使命或范式,以及方法论同构。科学的元分类确认了科学整体发展的必要性和充分性。这一科学的元分类是对科学本身认识的一大进步,在某种程度上讲其意义是巨大的——这是人类对科学本身的一种自觉。这些科学既相互区别,又相互联系,在更高的层次上实现了科学的统一,其意义重大在此可见。不过到目前为止,人们并没有对此形成共识,绝大多数学者还是将解释科学看成是科学,对于设计科学是不是科学还没有真正的认识。事实上,设计科学将是引领人类社会发展的新的领头科学。

当今世界,管理学作为设计科学的观点已经开始流行。其研究自 21 世纪初以来得到人们的重视,在西方国家,尤其是荷兰的管理学教授 J. E. van Aken 进行了系列化的研究。国内这方面的研究是从引进的角度开始的。目前的研究还缺乏理论的深入,关键的问题在于如何提出问题,提出什么样的问题,这将给研究带来不同的影响,更为准确地讲是给研究找到一个出发点——逻辑起点,也可以换一种说法——能不能提出正确的问题,以及正确地提出问题,从而使问题能够得到有效的发展,展现不一样的价值。关于管理学的设计理论与方法的自觉研究,实际上比国际化的管理学的设计理论研究要早很多。20 世纪 90 年代,美国控制论科学家 John N. Warfield 出版了他的设计管理科学巨著 *A Science of Generic Design: Managing Complexity Through Systems Design*。而从他自觉研究这个问题看,应该是 1971 年就发表了相关的文章。这本书宣告了"管理设计理论方法"的诞生。尽管其推广应用相当有限,但他还是将这种研究成果带到了实践——通过咨询服务,以交互影响的方式进行咨询服务。但管理学作为设计科学的问题并没有得到真正彻底的澄清:为什么管理学是设计科学;100 多年来成功的管理学体现了设计科学的范式;管理学的未来发展如何更好地体现其设计科学的范式;作为设计科学的管理学在管理人才培养中如何进行管理教育;中国管理学要遵循统一的管理学的发展范式吗;中国的管理学将会为世界管理学的发展做出什么样的贡献(郝英奇,等,2007)。所以,人们对管理学作为设计科学并没有形成共识,如何才能达到对管理学的共识,对作为设计科学的管理学进行符合逻辑的论述、探究、澄清是非常必要的,也是为真正自觉发展作为统一的、科学的管理学——作为设计科学的管理学不能不做的事情。将设计科学作为一个科学的门类关乎对科学的统一理解,没有对科学统一性的解读与认知,设计科学本身的合法性也得不到确认。

另外,管理学是不是科学,是什么科学,也与科学是什么,或科学的概念,以及人们对科学理解的习惯相关。我们说管理学属于设计科学,那么就意味着设计科学是一个非常庞大的门类,它在整个科学体系中处于一个非常关键的地位,就会有很多过去关于管理学是不是科学的提法在合理性的逻辑要求下都要归属到设计科学的门下。

人类研究管理学的历史只有百余年。但从管理学诞生起人们就对它的合法性——科学基础和科学形式等不断质疑。这 100 多年来对管理学的争论不绝于耳,针对其争论所发表的文章或出版的图书也是连篇累牍。管理学作为设计科学的提出的直接来源是科学大师赫尔伯特·西蒙在 20 世纪 60 年代提出的,但现在人们提及这个问题时,大多引用其所著《人工科学(The Sciences of the Artificial)》一书中对“人工科学”或“设计科学”进行的专门论述。他将所有的工程学科、医学、教育学、管理学都归入设计科学的范畴。卜玉华(2014)和陈玉和(2014)将管理学归入设计科学的范畴解决了管理学的学科属性问题,同时也提出了管理学的设计科学范式问题(这里所说的“设计科学范式”与托马斯·库恩《科学革命的结构》一书中所称的“科学研究范式”是不同的。科学革命的范式是同类科学在研究思维方式方面的一种革命;而我们在此所称的范式是不同科学类别之间的研究范式之差异——形式科学、解释科学和设计科学各自从自身的要求出发,本质上必须遵循的规范或学科逻辑)。不同的科学解决问题的目标与目的需要使用不同的研究方法论体系,所以说,这是三类/四类科学本身所规定的,至于各门类学科自身发展所形成的张力导致的范式革命则是各门类科学内部的发展逻辑所致(赫尔伯特,2004)。

管理作为人类社会的一种实践活动,在人类活动中是极其普遍的。虽然与管理活动类似的大量人类活动都建立或形成了相关的科学学科,有些还特别古老(几乎从人类有文字记载以来就出现了),但无论如何,人类的许多活动都已经被冠以某学的学科名称,如作为研究人类医疗活动的医学早就获得了它应有的地位。古希腊时代的希波克拉底医学名著已经流传2000多年。另一项活动即人类的教育活动也是非常古老的,工程就更不用说了(虽然工程类学科以科学命名也是近代以来的事情),但人类对其的认可是毋庸置疑的。笔者的看法就是,如果说经济活动是人类的第二天性,那么从事管理活动则是人类的第一天性。美国学者哈伊姆·奥菲克特别讨论了选择的问题,而选择或抉择正是人类管理活动的中心环节。当然在这里我们看到了经管不分家的事实。但从经济学是解释科学或追求其传统科学地位来讲,似乎选择或抉择问题不应该是经济学关心的问题,它追求的解释科学地位还把管理学也引入了发展的歧途——管理学是从何处来的,又要向何处去。作为解释科学的经济学是以研究规律为其使命的,遵从解释科学研究的范式(实证方法是解释科学研究的重要方法手段)。而管理学则不然,其使命是如何建构未来的问题——如何符合逻辑地建构未来,需要通过另一种形式或范式来处理问题,否则就会有辱管理学的使命。所以人类进化的经济起源应该是指经济活动,而一切活动都是需要管理的,也产生管理,所以人类的第一天性是管理。当然这是就人类活动的普遍性而言的。研究管理学,我们就必须研究管理工作或管理活动,而且需要从人类管理活动的起源开始其探寻之旅:研究管理是如何发生的,管理又是如何可能的,进而才是管理学如何可能的等问题(仇向洋,2008)。

设计科学也被称为"人工科学""实践科学""行动科学""规范科学"等。还有一种不太合乎逻辑的称谓——"技术科学"。在这里,"技术科学"是一种衍生义的提法,即可以将科学分为理论科学(也称为基础科学)和应用科学,而这种应用科学就是与理论科学相对应的"技术科学"。我们知道"技术科学"是有专门所指的,即专门研究技术问题的科学学科,如技术史、技术哲学、技术管理学、技术伦理学、技术政策学、技术经济学等众多学科门类。将技术科学专门对应于理论科学是一种不妥当的提法，况且也没有真正体现“人工科学”或“实践科学”的本质特征，关键的是“技术科学”不是针对技术进行研究的科学，所以说其是一种不太合乎逻辑的称谓。笔者曾做过一个关于技术学科中技术管理学科的简单研究，其涉及技术管理的学科就可以列出30多门。

本文的研究拟分为以下两个部分：首先讨论管理学的逻辑起点问题，在这一部分将结合管理学的元问题——讨论“管理是如何可能的，管理学是如何可能的”；其次考察人类的管理起源，即从考古的角度去发现管理的细节与做法等。

二、管理学的元问题及其逻辑起点

为了使管理学能够得到人们心目中科学的合法性，从管理学诞生以来就一直有人做着努力，人类为此做出的工作可谓五花八门，而探究工作更是孜孜不倦。但为什么始终没有得到令人满意的结果呢？有一句西方古代名言：条条大路通罗马。为什么我们试了各种各样的办法就没有一条道路能够通向管理学的“罗马”？合乎逻辑的解释，只有一种：我们的追求错了。我们总想着有一种标准的科学，那么，如果管理学也是科学，它就必须和我们所认为的这种标准科学一模一样，不能有所差池，否则就不是科学。所以就千方百计、想方设法地要将管理学等类似的科学学科变成我们想象中的科学模样——说到底就是要像物理学等解释科学。

没有探索到通向解释科学的管理学，人们并没有停止探索的脚步，尝试着从不同的方向，使用不同的方法，“移植”各种学科的概念术语来“救驾”管理学。从简单地讨论管理学的学科属性，到探究管理与管理学的逻辑起点，抑或“管理”与“管理学”是如何可能的。这些问题应该说都是对的问题，但似乎没有理想的或对的答案。为什么没有对的答案呢？也许是提问的方式问题。更进一步说，是没有将管理学问题上升到研究管理或管理学的元问题、元理论。当然这也是一个更难的考验。也许因为在逻辑基础上的准备不足,也许是其他背景要求不适应,等等。

逻辑起点是什么?逻辑起点就是必然性要求。当不能满足这个必然性要求的时候,管理就无从谈起,管理既然是一种实践性活动,那么对其而言,实践是如何可能的呢?

如果讨论管理学的逻辑起点问题,那么我们究竟如何提问才是正确的、可行的呢?当出现"管理学的逻辑起点有三个起点"论点的时候,我们应该表示祝贺,还是应该表示困惑,抑或是愤怒呢?当逻辑起点也不是具有唯一性的时候,这个逻辑起点还符合逻辑吗?管理作为一种活动或行动,是如何可能的,即我们凭什么就能做管理工作的,我们是盲目从事,还是有一个什么依据?如果没有这个依据,从根本上讲就不可能开展管理活动,那么正式的管理活动之前我们到底要为其准备什么呢?我们反复追问,到底我们要具备什么条件才能实施管理呢?我们从各个侧面进行讨论,最后可能会发现,我们实施管理活动的逻辑起点先是要做计划或者设计,否则我们的管理活动就不可能开始。这个计划或设计方案提供给我们行动的路线图,其目的或目标是引导性的,或基于目的的。计划方案的好坏,将涉及我们如何制订计划方案的问题,或者说设计是如何可能的,我们要进行科学的设计,或者说我们的设计应该具有科学性。那么设计如何才能具有科学性呢?这个时候"设计科学"就适时出场了,我们确认科学能够给人们提供确定性的保证,基于目的的科学计划或设计方案能够有效地保证我们的行动结果与目标的一致性。管理学不是研究管理现象与管理规律,它是解决如何实现管理目标的问题,所以管理学是设计科学,设计科学是基于目的论的,它与我们讨论的物理学、心理学、社会学等是不同的科学,它不是解释现象与发现规律,相反,它是要通过设计建构、形成人类目标或目的的事业。由于有了设计科学我们才能进行科学的设计(凌峰,等,2011)。

由此我们可以得出,管理的逻辑起点是设计,那么设计是如何可能的呢?设计是基于设计科学,我们要有科学计划或设计方案,是由设计科学提供的,所以管理学属于设计科学。

管理学的元问题是“管理是如何可能的”;管理的逻辑起点是基于计划或设计方案;管理学的逻辑起点是“管理设计是如何可能的”。没有设计计划方案就没有管理,没有计划设计科学就没有科学的管理设计或管理计划方案,而没有科学的计划设计方案也将不能有效地实现管理目标。管理学是设计科学,科学的管理设计计划方案就是管理的发明创造。管理的计划设计方案作为发明创造形成的是科学管理模式;今天所讲的管理创新就是管理模式的创新,发明创造的管理模式提升了人类的管理能力。人类社会的事务都需要管理,人类为了适应这种要求就要发明创造各种各样的管理模式,各种各样的管理是模块化的存在,管理本身形成了一个复杂的超级巨大系统,先进的国家使得这个系统协调协同作用,落后的国家在管理模式上的贡献可能乏善可陈(刘建一,等,2011)。

管理目标是系统复杂的,管理模式的发明创造是遵循艾什比定律(Ashby's law)的:以品类对品类。人类社会也是复杂性建构的,人类社会的管理发展将是没有尽头的。管理是对人类社会的建构,研究管理现象是管理学思想史或管理史的工作;而研究管理现象能不能有利于改进管理工作也许是不确定的。

现在又出现了另外一个问题,虽然我们认为管理的逻辑起点是唯一的,但又怎么能证明,还有关于管理学的逻辑起点不同的人给出了不同的版本。关于逻辑起点的规定性笔者在另一篇文章(《论作为设计科学的教育学》)中也进行了相关的讨论,教育与管理工作是人类社会最普遍、最广泛的活动,并且笔者采信了赫尔伯特·西蒙的提法,一切的人类实践活动都是设计科学。一切实践活动都需要有先行的设计方案;没有先行的计划设计,整个行动就是盲目的,在绝大多数情况下都将会失败。而郑开玲寻证管理学逻辑起点的结果是,“系统”是管理学的逻辑起点。但是笔者不得不说,系统不能成为管理学的逻辑起点。她以狩猎为例说明了狩猎是一个系统过程。那么,狩猎系统从何而来,狩猎活动自然而然有系统吗?当然这个狩猎过程也是一个管理过程,如果在狩猎活动前没有周密的计划设计,会产生其后的一系列行动吗?即使有这些行动,它就一定保证是有效的吗？有组织地狩猎活动是人类狩猎组织思考过无数次的，或者运演过无数次的，这种思考运演就是设计，系统可以是思考运演的结果——方案设计，而不可能是思考运演本身——构思设计过程，所以讲，将“系统”作为管理学研究的逻辑起点是不成立的（刘杰，2012）。

当然我们还是要说说管理或管理学的三个逻辑起点。丁雪峰与何河清（2013）提出了“提高劳动效率”“提高组织效率”“提高个人效率”是管理学的三个逻辑起点，姑且认为这个关于管理学逻辑起点的提法是对的，那么，这三个效率的提高是如何可能的呢？是不是要有提高三个效率的计划措施，设计方案或者人们谋定呢？没有这个谋定能不能提高这三个效率呢？这一点是不是显而易见的，没有谋定，任何提高效率的理想都将美梦落空（刘兴华，2010）。

学者计湘婷（2004）认为“资源配置”是管理的逻辑起点，当然这个观点是需要商榷的，首先资源配置是管理实施行动之前计划设计方案中的内容，并不是独立的，更不能僭越计划设计方案这个整体，资源配置作为管理学的逻辑起点也不能成立。

同样学者朱锋将“组织”作为管理学的逻辑起点，逻辑本身并不支持这样的结论；学者邢以敏将“协调”作为管理学的逻辑起点；牛国鹏将“资源”作为管理学的逻辑起点；资源显然对一切实践活动都非常重要，但它绝不能成为管理学研究的逻辑起点，我们无论是有了资源，还是研究了资源，并不能解决如何进行管理的问题。既然不能通过资源或研究资源解决我们的管理问题，那么资源作为管理学的逻辑起点也是不合格的，即它不能成为管理学的逻辑起点。高杰、高林玉（2005）将“人性假设”作为管理学的逻辑起点。既然人性假设是管理学的逻辑起点，那么人性假设到底对管理与管理学会有多大的作用呢？在没有人性假设的情况下就根本没有办法进行管理，也没有管理学的发展吗？譬如，人们在没有明确人性假设的时候，是不是根本就不能开展，也没有管理学的发展呢？事实上，也许人类在没有“人性”这个词的时候，人类的管理活动就开始了，人类的管理工作是否有效完全取决于有没有好的方案。当然，不能说与人性假设毫无关系,但确实关系不大。所以人性假设作为管理学的逻辑起点并没有充分的证据可言。

我们在此讨论的是管理或管理学的逻辑起点,不是公共管理学、教育管理学、企业管理、物流管理学等具体的管理或管理学的逻辑起点。

还有一个问题是,在本文中,我们将“管理是如何可能的”作为管理学的元问题来看待,但我们并不专门讨论“元管理学”的问题,有些地方仅做简单交代。

首先,在西方提出“元理论”“元科学”之后,很多专家学者就跟风“元”,提出了各种各样的“元”学问或带“元”的概念。但最早提出“元科学”或“元理论”是替代哲学的工作,人们认为哲学本身不像科学,要将已经有的各种科学作为科学研究的对象进行审视,确认各门科学之间的关系。如何进行科学分类本身也是一项科学性的工作,而以往进行的科学分类可能不具有科学性,或者说,以往各种模糊不清的问题希望通过发展的元科学来做一个终结性的解决。譬如像“教育学”“管理学”这类争议极大的学科科学,到底它们是不是科学,如果不是科学,那么为什么不是,如果是科学,它们属于什么科学。讨论“元教育理论/学”,“元管理理论/学”是根本不可能的,但元科学或元理论的层次却是可以去做的事情。既然我们都不将管理学和教育学列入科学的范畴,它们本身不是在“元”的层次上的问题,只能是“元”的对象,这应该有一个严格的层次规范,否则就乱辈了。但事实上,“元科学”“元理论”没有真正得到发展,主要的就是它没有真正建立自己的发展愿景,树起大旗,确认自身的使命,真正具有科学目标。哲学科学化,实际上是20世纪最伟大的成就之一,传统的哲学实际上基本瓦解了。当然,20世纪还是出版了大量的哲学著作。

所以我们必须明确,元科学、元理论有其严格的适用范围的,不能乱用。否则,不仅不能增加人们的科学知识——带来科学神圣的确定性,还会造成混乱。另外,作为元级的学问,那么哪些是所讨论或研究对象的元问题?什么样的问题称得上是元问题?为什么这些个问题可以成为元问题,为什么另外一些问题不能成为元问题?所以无论是元理论,还是元科学,都必须以元问题为导向,解决了元问题,元科学理论就终结了,科学问题是科学的同行者,没有了科学问题,科学就会终结。关于元科学,元问题在此我们不做更加细致的探讨,这需要另外的专门研究。下面我们再回到关于管理学中的元研究。

首先,管理学的元研究本质上还是要回答的管理哲学问题,所以实际上的元研究是和哲学研究并行。吕力先生(2011)将“管理本体论问题,管理认识论问题和管理方法论问题”作为元管理研究的主要问题。吕力在另一篇文章中又将元管理学的研究对象解释为“……全部管理学知识;……管理学知识的性质、来源和产生的机制,以及对管理学知识的可靠性和客观有效性进行检验”。他在另一篇文章中提出,管理学的元问题可以大致分为如下几类:关于管理的本质问题;关于管理学的理论性质问题;关于管理学研究方法论问题。从以上作者提出的“系统反思”的元管理研究,“关于管理学的元问题”等,均没有体现超出管理哲学的新内容或问题(吕力,2012)。所以,吕力先生以“元管理问题、管理研究方法论”为研究方向,所提出的研究内容与对象并没有超出管理哲学研究的范畴。什么是真正的管理学的元问题也许还需要深挖。

笔者拟议的“管理(学)的逻辑起点”“管理是如何可能的”“管理学是如何可能的——(管理)设计是如何可能的”等权当为管理学的元问题抛砖引玉。

下面再说说另外的文章。

学者张媛媛等认为,元研究就是以某一理论作为研究对象的次一层级的研究或抽象一层的研究。元理论是从整体的角度并以学科或学科群为研究对象而形成的新理论。元理论主要研究某一学科或学科群的总体规律,包括学科的研究对象、体系结构、特征及内部矛盾运动,还有学科形成和发展规律,以及学科的方法论和认识论等。在同一篇文章中,他们指出,管理学的元理论是关于管理学科的总体性规律,包括学科的研究对象、特性、结构体系、学科演进及其演进规律的理论,是支撑管理学发展的核心(张媛媛,2011)。科学问题一般是以问题为导向的,那么,元研究当然也应该以问题为导向,我们将元研究的问题看成是元问题,那么元研究以某一种理论作为研究对象,这意味着什么呢?那么这样一种理论可以成为元问题吗?它必然是一个元问题吗?对于元科学和元理论是有个一般说法,当你进行元理论的定义时,是否符合这种共识或者叫作具有共感。

另外，如果说管理学是交叉学科，那么在交叉学科中都是一样的吗？交叉学科是如何定义的？这些交叉学科有什么样的共性？从基本方面考虑，有人说物理化学是交叉学科，生物电化学也是交叉学科，现在我们又说管理学是交叉学科，还有其他许许多多学科都叫作交叉学科。这些交叉学科具有不具有共性呢？如果说有共性，那么是什么共性？如果说没有共性，同一类学科为什么没有共性呢？所以，学者张媛媛等的观点有颇多需要商榷之处。至少其研究是不够深入、准确、充分，逻辑上的严密严谨等是不够的。没有新的提问内容，没有创新的提问方式，更没有超出传统的学科哲学范畴，就不能使研究真正深入。

再者，管理学在此被界定为交叉学科，那么，作为交叉学科解决问题的方法论原则是什么？有没有解决问题的统一范式？管理学是交叉学科，那么全面地看有多少门或多少种交叉学科，为什么是交叉学科？交叉学科或交叉科学，它们是如何实现科学的统一的、一致的确定性要求的？作为科学，必须给人们带来确定性，如果不能实现或满足确定性的要求，它就不能或不配科学的称号，或者说它跟科学根本不沾边。

管理的逻辑起点和管理学的逻辑起点都是我们触摸管理学是什么科学的可能路径，如果不从这些地方寻找管理学与管理如何可能的路径，那么又能从何处去触摸管理学的真实所在呢？作为行动的“管理”的逻辑起点，就是我们要进行管理这样一类活动，在什么样的条件下我们就可以放心去干了，在没有这个前提条件或准备的时候，我们是断然不可能去进行管理的。那么从人类的行动来讲，在采取行动之前我们究竟需要做什么事情呢？我们究竟能做什么事情或准备呢？中国古人有个成语是“成竹在胸”或“胸有成竹”。何谓“胸有成竹”呢？胸有成竹与我们能不能进行管理有什么关系呢？其实这里是有着莫大关系的。简单地讲，胸有成竹就是我们已经有了进行管理行动的具体有效的方案，这个方案是如何得来的呢？无论是苦思冥想，还是灵光乍现，本质上是我们获得了方案或设计。因此我们就可以讲，能不能进行管理关键在于我们有没有比较成熟的方案，或者我们有没有做好设计。如果做好了设计，我们就可以开始管理行动了，谋定而后动。如果没有做好设计，我们的行动就会是盲目的。对于管理来讲，有了设计我们就可以进行管理了，但我们还要问："管理设计是如何可能的呢？"也就是怎么确认我们的设计是可行的、有效的问题。如此我们是不是问到了管理与管理学的真正的问题上了？这个真正的问题能不能成为我们管理的逻辑起点以及管理学的逻辑起点？这样我们是不是就唯一地确定了我们针对管理要做什么事情，以及由此派生出来的一切需要解决的问题。这个问题是开放的，还是封闭的呢？事实上，我们只能对美好持续不懈地追求，但我们永远也不可能达致终极的美好。即西蒙所讲"没有最后终点的设计。"

关于"管理学的逻辑起点"，也许我们很难直接地进行回答，但当我们问出"管理是如何可能的"这样的管理学元问题的时候，我们进一步，又再深入探究一下，是不是就会"别有洞天""柳暗花明"了呢？

何为"管理学的主流研究范式"（吕力，2012）？当今管理学的研究范式有哪几种？哪些是非主流管理研究范式？哪些是主流管理研究范式？还是我们自诩的研究范式。笔者认为对于内容科学而言，有两种研究范式：解释的和设计建构的。在此笔者将自己研究的科学的元分类直接作为一种科学分类使用了。从科学的大的分类讲为两类：形式科学与内容科学，而内容科学又分为两类——解释性科学与设计科学。

关于这个问题的回答我们将在下面讨论，即实践中的管理学是如何做的，它的逻辑基础与实践规范是如何有效的，也从实证的角度探寻管理与管理本身的实践发展方式。

管理是一种操作，你用什么理论都无所谓，关键在于人们操作、行动或做事的方式是否正确，理论信息与操作行动是否能够无缝对接。

管理现象学不是管理学要解决的主要问题或根本性问题。管理现象学是将管理作为存在或不变的东西来看待的，而不是关于如何进行管理的问题。就像教育学不研究如何进行教育，怎样使教育最好、最有效，将教育学看成教育现象学，那就根本上背离了教育学的使命和宗旨。同样，管理学不去研究如何管理而是去研究管理现象，这并不能解决如何管理的问题，尤其是在千变万化的现实中如何进行管理，保证实践目标的实现才是管理的根本所在。这就根本上偏离了管理学的使命和宗旨。一旦管理学偏离了其使命宗旨，管理学就不再是人们生产实践和社会活动所需要的管理学了，现实中人们所痛恨的管理也正是这部分的管理理论。

实际上，管理学是面向未来的，是解决目标如何实现的。或者说管理学是基于目的论去建构未来的。而研究管理发展的规律或者管理现象学则相反，它是以决定论的方式方法来研究管理的发展规律的。当然人类社会的发展本质上就是管理的发展是理性、理智的进步。由于系统工程运筹学的发展成熟，各种工具已经使得管理的科学性得到极大的提高。由于管理总是与复杂性如影随形，20 世纪最重要的研究成果之一就是系统科学与系统工程的出现。系统工程方法论使得实践变成了真正的科学。管理可以进行系统化的设计，既可以进行定量分析，也可以进行定性分析，所以管理学不是研究规律。实践就是要有效地达成目标。经济学研究经济发展的规律，但经济学并不纯粹是一门研究经济规律的科学，它还承担着经济管理的任务——如何使经济繁荣。宏观经济管理的问题，设计经济运行的政策，调控经济运行状况，使得其经济运行在人们比较满意的状态。到目前为止，由于经济系统的复杂性，真正能够对宏观经济有效干预的政策措施还是少之又少。

到底如何才能称为元层次的理论，元问题是生发出来的根，还是在干上分出的枝呢？如果是生发的根，我们如何才能找到这个根；如果是干上分出的枝，那哪一枝是要找的元意义上的枝？在此问题上，元理论就像学科的逻辑起点一样被玄化了，虚无缥缈化了，弄得人们对其捉摸不定，科学问题变得神秘莫测，似是而非——逻辑起点没有逻辑，元科学、元理论泛滥。笔者认为，科学本身是反对神秘化的，拒绝违犯逻辑的。管理学应该不应该有元理论，或者说有没有元管理学？如果说管理哲学就是元管理学，那么元管理学存在的价值何在？如果说不是管理哲学，那么元管理学与管理哲学是根本上毫无关系的科学学科，这与常识是否冲突。在管理哲学里面没有能够提出的问题,在元管理学里面是如何提出的?再者,管理学的元问题是不是管理哲学的问题?当我们真正提出了管理学的元问题,对管理学的元问题的解决,是否就能使管理学的合法性得到了根本上的保障,或者就生发出管理问题的永恒源泉?

提出管理学的元问题很重要。我们为什么需要管理学,管理学以什么样的面貌出现,或以解决什么的问题出现,这意味着是管理学的元问题。管理学的一切发展衍生,均将与管理学的元问题密不可分。管理学的元问题是蕴含于"管理"(management)之中,还是游离于管理之外呢?笔者认为,管理学的元问题是蕴含于管理之中的,或就是管理本身,管理学的元问题就是要回答——管理是如何可能的。作为活动的管理与作为管理的活动是针对不同对象而言。作为活动的管理是指管理是针对特定活动进行的;而作为管理的活动是说管理本身也是一种活动。管理是如何可能的,即针对活动的管理是如何能够进行或开展的?我们也可以说管理需要具备什么样的条件?如果不能满足这样一个条件,无论如何也不能进行管理活动,即使想管理也会是无效的。这是我们所讲的管理(学)的元问题,也可以称为带有本原性质的问题。至此,我们先放下关于管理学的元问题,我们再来看看关于管理学的逻辑起点。

关于科学学科的逻辑起点问题似乎不是一切科学学科都存在逻辑起点这样一个需要追问的话题。我们没有听说过或者正式讨论过数学的逻辑起点,物理学的逻辑起点,逻辑学的逻辑起点……到底什么样的学科存在逻辑起点这样的问题,为什么存在逻辑起点这样的问题?这都是令人困惑的事情。

所谓逻辑起点,用恩格斯的话说,就是指"科学应该从何开始"。具体说来,又可区分为两层含义:

一层含义是指这种逻辑形式具有思辨的性质。这源于"metaphysics"一词。据说,后人在编辑整理亚里士多德的著作时,首次运用"metaphysics(物理学之后)",作为亚里士多德《物理学(physics)》之后著作的名称。

我国《易传·系辞》有"形而上者谓之道,形而下者谓之器"的说法,于是

“metaphysics”就被译为“形而上学”。从此,形而上学被等同于本体论,它要回答宇宙的起源、世界的本源、人的本质、生命的绝对价值和终极意义等问题,其中充满了思辨的色彩。形而上学因而也常常代表着思辨哲学。就西方哲学的历史而言,其起点是本体论(形而上学)占主导地位的古希腊哲学,于是形而上学往往又成了哲学的代名词。

“Metachemistry”“metapsychology”“metaanthropology”“metapolitics”等词与之相似,人们往往把它们分别理解为高度抽象的化学、思辨的心理学、形而上学的人类学、哲学的政治学等。

另一层含义是,这种新的更高一级的逻辑形式,将以一种批判的态度来审视原来学科的性质、结构及其他种种表现。

逻辑起点就是范畴体系的起始范畴。因此,逻辑起点是一门科学的起始范畴,以它为基础可以推演出整个科学的体系(陈玉和,2012)。

管理的逻辑起点当然是作为行动的管理可进行的基础,没有这个基础,管理活动是根本无法实施的。管理的逻辑起点与管理学的逻辑起点既有联系,又有区别。管理的逻辑起点是回答管理是如何可能的,而管理学的逻辑起点则是回答“如何确保实施的管理具有科学性”。我们的研究结论是:管理如何可能的问题与人类采取任何行动如何可能是同一的——基于设计方案实施管理(人们也基于设计方案完成各种各样的任务),管理设计方案是管理活动实施的“纯客观存在”,没有管理方案就不可能有后续管理活动的发生。在不引起误会的情况下我们也将“管理设计方案”简称为“管理设计”或“设计”。那么“设计是如何可能的”呢?这是“一般设计学”的问题。管理设计是解决管理如何可能的,管理学是解决管理设计如何可能的。设计如何可能的设计学(设计科学)——管理学是“设计科学”。

对照管理学的逻辑起点与管理学的元问题,我们会发现它们都指向“设计”这个活动,设计意味着是对要进行管理对象在过程和结构方面通盘的考虑,在没有形成通盘考虑的情况下我们无法开展活动,即使开展了活动也不能使活动有效地达到预期的目标。

“设计”作为一种“纯存在”，是被人们思考过亿万次的。管理作为人类的第一天性，是最普遍、最广泛的实践活动，在人类社会的发展进化中的展开是不是符合设计的逻辑呢？管理学是不是设计科学呢？我们在下面就进行具体的考察与讨论。

三、人类管理活动的起源——对管理设计的考古与实证

人类的管理活动是与人类的生产劳动同时产生、同时发展的。没有管理活动就没有人类的生产活动，也谈不上人类生产发展，更谈不上人类的文明与文化的发展。无论是最简单的工具制作，或是最简单的生产组织都需要管理协调——计划与资源配置。在早期人类社会，哪怕解决不太复杂的事情或问题，总有必要制订计划、构思方案——将意图实现的过程细化，并在具体的实施过程中进行控制，以确保意图的实现。作为管理活动的会计等是自觉进行的最早的有组织的管理活动。如果说会计作为活动来理解，无疑就是一项管理活动；如果说会计是指一个实施这项管理活动的人，则是指一种职业，显然会计不加一个学字本身不能称其为科学。会计活动可以是科学研究的对象，不能简单地说会计是科学，只能说会计学是科学。从大的活动类型来讲，会计活动是一种管理活动，所以从学科种属关系讲会计学就是管理学的分支学科；如果说管理学是设计科学，那么，毫无疑问会计学也是属于设计科学的学科。无论是对一件事情负责任，还是要达成一个目标都存在或需要进行有意或无意（凭直觉）的管理，管理的普遍性是与人类的生产劳动的普遍性是一致的。生产劳动的产生与管理的产生是同步的、同一的。生产劳动是如何产生的，管理活动就是如何产生的。生产劳动终止的地方，就是人类管理终止的地方，也是人类或社会终止的地方。

那么，管理是如何起源或如何发生的呢？

管理是一项复杂的高级活动。无论是简单的工作，如原始人（类）制作一件

从来没有过的器具或物件(自我管理),还是当今社会管理一项巨大工程(职业赋予的管理职能),都是复杂的工作。

在原始社会的某个成员,他要制作一种物件,尽管这个物件本身并不是十分的复杂,但在只有简单的器具或没有真正意义上的工具的条件下要实现这样一个过程,还是相当困难与复杂的。他必须考虑如何在当下的条件下实现这个意图或目标,需要进行细致的分析与构思,保证这个物件是其想要的模样与作为工具使用具有的效果。对这个问题的通盘考虑,并对这个过程进行有效的控制、调节、确认其结果满意。尤其是对其进行通盘考虑是十分关键的抽象思维活动。我们可以肯定,他进行的通盘考虑就是进行的计划——工作工艺设计,而能够按计划(工艺设计)进行则是具体的制作活动。所以从人类原始时代进行的有意图的活动开始,管理就开始了,实施管理最重要的是构思并形成具体的过程方案,对某个环节或阶段要达到的目标有一定的规格标准可以衡量,过程完成,目标也就应该比较圆满实现。我们通过远古时代的人类活动可以发现,有没有管理关键体现在有没有计划或设计,计划或设计都是为了实现目标,无论是单一性的目标实现需要计划或设计,还是多目标复杂性的结构性目标的实现都是通过计划或设计来实现的。无计划,不管理。也可以讲无设计,不管理。

事实上,在中国近代手工艺人的产品制作过程中还能看到这样的影子。如在没有实现机械化加工时的木工,他们的制作工具比起原始人来讲已经有了很大的进步,但他们的基本工具就是斧子、锯子、刨子、凿子,尺子、墨斗、手钻等。他们在制作家具的时候,尤其是制作家具中的某个部件时候,仍然深深烙印着古老制作工艺的印记,譬如,要使某个部件成型,一般要用到斧子,先将其斫一斫,然后刨一刨,再后来则做细节方面的处理。各个部件在处理好后进行组装时仍要不断修正、试错,如果部件与部件之间是榫卯结构的构角,一般都不能一次成型,需要数次的调整,才能最终得到一件满意的制品。而随着工具的完善、经验的丰富,物件的制作会不断得到简化,效率会不断提高,管理的内容和形式也将不断变化转换。他们在制作过程中,关键的是结构部件的局部控制,无论是进行几次调整都不能失败,否则整个制品就可能失败。所以制作一个物件的过程就是一个设计管理的控制过程。

我们从原始社会的古代人制作一个简单的物件到近代的木工匠人制作一件家具,都能看到对整个制作过程的通盘考虑,这个通盘考虑有没有形成文本、图样说明等,但反映的事物本质却是非常重要的——这就是"设计"。管理是基于设计来实施的,设计是通盘考虑形成的完整方案。对于原始社会的人制作一件物件来讲,就是一个复杂的过程,在工业或产业革命以前,制作家具、建筑房屋等就是其目标或目的,相关技艺作为传统被继承。古代的巨大工程可谓不胜枚举,关于这些巨大工程的组织设计、管理控制并没有实施的具体设计方案留存,并作为范本使用。管理被需要是自然而然的,并没有让人们感觉到这有多么的困难,或不可思议。这也是笔者将管理看成是人的第一天性的缘由,除非将管理看成是人的第一天性,否则,我们是无法解释这种对管理本身的认知为何姗姗来迟。当人类社会发展到高级阶段,管理学如何归属则成为一个真正的问题。

为了说清楚管理学这个问题,不妨先看一看管理学的分支学科会计学是如何被需要的,又是如何建构的。然后我们再来探讨一般的管理学问题。会计学是管理学的一个特殊部门,会计活动的专门化比起广义的管理活动的专门化来讲要早得多,而且会计学的发展也要比管理学早,所以我们可以从会计被需要,到会计学被需要这样的一个过程来审视,会计学又如何解决会计过程中涌现的各种各样问题的。

我们知道,会计就是最初记录一些经营数据,进而发展到进行核算体系,这是一个比较漫长的发展过程,20 世纪发展出了预算会计,会计的职能不断扩展,要求不断拓宽并深化,这是生产生活实践的复杂多样性使然,以及目标责任的体系化所带来的。会计作为管理工作,会计学要解决的问题永远是对未来的建构,人们期望得到未来的确定性。20 世纪 60 年代出现了实证会计研究的萌芽,80 年代以来则成为会计研究的主流;但从经济学与管理学的分工来讲,实证(解释或探究规律)的归经济学,规范与建构未来的属于管理学,那么,实证会计就不是会计作为管理学的内容,而且实际上是研究微观经济活动规律的工作。另外,实证会计也是因为实证研究主流化后,人们对科学的一种误解,非实证,不科学。那么我们能够对形式科学也进行实证吗?我们不能对数学和逻辑进行实证分析研究,数学和逻辑就不是科学了吗?“非实证,不科学”不是科学本身的问题,而是人们对科学体系结构本身的认识不足。经济学的摇摆不定也大概源于此,经济学是节约的科学,那么,就是如何解决以什么方式、方法使生产成本低、效益好,是生产运营方案设计与选择的问题;如果说经济是要发现经济现象的规律,那么就是要考察经济变量之间的关系,要进行实证分析,找出其历史演变规律。但实证会计研究到底是客观的近似于物理性的关系,还是组织或经理人的行为取向的问题?人们如果深挖下去可能得出的结论,归根到底是人的行为选择的结果。任何社会现象都是人的行为的结果,实证会计的客观性,实际上是人的行为的一般选择倾向。因此,与其说要证明是客观的会计数据规律,不如说是人们的价值选择——自利与制度博弈的结果。但随着会计业务的复杂化增长,会计活动本身会出现大量新的现象,这种大量新现象很多情况下不是会计本身的问题,而应该反映的是组织存在的组织群体的集体或个体的会计行为规律问题。在这个意义上,也许作为实证会计的研究成果会对会计实践发生积极的指导与预测作用,其他问题还有待于在具体的会计实践中发现与检验。在这一点上,会计与管理活动中的问题是一致的。

对于大型任务的管理与小型任务的管理在本质上是一致的,无论是古代埃及的金字塔,还是中国的万里长城或大运河,这类大型工程的有效完成都必须基于对管理进行设计的完善方案。尽管建造金字塔,修筑万里长城等古代工程都没有留下具体的管理方案及细节,但在古代这类大型工程不可想象,如果在管理和控制上没有达到有效性,这些工程不仅不可能完成,而且会使整个国家陷入困境。管理的有效性取决于设计的有效性,没有设计的科学有效,即使小型项目也无法完成,科学的设计实现未来目标完成的确定性。管理充满了技术与艺术的创造性。人类社会要做的每一件事情都可以被认为是一次创新创造性的。管理如何可能是基于各种各样规范的标准来实现的,没有规范和标准就没有真正的管理。

1. 会计的专职化与会计业务的发展

会计工作的专门化是管理工作职能化中发展得最早的专门化业务工作。管理工作或活动自古以来就存在,但一旦管理工作的职能化或专职化发展起来,它的发展的未完成就如人的发展是未完成的一样——持续地建构着功能并覆盖着越来越大的疆域。我们将推动会计发展的力量归结为三个方面:首先,随着会计的专门化,会计技术或方式和方法被需要(人们的欲望的需要)不断地发明创造或建构起来;其次,外部对会计的要求会越来越多——会计工作对社会的支撑作用不断地放大;最后,社会、科学技术的发展,需要新的会计业务来覆盖。另外,随着会计的发展壮大,还会因为会计工作本身需要产生相关的专业职业——审计工作,对会计工作进行监督管理与评估防范。对于今天的文明世界而言,我们无法想象在没有会计的情况下怎样让这个人类社会继续良好地运行下去。管理中不能没有会计,管理作为社会的"器官",无疑会计和审计是管理这个"器官"上的枝蔓。管理毕竟是各种各样具体的实践活动。会计活动是一种具体的管理活动,会计学即研究会计活动应该遵循的逻辑的学问。作为典型的管理活动之一,会计活动的逻辑反映的也是管理实践的逻辑,会计实践的发展,以及会计如何可能,是管理如何可能的反映。

2. 会计业务的发展与会计学

先有会计而后有会计学。对于这一点应该不会有人提出太大的异议。这与解释科学有着根本性的差异,解释科学研究的对象是先于人类(或先于研究者)而存在的,解释对象的原理是先在的,人们的研究是发现性的工作,发现物理定律、发现化学定律,以及发现社会和经济的规律,寻找或发现事实真相,研究人的行为规律,等等。会计活动的自觉与会计学的自觉则是远远不对称的事件。自觉的管理研究只有100多年的时间,但有了对管理的研究就有了管理学了吗?事实是,迄今为止认为"管理无学"的大有人在,会计学是经济学还是管理学也是人们争论不休的话题。20世纪五六十年代有将会计学分为规范会计学和实证会计学的。但我们要问的是会计工作的初衷是什么？会计工作的基本目标是什么？作为管理活动工作一部分的会计无疑是为实现管理目标而服务的，会计是一项管理职能。我们能够想象没有会计工作的现代组织吗？无论是经营性组织、还是非政府组织，甚至政府组织，会计都是在履行其管理职能。它是建构个体、组织、社会未来目标愿景的一部分，需要遵循目标与价值的规定，这样的事物发展的逻辑基本上是综合建构的，而不是单一性的。

那么，作为管理学中的会计学的研究方法与范式如何呢？既然不能是追求单一性的规律，要追求的是什么呢？

会计工作是从简单到复杂、不断发展的一个体系，最古老的会计行为是从结绳记事开始的管理活动。即使是结绳记事这样的会计活动也必须就记什么、怎么记这样一类活动做出规范与规定。即使我们今天使用了电子会计，那么它的本质功能应该还是没有改变的——记账。小到个体工商户的账，大到一个国家的账，它的基本要求是客观、真实、准确、有效、安全、可靠、全面地反映组织工作的基本状况，这是对会计工作的最基本的要求。随着会计业务、会计职能、会计目标、会计组织等的不断发展，与其相适应的是会计规则的不断发展，以保障会计活动目标的有效实现。会计学的主要功能就是：第一，如何制定出满足会计发展需要的规则、制度、法律等；第二，在会计活动中如何保证规章制度能够得到有效的执行。无论是制定规章制度，还是会计活动中的有效执行，本质上是如何设计会计活动的规章制度，以及如何形成有效的监督管理体系。整个国家社会的会计系统越复杂，建立健全有效的会计体系也就越要求设计的科学合理有效。设计的方法要求越科学，设计的理据要求越充分，需要考虑的系统边界则会越加模糊。这可能带来一个悖论，当设计的精确性要求越高时，一旦出现系统边界的随之模糊，则对精确性的要求与可能发生的边界模糊就存在一个如何平衡的问题，或者需要做出取舍，以使需要的确定性程度得到保证。

如何才能做好设计，或者说设计如何可能始终是一个设计科学的元问题。如何做好管理也就变成了如何能够做好设计的问题。设计是解决管理问题的起点,管理追求合理有效,低成本、高效率地运行与控制,转化为在设计中如何保证合理有效,低成本、高效率的问题,这是一切管理活动所共同遵循的、追求的逻辑起点。会计永远是管理组织中的一部分,而且是必不可少的,在现实的人类社会中,人们可以用实证的方法去证明没有良好的会计管理职能的组织会运营不佳,可以进行统计检验,即会计活动本质上是各种组织自身实现目标的一部分。

一个运营良好的组织是能够根据组织的功能要求进行机构职能设置;一个管理良好的组织是能够根据组织自身的情况进行适配性的处置。一个最简单的组织也需要具备计划、组织、领导、控制、指挥、评估和协调的机制。即便是一人公司也不例外,只是这些工作是由一人完成而已。如果出现职能的缺失,这个一人组织就一天也不能维持下去。只是可能这个一人公司由于其业务性质、提供的产品和服务不同,对各项管理职能分配的时间精力可以不同。关于组织机构的研究主要体现在“组织理论与组织设计”中。

人类的生产实践是如何可能的?这是一个根本性的问题。管理活动作为人类社会实践的一类最重要实践活动是如何可能的呢?管理如何可能的答案是基于设计,而设计如何可能则在于设计科学,设计科学如何可能,我们就得去问一问实践哲学,让设计哲学告诉我们实践如何可能的终极答案。

“实践哲学”是自古至今一直为哲学家所乐谈的话题。而关于实践的科学却一直没有取得其应有的地位。自文艺复兴以来自然哲学逐步退出了哲学的领域,那么不能归入自然科学与设计科学的哲学理论还有多少存在与发展的空间呢?

管理追求的目标是我们讨论管理学的基础。而管理的有效性在管理学层面能不能得到保证?如果管理学是设计科学,那么设计科学能不能保证管理能够有效实现其管理目的或目标?目前在管理理论中,有哪些是真正的管理理论,哪些不属于管理理论,为什么不是管理理论?而不是管理理论的理论对管理是如何发挥作用的,用管理学作为设计科学能够圆满地解释吗?管理学作为设计科学的价值何在?管理学与各种解释科学之间有什么关系?管理的发展,管理者需要什么素质,树立什么样的理念或信念?这是我们未来所要讨论的问题。

参考文献

[1]卜玉华. 论教育学的“事理研究”性质 [J]. 南京社会科学, 2014 (2):130-137.

[2]陈玉和. 科学的元分类及其对未来科学发展的启示 [J]. 西南交通大学学报(社会科学版),2014,15(6):1-10.

[3]陈玉和. 设计科学:引领未来发展的科学 [J]. 山东科技大学学报(社会科学版),2012,8(4):1-10.

[4]丁雪峰,何河清. 管理的三个逻辑起点 [J]. 重庆理工大学学报(社会科学版),2013(10):53-58.

[5]高杰,高林玉. 管理学的研究起点与逻辑起点问题探究 [J]. 东北财经大学学报,2005(5):11-14.

[6]郝英奇, 郑江波. 管理研究新范式:基于“设计科学”的研究路径 [J]. 科技管理研究,2007 (3):238-240.

[7]赫尔伯特·A·西蒙. 人工科学:复杂性面面观 [M]. 武夷山译. 上海:上海科技教育出版社,2004:103.

[8]计湘婷. 管理学逻辑起点的探寻与论证 [J]. 商业研究, 2004 (12):36-39.

[9]凌峰,刘建一. 从设计科学视角探寻管理理论与实践隔阂的解决途径 [J]. 科技管理研究, 2011 (6):206-210.

[10]刘建一,凌峰. 以广义设计理念探寻消除管理理论与实践隔阂的尝试 [J]. 科学管理研究, 2011,29(1):82-86.

[11]刘杰. 基于设计科学研究方法的管理问题研究路径:International journal of electronic commerce / spring 2009, Vol.13, No.3 综述 [J]. 管理学家(学术版), 2012:69-72.

[12]刘兴华. 管理研究的设计科学探讨 [J]. 科学学与科学技术管理, 2010(5):71-75.

[13]吕力. “直面中国管理实践”的根本性问题与作为“系统反思”的元管理研究 [J]. 管理学, 2011(4):517-523.

[14]吕力. 管理学的元问题与管理哲学:也谈《出路与展望:直面中国管理实践》的逻辑瑕疵 [J]. 管理学报, 2012 (4):506-515.

[15]仇向洋. 管理设计导论 [J]. 东南大学学报(哲学社会科学版),2008,10(4):42- 47.

[16]张媛媛,周祥,张莹. 元理论对管理学交叉学科属性的质疑［J］. 大连大学学报, 2011,32(6):107-109.

Management as a Design Science

Chen Yuhe　Fu Xiao

Abstract: Management, like other practical management sciences, is much debated and unproven as to whether it is a science and what kind of science it is. For management studies, it would be a major challenge to get rigorously logical analysis and effective evidence. Based on the meta-classification of science and the methodology principle of empirical science, we argue for the proposition of management as a design science in a multi-layered, multi-faceted and comprehensive way. At the same time, we discuss some critical issues in the management research, such as representation, fuzzy recognition and so on. In its exploration of the abstract problems in management, this paper attempts to provide answers for the logical starting point of management and the meta-question of management. This research claims that management is about innovation and therefore it is the creativity of management goals/objectives that should be the logical starting point for management, differing from the logical starting point for other management studies. As innovations in goals/objectives can be revolutionary, there is a call for a reconfiguration of the management models. In other words, the management of goal revolutions requires the construction of new management models to accommodate the changes brought about by the management goal innovations. The quality management revolution is a typical example.

Keywords: design science, scientific properties, scientific nature classification, management mode

全球创客研究的发展脉络与热点趋势*

◎ 陈颖**

摘要:数字技术和"草根"创新的快速发展,引发了全球创客商业实践和创客学术研究。为了充分了解国外创客研究的学术热点与演变轨迹,绘制创客研究的知识图谱,本文通过传统文献阅读与科学计量学相结合的研究方法,利用 ISI Web of Science 检索平台共采集 2003—2016 年 805 篇创客研究文献,并利用 CiteSpace 软件对创客研究的时空分布、高频关键词、主要学科、知识群落、知识基础和前沿趋势进行文献分析。本文回答了全球创客研究的周期性特征、研究热点、研究集群、研究趋势等问题,以帮助国内学者更好地理解全球创客研究的学术热点。

关键词:创客;创客运动;创客空间;工匠;科学计量学

* 基金项目:杭州市哲学社会科学规划课题"杭州市数字内容产业高质量发展的靶向路径与政策供给"(Z21YD001);浙江省社科联研究课题"促进浙江数字创意产业高质量发展的多维政策组合研究"(2022N48)。原文发表在 SSCI 期刊:CHEN Y, WU C. The hot spot transformation in the research evolution of maker [J]. Scientometrics, 2017, 113:1307-1324.

** 陈颖,浙江宁波人,浙江财经大学工商管理学院市场营销系主任,博士,副教授,硕士生导师,国际创意管理专委会委员;研究方向:文化创意管理;邮箱:yc@ zufe.edu.cn。

一、引言

2008年至2021年,全球创客空间的数量翻了五倍,总量从400余家扩大到2400余家。截至2021年7月,HackerspaceWiki列出了创客空间的全球版图,总计2419个。其中924个被标记为活跃,360个被标记为计划中。全球创客运动正在通过虚拟的互联网技术和数字化产品,以及物理的设备(比如硬件设计,传感器和网络装置)改变着创新、文化和教育的方式和方法(Lindtner, 2014)。毋庸置疑的是,“高科技乌托邦”思潮正在逐步向社区渗透,草根创新成为一个国家或地区经济发展的引擎。

中国进入了一个如火如荼的创客时代。中国制造业从以产业承接和转移为核心业务的“无短板”的创业1.0时代转向追求科技化、互联化的个性化量产2.0新阶段(宋之杰,等,2016),创客运动在推动创意分享、技术创新及创业实践等领域体现出重要价值。

在谷歌学术中搜索“创客嘉年华(Maker Faire)”、“创客空间(maker space)”、“创客文化(maker culture)”、“创客运动(maker movement)”,收录的文献总量超过1万个。随着文献量的迅猛增长,对创客研究的学术热点、观察视角、主要学者的贡献与创新进行梳理变得至关重要。为了更好地揭示全球创客研究的学术演进历程,并预测未来的研究趋势,我们认为,有必要对创客研究中的以下问题展开调查:

(1)创客研究的演进历程中是否存在一些周期性特征?

(2)创客研究中存在哪些研究热点和知识群落?

(3)创客研究的前沿趋势是什么?

为了充分了解创客研究在全球创新系统和创意经济中的影响及作用,本文利用ISI Web of Science(WoS)检索平台采集了2003—2016年间发表的805篇创客研究文献,利用科学计量软件CiteSpace对创客研究的时空分布、高频关键词、主要学科、知识群落、知识基础和前沿趋势进行分析,回答周期性特征、研究热点、研究集群、研究趋势等问题，绘制了创客研究的知识图谱。本文着重分析了国外创客研究的学术热点和演变轨迹，以帮助国内研究人员更好地理解全球创客研究的发展脉络。

二、文献梳理和研究方法

(一)文献梳理

我们首先对“创客”进行界定与定义。“创客”来源于英文单词“maker”，是指出于兴趣与爱好，努力把各种创意转变为现实的人。美国麻省理工学院比特与原子中心主任尼尔·哥申菲尔德教授于1998年在学校开设的“如何能够创造任何东西”课程，很快成为他最受欢迎的一门课，他以此为基础开展了一项实验课题，即微观装配实验室(Fabrication Laboratory)，培养那些以用户为中心、以社会实践为舞台、以用户参与为创新模式的人才。本研究中的“创客”特指坚守创新，持续实践，乐于分享并且追求美好生活的人，包含了硬件科技者、软件开发者、艺术家、设计师、手工艺者等。

随后，我们对创客相关文献进行梳理，找到适合下一步研究的搜索词条。在与“数字文化(digital culture)”和“创新政策(innovation policy)”的联姻之前，“创客(maker)”这个词隐喻在“工匠(craftsman)”之中，后者凭借熟练的体力劳动和手工技艺，为了自己的利益而努力工作。Gauntlett(2001)认为，在线下和非数字世界里，人们为自己和他人创造事物的理念是“工匠精神”。

伴随互联网的发展，Luckman(2015)提出，网络世界完美地适应了手工制作工艺的复兴，允许工匠在家里为互联网商店提供产品。Leadbeater 和 Miller(2004)认为，互联网的发展极大地支持了“业余生产(amateur production)”的出现，从而呈现“大众创新(mass innovation)”的局面。Lindtner(2014)辩证地概括，当代创客运动关注的是硬件设计和物联网的运作，而早期的运动关注的是软件代码与互联网的工作原理和互联网。最后,Hartley 等(2015)总结性地提出,每一个人、每一件事物、每一个地方都能涌现创客。

因此,数字技术和草根创新的快速发展,引发了全球创客研究的四大转变:从有形商品转向无形服务,从线下交易转向线上沟通,从生产者到生产型消费者,从专业从事到业余生产。为此,我们梳理出七类主题词用于科学计量软件的文献批处理,分别是:"工匠"(craftman)(Sennett,2008; Gauntlett, 2011)、"达到专业水平的业余选手(pro-am)"(Leadbeater, et al.,2004)、"自己动手(do it yourself)"(Hartley, et al., 2015)、"大众生产(commons-based peer production)"(Benkler, 2002)、"建构主义(constructionism)"(Harel, et al., 1991)、"物理计算(physical computing)"(O'Sullivan, et al.,2004)、"创客(maker)"(Anderson, 2012; Lindtner, 2014)。由于部分关键词的外延比较宽泛,例如,建构主义(constructionism)、物理计算(physical computing)等,于是在短语搜索时添加"AND maker",使得结果值与创客文献关联,以期更好地反映研究主题。见表1。

表1 创客相关文献的七类主题词及搜索短语

主题词类别	文献来源	搜索短语	期刊	会议
craftsman	Sennett,2008; Gauntlett, 2011	craft OR craftsman OR craftsmanship	185	36
pro-am	Leadbeater, et al., 2004	pro-am OR amateur production	70	8
do it yourself	Hartley, et al., 2015	do it yourself OR DIY OR DIY culture OR DIY citizenship OR do-it-together OR DIT OR doing culture	174	58
commons-based peer production	Benkler, 2002	commons-based peer production	29	7
constructionism	O'Sullivan, et al., 2004	Constructionism AND maker	10	2
physical computing	Harel, et al.,1991	physical computing AND maker	36	119

续表

主题词类别	文献来源	搜索短语	期刊	会议
maker	Anderson,2012; Lindtner, 2014	maker culture OR makers culture OR make culture OR making culture OR maker movement OR maker faire OR counterculture movement OR makerspace OR hackerspace or hackathon OR hacklabs or fab lab OR arduino	233	77
小计			737	307

(二)研究方法

本研究采用传统文献阅读和文献计量分析相结合的研究方法来解读创客文献。在文献计量方面,我们选取 WoS 数据库进行文献采集。WoS 作为世界领先的引文数据库之一,拥有超过 1 万种高影响力的期刊以及 12 万次的国际会议,内容涵盖自然科学、社会科学、艺术、人文等学科。

我们首先在数据库中进行了七类主题词的短语搜索,时间跨度从 1972—2016 年,共采集到 1046 篇文章,包括 739 篇期刊论文和 307 篇会议论文。对数据进行去重处理后,保留了 835 篇原创研究论文构成本研究中使用的文献数据集,包括期刊论文和会议论文两种类型。数据显示,1972—2002 年 WoS 数据库以年平均 1 篇的量,共计收录期刊论文 28 篇。此后,每年的期刊论文数量从 2003 年的 16 篇快速增长到 2016 年的 78 篇。与此同时,WoS 数据库在 2003 年首次收录了创客主题的会议论文 5 篇,此后会议论文数量也处于高速增长态势,2016 年收录 88 篇。因此,本研究将时间区间进一步聚焦于 2003—2016 年发表的 805 篇文献,以期更好地反映创客研究随时间变化的趋势。

随后,利用海量化和可视化功能兼具的科学计量软件 CiteSpace 进行文献批处理。该方法比传统文献阅读来源更加多样和广泛(Chen,2006)。近两年已经有几位国内学者尝试运用科学计量学来分析国内创客研究的知识图谱(王玮,2015)。但是,文献的选取仅局限于国内学者文献,且文献数量仅为 2013—

2015 年的 58 篇（秦琴琴，等，2016），这不足以全面解读创客研究的全球态势。

三、全球创客研究热点及其演进

（一）创客研究的时空分布

1.创客研究的时间轴分析

创客文献逐渐增多且目前处于快速增长期。WoS 数据库收录了 2003—2016 年 522 篇期刊论文和 283 篇会议论文，共计 805 篇文献。其中，每年的期刊论文数量从 2003 年到 2009 年的 7 年时间里维持在 16～30 篇之间；随后从 2010 年的 31 篇，以每年平均递增 8 篇的速度，快速增长到 2016 年的 78 篇。与此同时，WoS 数据库在 2003 年首次收录了创客主题的会议论文 5 篇，此后的 7 年时间里维持在每年 10 篇以下的会议论文；2010 年首次突破 10 篇，2013 年达到 23 篇，此后会议论文数量增长态势迅猛，2016 年收录 88 篇，年收录数量首次超过期刊论文。（见图 1）

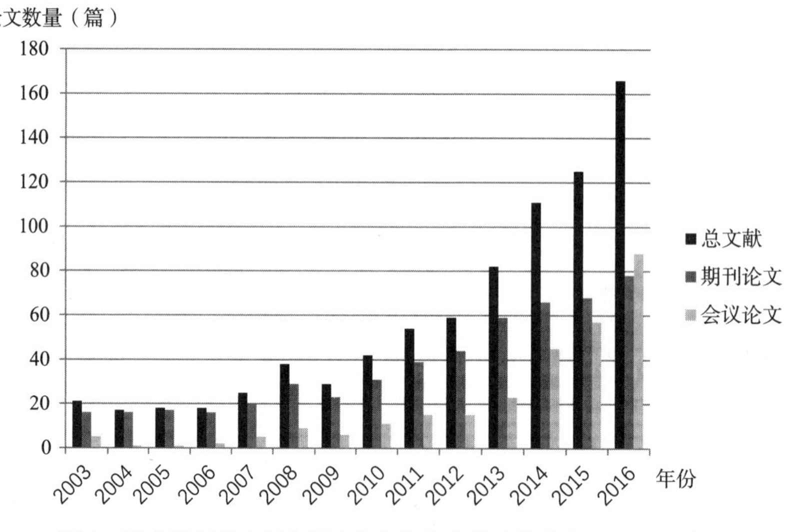

图 1　WoS 数据库中创客研究的年均论文发表数量（2003—2016）

2.创客研究的国别、机构和学者分析

如表2所示,美国学者在2003—2016年共发表233篇创客论著,英国学者和德国学者以总计83篇、51篇位列第二、第三名。与此同时,来自亚太地区的学者,如澳大利亚、中国、日本也开展了丰富的创客研究,分列第四、第五、第十位。

从论文作者所处的机构看,加利福尼亚大学伯克利分校、佐治亚理工学院、麻省理工学院分别以11篇、9篇、8篇总论文量位列最主要的研究机构前三位。而且,纵观排名前十的院校中,有6家机构来自美国,这证实了美国在创客学术研究领域的中心地位。新加坡国立大学、昆士兰科技大学、墨尔本皇家理工大学作为亚太地区的学校,也做出了杰出的贡献。

根据对作者发文量的统计,来自美国斯坦福大学的Paulo Blikstein,爱沙尼亚塔林大学的Vasilis Kostakis和德国伊尔梅瑙工业大学Hans-Joachim Böhme在1972—2016年均发表了3篇以创客为主题的文献被WoS数据库收录,发文量居所有学者前三位。例如,Blikstein(2012)从计算机和教育的角度出发,设计了一个技术平台,让学生能够实时地连接计算机模型和传感器,用真实的数据来验证和改进他们的模型。他提出利用虚拟技术模拟现实情境,将有助于学生深入了解科学现象;Kostakis等(2015)基于"大众生产(commons-based peer production)"的视角,认为所有以"全球设计,地方制造"模式为导向的工作都能汇聚到一起,从而支持创意社区;Böhme等(2005)专注于测试在自助商店里,消费者对服务机器人的可用性、接受性和意愿使用性。

表2　基于作者国别和机构的创客研究发文量前十排名

排名	国家	起始年份	数量/篇	排名	机构	起始年份	数量/篇
1	美国	2003	233	1	加利福尼亚大学伯克利分校	2007	11
2	英国	2003	83	2	佐治亚理工学院	2007	9
3	德国	2003	51	3	麻省理工学院	2012	8
4	澳大利亚	2004	47	4	斯坦福大学	2007	8

续表

排名	国家	起始年份	数量/篇	排名	机构	起始年份	数量/篇
5	中国	2005	34	5	新加坡国立大学	2008	7
6	加拿大	2007	33	6	牛津大学	2008	7
7	西班牙	2011	31	7	加利福尼亚大学圣地亚哥分校	2005	6
8	法国	2004	30	8	密歇根大学	2014	6
9	意大利	2003	26	9	昆士兰科技大学	2008	6
10	日本	2003	25	10	墨尔本皇家理工大学	2012	6

(二)创客研究的热点分布

1.创客研究的学科领域

从2003—2016年创客的研究周期中,计算机科学、工程和教育三大学科对此开展了丰富的学术讨论。一个重要原因是本研究在WoS数据库里同时采集了会议论文,而同行评议会议论文集在计算机科学领域较为普遍。值得注意的是,艺术、商业与经济学、信息科学与图书馆学同样是期刊文章所涵盖的主要学科类别,如表3所示。

表3 创客研究的主要学科

排名	总文献		期刊文献		会议文献	
	学科	频次	学科	频次	学科	频次
1	计算机科学	188	艺术	46	计算机科学	153
2	工程	120	计算机科学	42	计算机科学、理论与方法	95
3	计算机科学、理论与方法	100	商业与经济学	37	工程	91

续表

排名	总文献		期刊文献		会议文献	
	学科	频次	学科	频次	学科	频次
4	工程、电气与电子	75	信息科学与图书馆科学	33	工程、电气与电子	68
5	教育与教学研究	75	工程	30	教育与教学研究	53

2.创客研究的高频关键词

为了探寻创客研究的热点分布,我们对 805 篇文献的关键词进行频次分析(见表 4)和关键词网络结构(见图 2)。高频关键词反映了创客研究的聚焦点。结果表明,使用频率最高的五大关键词是“物理计算”“创客空间”“设计”“工匠”“教育”;在期刊文献中,频率最高的三大关键词是“工匠”“设计”“教育”,同时,“合作”也是热点关键词;在会议文献中,频率最高的三大关键词是“物理计算”“创客空间”“DIY(自主动手)”,同时,“数字制造(digital fabrication)”和“开源电子原型平台(arduino)”也是高频率出现。

表 4　创客研究的十大高频关键词

排名	总文献		期刊文献		会议文献	
	关键词	频次	关键词	频次	关键词	频次
1	物理计算	62	工匠	20	物理计算	50
2	创客空间	29	设计	17	创客空间	17
3	设计	25	教育	15	DIY(自主动手)	13
4	工匠	24	技术	15	创客运动	12
5	教育	23	物理计算	12	数字制造	9
6	DIY(自主动手)	23	创客空间	12	开源电子原型平台	9
7	创新	19	DIY(自主动手)	12	创客文化	9
8	创客运动	19	创新	12	教育	8
9	3D 打印	14	3D 打印	11	设计	8

续表

排名	总文献		期刊文献		会议文献	
	关键词	频次	关键词	频次	关键词	频次
10	技术创客运动	14	合作	11	系统	7

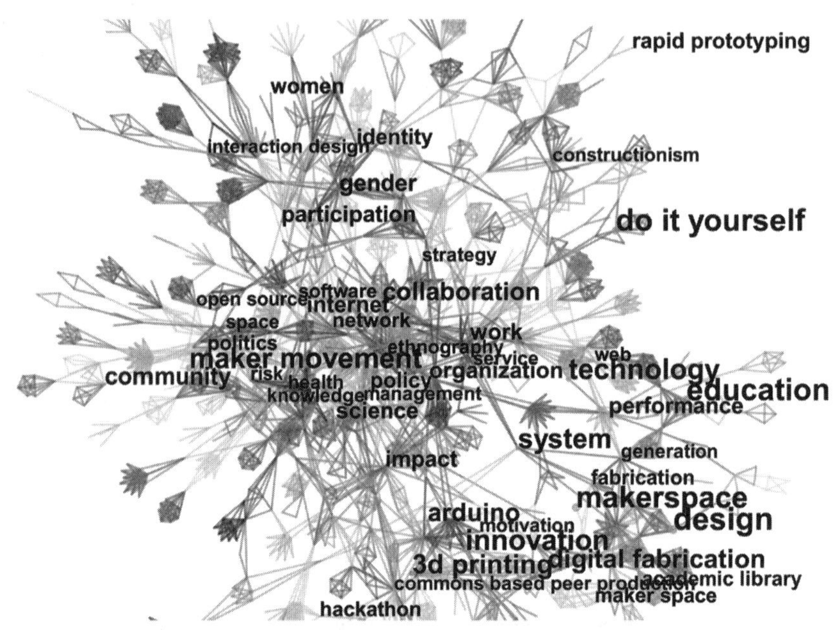

图 2　WoS 数据库中创客研究的关键词网络结构(2003—2016)

3.创客研究的突发性引用关键词

关键词出现突发性引用,表明学者们对该关键词的使用量存在突然上升或下降,它通常代表某一研究的转变。如果强度为正数,则预示着研究前沿的涌现(陈悦,等,2014)。分析结果表明,“物理计算”“创客空间”“创客运动”“3D 打印”四个关键词存在突发性引用情况,说明它们是近年来最具代表性的创客研究方向(表 5)。其中,“物理计算”的突发性引用开始时间最早,为 2004 年;“3D 打印”和“创客空间”的突发性引用分别开始于 2012 年和 2014 年,持续到 2016 年;“创客运动”的突发性引用开始于最晚 2015 年,强度最高,为 12.5793,

预示着创客研究的最前沿趋势。从关键词的时间轴分析,创客在商业市场的燎原之火点燃了创客研究者的热情,"创客运动""创客空间"代表了最新的研究方向。

表 5　国外创客研究中存在突发性引用的关键词

排名	关键词	突发性引用强度	开始年份	结束年份
1	创客运动	12.5793	2015 年	2016 年
2	物理计算	10.1735	2004 年	2016 年
3	创客空间	4.7878	2014 年	2016 年
4	3D 打印	3.9813	2012 年	2016 年

(三)创客研究的知识基础

通常研究论文代表了学科的发展与前沿,这些论文引用的参考文献提供了知识库和理论库(Li, et al., 2017)。对引用文献进行分析,就是探究对创客研究发展做出重大贡献的知识集群、重点研究和热点文献。

1.引用文献的知识群落分析

本研究将 805 篇英文文献中的 23763 篇引文文献进行聚类分析,共得到 264 个知识群落。其中,国际研究三大热点知识群落分别是:"创客运动""DIY 文化""工匠精神"。

第一大知识群落"创客运动(maker movement)",包含 71 篇文献,平均出版年份为 2012 年。集群中最活跃的文献是 Sheridan 等(2014)的文章,集群内部 13%的论文引用了此文。该论文对美国威斯康星州麦迪逊的 Sector67、密歇根州底特律的 Mount Elliott Makerspace、宾夕法尼亚州匹兹堡儿童博物馆里的 Makeshop 三个创客空间开展了案例研究。他们描述了创客空间如何帮助个人识别问题、建立模型、学习和应用技能、修改想法、并与他人分享新的知识。该集群中第二大被引用的文章是 Mellis 等(2016)对交互式产品的新设计的研究,发表在2016年设计交互式系统会议的论文集中,集群内部11%的论文引用了这篇文献;第三篇高被引文献是Halverson等(2014)在《哈佛教育评论》上发表的关于创客运动的文章。

第二大知识群落“DIY文化(DIY culture)”包含50篇文献,平均出版年份为1993年。集群中最活跃的文献是Purdue等(1997)的文章,该论文认为创造性社会关系和生态身份对区域的全球化和本土化有促进作用。

第三大知识群落“工匠精神(craftsmanship)”包含41篇文献,平均出版年份为2008年。集群中最高被引文献是Kostakis等(2014)针对黑客空间(hackerspace)的生产和治理。

2. 引用文献的前十位期刊

本研究将805篇英文文献中的23763篇引文文献进行刊物频次分析,得到创客研究相关文献出现频率最高的前十位期刊、专著及会议(表6)。其中期刊*Lecture Notes in Computer Science*引用频率最高为50次,排名第一,期刊方向与计算机相关;三本TOP期刊*Communications of the ACM*,*Nature*与*Science*也位列其中,前一本是工程技术及计算机的理论方法类刊物,后两本是综合性刊物,说明创客研究在主流刊物上也占据一定篇幅;*Proceedings of the 1st ACM SIGCHI/SIGART Conference of Human-Robot Interaction*引用频率为41次,排名第四,是前十位中唯一一本会议论文集,说明反映人机互动发展前沿的相关会议较多与创客有技术上的相通性;*Makers: The New Industrial Revolution*(《创客:新工业革命》)和*Fab: The Coming Revolution on Your Desktop—From Personal Computers to Personal Fabrication*(《Fab:即将到来的台式电脑革命——从个人电脑到个人制造》),引用频率分别为25次和19次,排名第七和第十,是前十位中与创客相关的专著,首次引用均在2012年。一般认为,创客的由来可以追溯至2012年《连线》杂志前主编克里斯·安德森(Chris Anderson)出版的《创客:新工业革命》一书,这本书被誉为创客界的圣经。专著《Fab:即将到来的台式电脑革命——从个人电脑到个人制造》其实出版时间更早,于2005年由美国麻省理工学院比特与原子中心主任尼尔·哥申菲尔德教授撰写,他坚信 Fab Lab 微观装配实验室是即将到来的以“个人制造”为核心的第三次数字革命大潮前跃起的浪花。

表 6　国外创客研究相关文献出现频率最高的前十位期刊

排序	期刊/专著/会议的名称	首次引用年份	频次	期刊方向	SCI/SSCI 分区	TOP 期刊
1	Lecture Notes in Computer Science	2003	50	计算机相关	否	否
2	Communications of the ACM	2003	45	工程技术,计算机:理论方法	SCI 2 区	是
3	Nature	2003	43	综合性	SCI 1 区	是
4	Proceedings of the 1st ACM SIGCHI/SIGART Conference of Human-robot Interaction	2008	41	会议,有关人机互动	否	否
5	Journal of Communication	2003	27	传播理论,传播,文化 & 批判,人类传播研究,计算机媒介传播	否	否
6	Science	2005	25	综合性	SCI 1 区	是
7	Makers: The New Industrial Revolution	2012	25	专著,有关创客	否	否
8	American Sociological Review	2003	23	社会学	SSCI	否
9	Science Technology & Human Values	2006	21	社会焦点	SSCI	否
10	Fab: The Coming Revolution on Your Desktop—From Personal Computers to Personal Fabrication	2012	19	专著,有关创客空间	否	否

3.引用文献的频次分析

对所有引用的文献进行频次分析,我们发现排名靠前的是:Anderson(2012),引用频次 25;Sennett(2008),引用频次 12;Dougherty(2012),引用频次 11;Resnick(2009),引用频次 9;Halverson 等(2014),引用频次 7;Lindtner(2014),引用频次 7;Tanenbaum 等(2013),引用频次 7; Sheridan 等(2014),引

用频次 6。一个有趣的发现是,这八篇高被引文献,除了 Sennett(2008)的研究位于第三大知识群落"工匠精神(craftsmanship)"里,其余七篇均位于第一大知识群落"创客运动(maker movement)"中。见图 3。

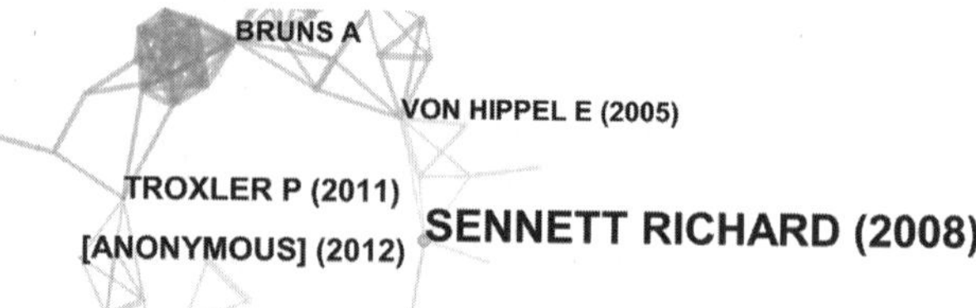

图 3　WoS 数据库中创客研究引用文献的网络结构(2003—2016)

高被引文献之间的网络结构如图 3 所示,Anderson(2012)的文献被 25 篇创客研究共同引用。Resnick(2009)认为图书馆作为一个充满知识经济工具的中心,可以激发创意、创新、创客的诞生;Dougherty (2012)以创客杂志、创客嘉年华为载体,阐述了创客运动的发展过程及趋势。由此,实验室、图书馆、杂志、节庆活动都涌现出创客的身影,承载着创新的精神,Anderson(2012)最终提炼出"创客运动是一场新工业革命"的核心思想。

4. 引用文献的突发性引用分析

引用文献出现突发性引用(citation bursts),表明该文献对学科的贡献正在被学术界强烈关注(Chen, 2006)。经过数据演化,我们发现三篇引用文献存在突发性引用情况,这三篇文献同时也是频次分析中的高频引用文献前三名(表 7)。

表 7 国外创客研究中存在突发性引用的引用文献

文献排名	文献作者	文献年份	文献题目	文献类型	文献突发性引用		
					强度	开始年份	结束年份
1	克里斯·安德森	2012	创客:新工业革命	著作	8.8303	2013 年	2016 年
2	戴尔·多尔蒂	2012	创客运动	期刊	4.396	2014 年	2016 年
3	理查德·桑内特	2008	工匠	著作	4.1753	2013 年	2016 年

突发性引用强度最高的文献是克里斯·安德森(Chris Anderson)在 2012 年出版的著作《创客:新工业革命》,引用强度 8.8303,引用时间跨度为 2013 年至 2016 年。克里斯·安德森在著作中讲述了创客运动的故事,并将其与之前的工业革命进行了比较,提出“创客运动是一场新工业革命”的观点。他甚至认为,工业制造领域不断涌现的“创客转型”,可以为美国(以及整个西方世界)提供更强的竞争力,与“中国制造”抗衡。同时,他进一步解释了数字制造如何让每一个具备聪明想法和专业知识的普通人将无形创意变成有形商品的过程。亚马逊网站的一位读者这么评价克里斯·安德森的学术贡献:如果有人需要了解创客、3D 打印、数字制作、开源电子原型平台、众筹网站平台和新 DIY 运动,读克里斯·安德森的书是一个最好的开始。

突发性引用强度第二的文献是戴尔·多尔蒂(Dale Dougherty)在 2012 年发表的文章《创客运动》,引用强度 4.396,引用时间跨度为 2014 年至 2016 年。被称为“创客教父”的戴尔·多尔蒂,不仅是创客杂志 *Make* 的主编,也是创客嘉年华(Maker Faire)的发起者之一,创客杂志和创客嘉年华极大地推动了数字时代 DIY 运动的发展。他在这篇论文中阐述了创客运动的发展过程及趋势,指出创客运动正在向教育、商业和政府领域扩展,创客和创客运动将是社会形态的一个重要组成部分。

突发性引用强度第三的文献是理查德·桑内特(Richard Sennett)在 2008 年出版的著作《工匠》,引用强度 4.1753,引用时间跨度为 2013 年至 2016 年。理查德·桑内特的著作分为三个部分:工匠、匠艺和工匠哲学。他主张的“工匠"非常具有包容性，比如"居家型工匠（homo faber）"是指那些通过自己的双手，与工具、物体和世界互动，"解决问题和找到问题"的手工艺人。

四、研究结论与未来展望

（一）研究结论

通过对创客研究的时空分布、高频关键词、主要学科、知识群落、知识基础和前沿趋势的调查，我们可以得出如下三个结论：

1.创客研究的演进历程中的时空特征

在时间上，WoS 数据库从 2003 年开始同时收录了创客研究的期刊论文和会议论文，之后研究文献增长快速；伴随着 2012 年《连线》杂志前主编克里斯·安德森（Chris Anderson）出版的《创客：新工业革命》一书，这本书被誉为创客界的圣经，创客研究论文数量增长态势更加迅猛。在空间上，美国学者占据了主导地位。加利福尼亚大学伯克利分校、佐治亚理工学院、麻省理工学院位列最主要的三大研究机构，来自美国斯坦福大学的 Paulo Blikstein 在 1972—2016 年发表了 3 篇以创客为主题的文献被 WoS 数据库收录，发文量和影响力居所有学者第一位。与此同时，来自亚太地区的学者和机构也做出了杰出的贡献。但是，整体上，当前创客研究的学者之间没有形成较为稳定的合作网络，但是不同机构的交流与沟通在不断加强。

2.创客研究中的研究热点和知识群落

"物理计算""创客空间""创客运动""3D 打印"是创客研究中的研究热点。在期刊文献中，研究热点集中在"工匠""设计""教育"；在会议文献中，研究热点集中在"物理计算""创客空间""DIY（自主动手）"。同时，国际上的创客文献聚类成众多知识群落，尤以创客运动、DIY 文化和工匠精神集聚的文献最多，构成三大主要知识群落。

3.创客研究的前沿趋势是“创客运动”“创客文化”“创客空间”

受益于创客空间不断诞生的燎原之势、创客文化在全球的风靡之形,“创客运动”成为国外创客研究的最热门话题,开始于2015年,引用强度最大。同样代表创客研究的前沿趋势的方向还包括“3D打印”“教育”“创新”“技术”。为此,建议重点阅读Anderson(2012),Sennett(2008),Dougherty(2012)的著作,它们是创客研究的经典著作,表现为引用频次最高,存在突发性引用。其中,Anderson(2012)提出“创客运动是一场新工业革命”的观点,具有里程碑意义,对当今创客运动的学术研究和实践发展都起到至关重要的作用。

(二)未来研究

本文通过科学计量的方法对创客文献展开综述,在研究方法上具备大规模的文献数量,时间轴的趋势解读和可视化分析等优势。当然,有一些不足也客观存在,比如以ISI Web of Science数据库的筛选来挑选文献,排除了不被索引的文献;按主题搜索的查询短语如未出现在标题、摘要和关键字中,则可能会丢失一些相关文章。

接下来的研究,我们可以聚焦某一知识群落进行更加细致的国内外对比研究,比如针对创客运动,进行美国、英国、澳大利亚、韩国、新加坡等国别研究和案例分析,以帮助国内研究者更好地理解全球创客研究的学术动态。

参考文献

[1]ANDERSON C. Makers: the new industrial revolution [M]. New York: Crown business, 2012.

[2]BENKLER Y. Coase's penguin, or, linux and the nature of the firm [J]. The Yale law journal, 2002, 112(3): 369-446.

[3]BLIKSTEIN P. Bifocal modeling: a study on the learning outcomes of comparing physical and computational models linked in real time [C]//Proceedings of the 14th ACM International

Conference on Multimodal Interaction, 2012:257-264.

[4] BÖHME H J, WILHELM T, GROSS H M. Gesichtsanalyse für die intuitive mensch-roboter-interaktion [M]. ACM, 2005:67-73.

[5] CHEN C. CiteSpace II: detecting and visualizing emerging trends and transient patterns in scientific literature [J]. Journal of the American society for information science and technology, 2006, 57(3), 359-377.

[6] DOUGHERTY D. The maker movement [J]. Innovations, 2012, 7(3), 11-14.

[7] GAUNTLETT D. Making is connecting [M]. Cambridge: Polity Press, 2001.

[8] HALVERSON E R, SHERIDAN K M. The maker movement in education [J]. Harvard educational review, 2014, (4), 495-504.

[9] HAREL I, PAPERT S. Constructionism [M]. New York: Ablex Publishing Corporation, 1991.

[10] HARTLEY J, WEN W, LI S. Creative economy and culture: challenges, changes and futures for the creative industries [M]. London: Sage Publications Inc, 2015.

[11] KOSTAKIS V, NIAROS V, DAFERMOS G, et al. Design global, manufacture local: exploring the contours of an emerging productive model [J]. Futures, 2015, (73):126-135.

[12] KOSTAKIS V, NIAROS V, GIOTITSAS C. Production and governance in hackerspaces: a manifestation of commons-based peer production in the physical realm? [J]. International journal of cultural studies, 2014, 18(5), 1-19.

[13] LEADBEATER C, MILLER P. The pro-am revolution: how enthusiasts are changing our economy and society [M]. London: Demos, 2004.

[14] LI X, MA M, QU H. Knowledge mapping of hospitality research: a visual analysis using citespace [J]. International journal of hospitality management, 2017 (60):77-93.

[15] LINDTNER S. Hackerspaces and the internet of things in China: how makers are reinventing industrial production, innovation and the self [J]. China information, 2014, 28(2): 145-167.

[16] LUCKMAN S. Craft and the creative economy [M]. Basingstoke and New York: Palgrave Macmillan, 2015.

[17] MELLIS D A, BUECHLEY L, RESNICK M, et al. Engaging amateurs in the design, fabrication, and assembly of electronic devices [J]. ACM, 2016:1270-1281.

[18] O'SULLIVAN D, IGOE T. Physical computing sensing and controlling the physical world with computers [M]. Boston: Thomson Course Technology, 2004.

[19] PURDUE D, DÛRRSCHMIDT J, JOWERS P, et al. DIY culture and extended milieux: lets, veggie boxes and festivals [J]. The sociological review, 1997, 45(4):645-667.

[20] RESNICK M, MALONEY J, Monroy-Hernάndez A. Scratch: programming for all [J]. Communications of the ACM, 2009, 52(11):60-67.

[21] TANENBAUM J G, ANTLE A N, ROBINSON J. Three perspectives on behavior change for serious games [C]. Proceedings of the SIGCHI Conference on Human Factors in Computing Systems. New York: Association for Computing Machinery, 2013:3389-3392.

[22] SENNETT R. The craftsman [M]. London: Yale University Press, 2008.

[23] SHERIDAN K M, HALVERSON E R, LITTS B K, et al. Learning in the making: a comparative case study of three makerspaces [J]. Harvard educational review,2014, 84(4):505-531.

[24]陈悦，陈超美，胡志刚，等. 引文空间分析原理与应用:CiteSpace 实用指南 [M]. 北京科学出版社,2014.

[25]秦琴琴，乜勇. 基于词频分析和可视化共词网络图的国内创客研究热点分析 [J]. 现代教育技术，2016，(1):113-119.

[26]宋之杰，王浩. 创业 2.0 时代中国创客文化发展及对策研究 [J]. 河北学刊，2016(4):191-195.

[27]王玮. 我国创客空间研究热点可视化分析 [J]. 现代情报，2015(12):92-98.

The Development and Hotspots of Global Maker Research

Chen Ying

Abstract: The rapid development of digital technologies and grassroots innovation has triggered global maker business practices and the maker academic research. In order to help fully understand the academic hotspots and evolutionary trajectories of foreign maker research, this article has adopted both traditional literature reading and scientometrics as the research methods. By using the database of ISI Web of Science, this article has collected a total of 805 pieces of literature on maker research from 2003-2016. Then, this article visualized the research spatial and temporal distribution, high frequency keywords, major subjects, knowledge community, knowledge foundation and the frontier trend by using the CiteSpace software. This study answers the research questions on the periodic characteristics, research hotspots, research clusters, research trends and other issues in the maker study to help domestic scholars better understand the academic hotspots of global makers' research.

Keywords: maker, maker movement, makerspace, craft, scientometric review

创意巴蜀

Creative Bashu

漆途

◎ 李勇*

漆,一种古老而神秘的材料,伴随着华夏文明的起起伏伏,在东方大地上绽放异彩。从古拙灵秀的新石器时代到精描粗犷的秦汉,从华丽贵雍的隋唐到清雅极简的宋元,再从繁复雕饰的明清到百花齐放的当代,历史的长河无不时隐时现地展示着她的风姿。

漆,在我的眼中,她就是永恒的象征。她不仅自带东方独特审美气韵的特质,更是表达我对生活理解的载体与抒发意志的媒介。做漆十余载,漆与我已然生成了不可分割的纽带。我在漆的世界中不断探索世界的奇妙,解锁艺术的密码。

漆,来自自然,在灵性的催发下,我寻求的漆艺也是建立在此基础上的。坚持用天然大漆来创作已然成了一种"顽疾"。而她所呈现的过程与结果也是人与自然随机发生的一个演化,每当感性闪现在传统大漆艺术延伸出的思维下,新的质态便会孕育而生。

"日用即道"的理念便顺理成章地进入漆的文化表达中。"漆首饰",一个当代语境下的新生命题。传统漆艺大多运用在食器、酒器、兵器、乐器、礼器,再到陈列装饰物,而首饰漆则极为少有。为此,我做了一系列的尝试,包括戒指、

* 李勇:独立漆艺创作者;研究方向:漆画漆器;邮箱:306519793@qq.com。

吊坠、耳环、手镯、发饰等，而吊坠是最为开放自由的。一方面，它可以突破日常穿戴范围，大尺寸下展示，扩大了创作空间，和“日常”拉开距离，进入“非日常”状态，同时，也增大了“穿戴”的难度。另一方面，是风格的“反潮流”，在千篇一律的“工业制造”背景下，独特的视觉感受似乎成了边缘。没有时尚潮流的概念，只有个人意志的展现，这正是我要述说的。而这些“偏差”的产生恰恰是从自然界中获取的。在少年时代的一次不期而遇的科普游览中，昆虫让我振奋不已。各种形态的、变幻莫测的昆虫使我眼花缭乱、流连忘返，视觉面临的极大冲击不知从何而来，似乎像一颗呼之欲出的虫茧，随时等待着化茧成蝶的到来。多年后，回想当时，不过一次普通的科普参观，却引发了之后的诸多因缘。自然的美其实就在其中。通过多年的艺术实践，我有了把这些神奇的“自然图腾”转化到我的作品当中的想法，由此诞生了一系列以昆虫为素材的吊坠作品。当然，你所看到的，几乎是很难找到具象的昆虫模样，惯性所带来的审美习惯是不适用的。原生素材中抽离出来的变化转换成的质态语言，才是我做漆首饰的初衷。而整个制作过程却又是一条崎岖漫长的道路。

众所周知，作为东方最具有代表性“三大媒介”之一的大漆，与百工相比是一门相对复杂的工艺。她极其考验创作者的耐性和细心。同时她又是一门极度需要变通的艺术，因为漆的“脾气”太大了，变化太多了。要想完全掌控是很难的事情。随时遇到的各种问题都需要你及时做出回应和处理，即便你是从艺的“老手”，都难免头疼。其中涉及的材料工具更是五花八门，所以我的工作室更像一个杂货铺。一位成熟的漆艺从业者绝对是一位灵醒且勤快的劳动者。这种特性也使我萌生出了一个创作的理念，即随时都处在一种陌生而鲜活的状态，如漆一般，整个创作都处在活性与变化中，不断推进，随时调整，思路闪现，又加尝试，推倒再行。在这种探索与挑战中穿过一层层的不确定性，我想这就是漆艺的魅力所在。行话称此为“人做一半，天作一半”。

近年来，“非遗”概念的提出，让漆艺得到更多的关注。而“非遗”的定义却十分模糊，分歧冲突时有发生，漆艺也在这种讨论下左右摇摆。即便有权威的官方定义，但在具体实践创作中也是千差万别。传统文化的重要性不必赘述，

“承上”是非常必要的文化保护与传承手段,“启下”则是文化发展的“推进器”。新的漆语言表达则需要创作者敏锐捕捉时代气息的能力,在新的时态中重新审视漆的位置。“瞬息万变”已经成为当下社会的节奏,传统文化也亦步亦趋地紧随其后。诸多文化衍生的创意作品,却往往令人失望。粗陋、同质、低劣,都使得这种创新成了“小商品”的代言人。随风即过是整个文创产品的常态,而精益长流的作品却鲜有。快速消费的理念正消耗着手艺人的精力。“正统”与“主流”刺激着手艺人“跟风”与“模仿”。而真正对文化作深究和研发却成了“墙角的弃儿”,这种不变通的“招数”得不到任何认可,举步维艰后产生的便是迎合与放弃。

市场的需求与文化的实验成了一对难以调和的资本问题,成本和收益便摆在了桌面正中。深耕细作是极不应景的,它是一项苦差事,难以为继。漆艺成了这场洪流的失稳的典型、反面教材的首页——高成本,低效率,普及低,市场小,在生存的夹缝中匍匐前行。

漆艺的发展,依托的是好的作品和推广。这需要大量的专业人员和职业精神,而市场做出的回应往往是“断头路”“死胡同”。靠政策扶持似乎成了最后的救命稻草。但不是“雨露均沾”,只有极少数的强势单位或个人才有资格享受,大量的创作者几乎都是自给自足。对此现状,创作者终难逃自生自灭的命运。

综上所述,这些问题是问题吗? 当然不是!

那是什么呢? 没有问题。问题只不过是个体对外界的应激反应,无关漆艺本身。无非是一些鸡零狗碎的干扰因素罢了,可往往这些镜像错觉,使不少创作者深陷其中,不可自拔。原本文化的传承与发展是一件并不复杂的事情,却被人为的游戏规则弄得七零八落。专注地投入其中,尽情表达,无数个体的融汇,即成海洋。至于你想要的结果,也会相应托出,不偏不倚。预测不了,亦无须追究。多样性和独立性的生发,才是这门艺术的原动力。在西方强势文化的挑战下,似乎很多人已经忘却了东方文化的精神内核、原生文化的奠基意义,以及物演规律的隐形力量。渺小的个体在时代洪流的裹挟下,失去了方向。而传统文化的创新,便飘在水面,随波逐流。

而我要做的,就是要正面应对这种局面,以我的方式。

“深思熟虑”在我的创作方式中是“作废”的。已有的技艺也只是一种“加温剂”,在创作中属于“能源支持”。而其结果的偶然性才是最具诱惑和魔力的地方。突发的念头,精神的状态,环境的磁场,似乎也被加入进来,那不可捉摸又转瞬即逝的想法并不是无根之木。根是有的,水也在那,怎么就长出了芽,生出了苗,开出了花,结下了果?不知道,亦不需要清楚。倘若你放不下这份刨根问底的心思,试试看,在流变的世界中,往返徒劳定会让你气喘吁吁,而终不得解,失去的将是你不返的时间。用心感受即可,全情投入即可,在漆的怀抱中,尽情“撒娇”。在灵光乍现那一瞬,便是心花绽放之时。

强烈的控制意图或迎合是创作的死穴,它会关闭灵性互通的路径,艺术的自由也将离你而去。剩下的将是华丽衣裳下腐朽的躯壳和囚牢里终身监禁的灵魂。

《髹饰录》,唯一传世的古代漆艺专著,书中总结了明朝以前漆艺的诸多技法和规范。你切莫单纯地把它当成了一本“工具书”,更不要轻视它,在我看来这就是一件艺术品或文学作品。文中处处都富含了作者黄成对漆的诗情和才意,文字透出的气象之宏大,莫有大心胸者不出。字里行间展现出的是关于漆的宇宙,丰盈充沛,充满想象,浪漫,又激情澎湃。哪里有这样如诗一般的工艺类书籍啊。它给后人带来的仅仅是具体的知识点吗?是无比的热情啊!只有深爱和全情投入后的感受才可能如此。我想这大概才是这本漆艺专著的精神内核以及指引我们前行的方向。相较之下,当前当下的种种难题和困局,相形见绌尔。

漆艺于当代社会远远不仅是一门手艺,还可以为人类未来走向提供一个新的视角参考点。“纯天然绿色可持续”是她自带的光环,而“永生”的理念更是贯穿于漆文化的发展之中。千年以来最为典型的便是以大漆作为棺椁的图层。“千年不腐”的观念在大漆的加持下得以实现。长沙马王堆汉墓出土的辛追夫人墓中的棺椁即最为有力的实证。先民在“永生”的追求下选着了大漆,大漆也成就了她前世与来世无尽的荣华富贵。前工业时代物质的匮乏，也造成了对物之珍惜的绝佳典范。我们从传统漆艺造物的理念中便可窥见其理——胎体对应人之骨架，布麻对应人之经脉，施灰对应人之血肉，饰漆对应人之衣皮。一件漆器需耗费极大的代价，才得以耐用抗衰，世代相传。面对当今的高消耗高污染快淘汰的生活方式，早有预言家给出了预言，在未来不到百年的时间内，地球上的资源将消耗殆尽。这是一个难以接受的结果。面对这样一种趋势，我们必将做出抉择。而漆，给出的信号，是否是一种制动？

我不需在这激荡人心的时代追随，也不必怅然黄成的浪漫肆意，只为静观于心地做一个漆的使者，读这页精彩纷呈的漆书。

写在 2021 年初秋

创意管理动态

Creative Management Trends

数字时代的文化经济与创意管理*

——“智能+”时代文化创意与管理创新高峰论坛会议综述

◎ 陈思函　徐丹红　解学芳**

摘要:由同济大学人文学院承办的“智能+”时代文化创意与管理创新高峰论坛暨第二届国际创意管理专委会年会于 2020 年 11 月 1 日以云会议的方式成功召开。全球文化产业与创意管理领域的知名专家与学者汇聚一堂,围绕“‘智能+’时代的文化创新与创意管理”主题进行了主旨发言和深入探讨,对“智能+”时代的文化产业创新与社会发展进行反思,为未来的智能文化创意与管理的可持续发展提供了思路与建议。

关键词:数字时代;创意管理;文化产业;创新

数字时代的文化经济与创意管理走向了发展的十字路口,新技术的介入使创意经济与管理看到了多种可能性,实体经济的数字化与数字经济的创新化发

---

* 基金项目:国家社科基金重大项目“‘智能+’时代技术与制度协同驱动的现代文化产业体系和市场体系研究”(项目编号:20ZDA065)。

** 陈思函,同济大学人文学院艺术与文化产业系硕士生;研究方向:艺术与文化产业;邮箱:709139203@ qq.com。徐丹红,同济大学人文学院艺术与文化产业系硕士生;研究方向:艺术与文化产业;邮箱:1319444841@ qq.com。解学芳,同济大学人文学院特聘教授,博士生导师,国家社科基金重大项目首席专家,教育部青年长江学者;邮箱:xuefangxie@ 126.com。

展成为新的机遇。同时,复杂多变的国际政治文化背景及疫情的到来也对文化经济与创意管理产生了新的挑战,对未来文化创意产业格局产生重大影响。在新的时代背景下,文化产业发展需积极融入科技创新的潮流,探索与人工智能技术融合发展的解决路径,寻求“智能+”时代文化创意产业的新突破。2020 年 11 月 1 日,由同济大学承办的“智能+”时代文化创意与管理创新高峰论坛暨第二届国际创意管理专委会年会在线上平台举办,来自联合国教科文组织文化管理委员会和国内外著名高校文化创意管理领域的 19 位知名专家学者针对“智能+”时代文化创意产业的转型与发展问题展开深入讨论。

一、数字时代的创意经济新业态

创意经济在数字时代的发展进入了新时期,数字技术与传统产业、新兴产业不断深度融合,并组合出更多跨界性新型业态。创意为数字技术开拓了新的使用领域,而数字技术为创意的展演提供了新的可能性。数字时代的创意经济应是全面的、渗透性的、重视文化创意与社会效益的,同时,也需要看到全球贸易环境中利用数字经济实现文化转型的潜力。

清华大学雷家骕教授围绕“创意介入数字经济”展开,提及数字经济是中国发展新经济的基础设施和龙头产业,大量新应用产业都建立于数字经济的发展之上。雷教授指出,目前数字经济和创意开发有四个值得关注的方向,包括创意经济、数字艺术创意、数字经济新业态的创意及数字技术改造传统产业的创意。首先,围绕创意经济,我们需要挖掘传媒影视、创意设计、现代时尚、音乐艺术、会展广告等新的发展领域及其可行的应用领域,并将创意开发和创意教育置身于其中,以使创意开发和教育更鲜活、更切实际。其次,中国目前在数字艺术创意方面有所缺失,大规模拆除招牌等行为致使楼宇失去艺术感、城市缺乏美感,因而提升数字创意水平能够让城市发展更美好。再次,数字新经济的发展需要将数字技术与电商、保险、医疗、监测等领域进行创意结合,创造出一系列的新业态。最后,要用数字技术对传统产业进行创意改造,激发新的活力。

随着技术的进步,产品的核心功能价值重要性逐渐降低,数字时代的创意经济更应着眼于产品的形式附加值。湘潭大学刘洪伟教授以“形式产品的经济学分析”为题,指出形式及形式产品是创意的具象化。形式产品在营销学中特指产品的外在表现形式,而此处的形式产品指的是人类创造的所有有关形式的事物。形式产品可被分为有形的形式产品、无形的形式产品(服务)、艺术以及与意义相关的其他人类行为方式,包括体面和尊严。随着技术的进步和社会经济的发展,多数国家和地区的恩格尔系数都在逐步降低,因此未来趋势是基本生活需求支出所占的比重越来越低,而花费在发展人的社会属性以获得心理效应上的比例将越来越高;前者由核心产品,即产品的功能和质量来满足,后者由形式产品,产品的外在表现形式来支撑。不管是按照现有的 GDP 统计方法,还是尝试采用效用值的计算思路,形式和形式产品将会在社会经济生活中占据越来越大的比重。未来,缺乏形式产品的市场竞争将“血流成河”。目前整体市场供过于求,同类产品数量众多,核心产品要素趋同,因此仅具备核心产品要素的产品和服务将失去竞争优势,不得不在价格竞争中厮杀。所以除了产品功能达标外,我们更应认识到形式产品的重要性。

在数字时代的创意经济业态中,除了经济效应,社会效应也是值得被关注的部分。表演文化产业是数字技术与传统文化产业进行结合的尝试,它重视文化产业中社会效益的实现。英国利兹大学马海丽教授在《数字多媒体:中国戏曲国际表演文化产业市场的机遇与挑战》中分享了表演文化产业的概念及发展进程。马教授指出,表演文化产业以观众教育和商业用途为主来进行研发和消费,目的是分析什么是表演、国际表演以及其中的生产消费,并批判性地剖析表演生产运用,通过表演学和文创中共通的社会学、人类学理论依据来探究表演文化产业,强调除了经济效益外还能够在文创中提供社会效益;全球表演文化产业把英国 13 个传统文化产业穿插了起来,强调现场以及多媒体的全球化的生产和消费,其发展尚存大量挑战和机遇。此外,马教授将英国的艺术研究理事会 AHRC 的研究项目作为案例来支撑其观点,她分析了上海 M50 文创园区背后纺织厂女性及越剧文化的发掘、对城乡混合中的移民文化和非物质文化遗产的挖掘，提出要打造成国际化的文化品牌，并强调要实现产学研结合，联合数字媒体，与中方研究单位和英方 AR/VR 公司等业界合作，进行长期的产业文化研究，实现社会效应，规避短期逐利眼光。

虽然数字时代的创意无边界，但放眼全球宏观文化贸易，发达国家与发展中国家仍存在隔阂与分歧，“一带一路”可能成为利用数字经济协调贸易的解决方案。英国伦敦政治经济学院李伯一研究员在《数字经济与全球城市：文化发展的新跨国空间》中分享了国际文化贸易的现状与前景。他指出，数字空间、数字经济和全球城市将是改变现有全球化以及全球化背景之下的文化贸易僵局的唯一的、最佳的出路：在经济层面，发展中国家和发达国家之间对于贸易补贴、关税，以及对发展中国家在新的可持续发展环境下的补贴和限制有重大的分歧；在文化层面，发展中国家对于发达国家，尤其是 G7 国家在全球文化贸易中的统治地位及其带来制度性的歧视有强烈的不满，造成了矛盾，“一带一路”的框架和愿景能够为国际条约的实施提供路径。在学界和在全球化的理论探讨中，文化转型是学者们期许达到的目标，但由于贸易的特殊逻辑和现有全球化制度内在的矛盾，这种愿景无法达成，反而进入了一种破坏全球化的软实力竞争。中国所倡导的“一带一路”具有形成新贸易机制的潜力，将传统的跨国文化之间的贸易遗产作为文化遗产管道，来有效促进全球化和发展中国家的文化转型发展思维，通过对发展中国家的数字基础设施及重点创意城市建设，找到潜在的创意城市样板。因此，如果把“一带一路”倡议作为一种以文化交流为中心的贸易新安排，也许我们能够把全球城市和数字经济贸易的挑战转化为全球化 2.0 的解决方案。

二、人工智能：数字时代推动文化产业变革的关键性技术

人工智能技术对于文化的介入使当前文化产业产生了新的变化，文化与科

技的融合不仅产生了全新的文化业态,也对当前的文化生产模式、文化管理政策产生了巨大的影响。此外,文化作为人类社会中最具有“人性”的一面,逐渐与人工智能、机器学习等“机器性”的产物贴近,人与机器的关系产生了微妙而复杂的变化。与会学者们立足于人工智能技术与文化产业融合发展的现状,探讨智能时代下文化产业的新变革与新发展。

(一)智能时代文化领域的新变革

新科技将我们推到了新的伦理边界,“新智人时代”所形成的社会组织、生活方式、伦理道德、法律制度等都在面临着改写的需要。上海交通大学单世联教授深刻分析了“新智人时代”技术与人类关系的变化。他首先提出了“新智人时代”的概念以区别“旧智人时代”,强调人类本身在进入一个“人工人”与“自然人”并存的新时代,并对科技的非人化现象做出文化回应。从某种程度上说,新技术不只是人类的工具,不只是人类的延伸,也是对人的改造和置换。以虚拟现实、3D 打印等为代表的基于身体改造的技术改变了人类的身体与世界,也改变了我们对身体和世界的感受和理解方式。

福建师范大学管宁教授和澳门城市大学王忠教授对智能时代下文化生产的变迁做了详细阐述。管宁教授从工匠精神的角度探讨了文化产业高质量发展的问题。当前条件下,文化越来越成为满足人民日益增长的美好生活需要的重要因素,而工匠精神的传承与弘扬则是微观层面文化产业高质量发展的重要引擎。“工匠精神”除了指代专注执着、追求精致、达成完美等精神外,更重要在于从容自若、淡然自持、不以物喜、不以己悲的心态。在智能化的背景下,工匠精神被赋予了全新的时代内涵。后工业时代是以互联网、人工智能为基础的社会,由于工匠精神与当前社会的生产方式和组织方式直接连接,因而精准地表达了这个时代的现实需求与未来方向。人工智能背景下的工匠精神体现为对互联网、大数据、人工智能造物手段、技艺和生产方式的谙熟,以及对文化与科技融合方式途径的把握。智能时代下的工匠精神有四大内涵,包括主动自由的创造、个性化的定制、自我提升的能力以及系统化协作的实现形式。王忠教授认为“智能+”时代对创意生产实现了“破坏性再造”。这种破坏表现在:发生在重复性的劳动和规律性的生产上;某些协作模块被 AI 简化或者取代;创意生产与内容消费之间的单向关系也可以发生逆转。传统创意生产的线性单向模式已经在 AI 介入下走向了非线性、多向度、多维度的共创共生模式。这种共创共生的模式使生产者与消费者的关系变成了双向度、可逆转、可合作的关系。此外,生产者与人工智能也是共创共生的,他们在创意、内容、技术、传播等等方面都互为主辅的关系而非原来的受支配的关系。传统文化劳动中的雇佣关系和利益合作关系也遭到了挑战,具备跨学科知识储备能力、善于结合“智能+”的创意生产者将能够实现产业生态的共创共生,拓展出更新的产业业态。在这种趋势下,文化创意产业的业态从商品消费、体验消费升级为以产业生态趋势共生、多元共存为主导的创意消费逻辑。创意的产生以及文化创意内容的生产、传播、流通和消费都将突破产业链个体或者壁垒的限制,迎来更多的机遇和挑战。

人工智能正在引领全社会走向智能化的时代。中国传媒大学范周教授从政策层面视角出发讨论了当前科文融合的新趋势。他认为,人类社会经过了农业社会、工业社会发展到信息社会,智能化成为继数字化之后人类社会新的发展阶段。为了积极促进人工智能赋能实体经济以及智能时代的深入发展,我国的政策导向也正不断地推动人工智能的发展。《中华人民共和国国民经济和社会发展第十四个五年规划纲要》中,共有 30 次提到了科技在未来发展中的重要作用,而人工智能技术正是未来国家经济发展结构性调整中一个非常有力的抓手。2015 年 7 月国务院将“互联网+人工智能”列入到了国家重点行动之一,2017 年将人工智能上升到了国家战略的层面;2020 年 4 月,国家发展和改革委员会联合了相关部委明确人工智能成为“新基建”七大版块中的重要一项。从地方层面看,目前已经有北京、山东、广东在内的省(区、市)推出了人工智能发展政策,各类专项政策加快了人工智能落地、应用、赋能产业发展的步伐。在这样的背景下,我国文化产业和人工智能的融合发展显得更加密切,文化创意产业的技术赋能以及科文融合的趋势更加凸显,人工智能的发展将会成为新文创的重要表现形式。

(二)智能时代的文化新业态与新发展

“智能+”时代,文化产业正经历新的发展,人工智能技术全面介入文化的生产、营销与消费环节,产生了众多文化产业新业态与新趋向。

同济大学解学芳教授对AI+5G时代下的文化产业发展趋向与重要表征做了系统阐释。首先,5G时代开启了移动互联网赋权的时代。5G技术使我们开始以移动思维考虑文化生产以及范式的生成,很多的内容都有了新的文化的展示的方式,包括UGC模式、PGC模式、编辑生产模式以及品牌生产模式。5G所应有的技术特征为新型文化内容提供了一个更广阔的空间。在这样的大环境下,传统文化业态不断出现新的呈现方式,如算法新闻、无人机直播、云游戏、智慧出版、场景阅读,异地观影等新的业态。其次是网络化、数据化和体验化。在“智能+”的新时代,技术从选择性的介入、服务某一个小的细分行业开始进入到整体的融合,技术变成了文化产业不断创新的倒逼机制,正是这种机制驱动文化产业真正走向了网络化、在线化、数据化和体验化、场景化的时代。

人工智能推动文化生产、文化传播与文化消费的新发展成为常态。范周教授认为,在文化生产领域,人工智能不仅丰富了文化产品的表现形态,也改变了文化内容的生产方式。以微软人工智能机器人小冰和新华社AI主播为代表的智能创作者虽尚存不足,但其大量的知识储备与疾速创作能力,为从业者带来了不小的压力。在文化传播方面,人工智能提升了传播的精准性和有效性,平台通过对数据进行智能用户分析并运用AI算法进行内容分发实现精准传播。随着AI算法智能分发技术的广泛普及,文化产业的用户聚合效应更加凸显。此外,人工智能使得传播渠道的开拓逐步智能化,而智能化让传播效果更加趣味化,满足受众的文化需求。在文化消费领域,人工智能、文化产业的融合促使消费内容变革,并且通过技术手段来感知受众状态,从而产生积极的反馈。同时,以人工智能技术为基础的虚拟偶像实现了演唱会、唱片销售、广告代言、衍生产品开发,经济产业链的全覆盖,正不断创造文化消费新热点和增长动力。管宁教授重点关注人工智能对于设计的赋能作用,强调在汽车设计、屏幕制造等领域,通过人工智能实现智慧美学的设计案例比比皆是。此外,数字技术还带来很多新的视觉感受,赋予文化产业新的视觉呈现。

三、数字时代的创意营销模式

数字时代的文化产业种类日趋繁多,文化产业网络化与数字化发展使得创意营销充满新的挑战和机遇。创意营销本身具有理论内核,通过其理论内核可以使品牌获得受众青睐,从而获取更高利润。而日益复杂的全球国际关系与突发事件让创意营销与管理不得不寻求新的突破,以使文创企业在瞬息万变的环境中实现可持续发展。

数字时代的创意营销也应当认识到创意本身的理论内核,以辅助营销行为在稳固的理论基础上发展。东南大学凌继尧教授在《创意活动的理论内核》中采用了两个案例来说明创意活动具有理论内核这一观点。一是用联邦快递拍摄《荒岛余生》电影来说明品牌叙事的重要性,该影片通过讲述联邦快递员工在飞机失事后仍然坚定地投递快递包裹,展现了联邦快递公司“尽心尽力”的品牌叙事。他认为,品牌叙事是叙事学概念在品牌建设中的运用,品牌叙事容许虚构,这些虚构虽然不是真实的生活,然而它们以真实的生活为基础,是一种艺术真实。另一个案例是通过卡罗维尔高尔夫球杆的高售价来说明“新奢侈品”背后的趋优消费理论。卡罗维尔球杆在工艺、功能和情感上的优势使其满足了消费者的情感需求,实现了消费者的趋优消费。趋优消费指用户愿意支付超出自己收入水平的费用,去购买自己心往神驰的一种或几种产品和服务,其消费主体是中低档市场用户,最大的特点是用户高度选择性的消费行为,同时用户也会在购买其他种类的产品时趋低消费以平衡收支。因此,趋优消费导致产品类别的两极分化,产品分别向高端和低端发展,对中端市场造成巨大的威胁。趋优消费是消费者需求与企业生产能力历史性结合的成果,体现了从生产商到消费者的权力转移,需求方对供应方的一种新的支配。在这种情况下,企业管理者应该改变传统市场调查的理念,把目标从“一般消费者”和“普通消费者”转向需求强烈、兴趣浓厚的趋优消费者。

在疫情常态化和数字化发展的双重背景下,文化创意企业面临着新的营销要求。华侨大学杨洪涛教授在《疫情常态化下的创意营销管理创新》中讨论了创意营销管理创新的意义和方法。他指出,今年的疫情为创意营销提供了更好的存在基础。在疫情期间,一、二、三线城市居民的日常生活行为受影响较大,同时全国的文化创意产业普遍承受着高额成本和收益降低的双重压力。因此,杨教授从创意营销角度向企业家们提出了七点建议:一是通过保护目标顾客权益、关怀合作伙伴、帮助全行业复苏等形式实现战略固本;二是与目标客户保持紧密连接,瞄准核心群体,借助其他流量保持热度并与受众达成情感共鸣;三是抓住疫情危机中出现的创意题材来实现创意深挖,深入推进内容创新,探索“文化+”模式,借助既有的文化创新团队和创意能力实现中华传统文化的活化、场景化、现代化、时尚化,将传统文化资源转化为文化企业发展优势,同时立足当今,发展新兴文化;四是整合现有资源与技术,打造特色 IP 来促进价值提升;五是进行跨界合作;六是运用 5G 和物联网进行线上发力;七是通过留才、引才、转才实现人才优化。在疫情常态化的背景下,文化创意企业必须要聚焦市场、聚焦产品、聚焦资源,深化市场、深化品牌、深化队伍的效能,精细管理,深耕渠道,做透市场,实现聚、深、透。

在国际文化经济局势变化之中,企业的创意营销也更需放眼于全球。实践大学谢明宏教授在《从中美贸易战延烧 TikTok 谈国际创意管理》中以 TikTok 这一创意企业为例,研究数字经济时代创意企业营销问题及跨文化发展的策略。研究缘起于 TikTok 这一华人社群软件引起的全球关注,启发我们将区域性的创意管理思维转向全球性、国际性思维。谢教授聚焦 TikTok 的成功状态、成功之道以及未来的观察角度展开分析。首先,TikTok 下载量达 15 亿～20 亿,在美国收获近 1 亿用户,是世界发展最快速的社交软件。其成功之道可分别从中美贸易战前后进行探讨。在中美贸易战前，TikTok 填补了国际社交软件中短视频产品的空缺。其次，TikTok 内容活泼有趣，受到年轻群体青睐；三是 TikTok 的用户生产内容（UGC）平台的属性使内容根植于本土，避免了“水土不服”；四是 TikTok 执行本土化，尊重各地区的节日和风俗习惯。TikTok 的商业模式可称为 AARRR，即获得新使用者并使其成为有效用户，用户留存后产生付费行为和用户推荐。以日本市场为例，TikTok 在 2017 年召集熟悉当地文化的日本人和日籍华人设立办事处，联系当地网红并进行网红内容推送，促使用户回访使用，进而推动用户赠送礼物，产生收入。而在中美贸易战后，美国注意到了 TikTok 的快速成功，并指责其窃取用户数据，TikTok 利用博弈理论对特朗普的禁令进行对抗，在 2020 年 10 月获得初步成功。这一成功首先是向美国的甲骨文、沃尔玛等提供了近 20％股权，从而获取禁令的延缓；二是 TikTok 仍然保有最重要的算法和控制权，并没有将技术出让给美国；三是 TikTok 看到了特朗普在大选中需要年轻选民的选票这一弱点，强制下架 TikTok 将使年轻选民对特朗普产生负面印象；四是 TikTok 在美国存活后 IPO 预计估值达 600 亿美元，母公司字节跳动的价值也水涨船高。谢教授在此基础上，强调未来整个创意管理中也存在某种潜在的风险，风险来源包括网络巴尔干化，即同围层互相取暖，不同政治间相互对抗的状态，进入美国市场的互联网 App 面临更加严峻的考验，腾讯中资游戏可能成为潜在战场。因此，创意企业的国际运作不能单方面思考区域性部分，应回到全球语境，靠精准明确的商业模式取得成功，特别是在博弈竞争过程中，必须要利用他人的视角来看待世界。

四、数字时代技术隐忧与文化科技伦理反思

数字技术固然为文化产业及社会生活带来了发展空间，同时也带来了文化科技伦理风险和挑战。我们不仅要关注技术的快速发展对文化产业的影响，更重要的是，时刻以清醒的态度反思技术的发展对道德、法律、伦理等的影响，保

持对技术的警惕。

目前的文化研究对技术过于乐观,我们更多地看到各种技术给我们的文化生产、文化消费带来积极的方面,而对它在改造和重新塑造人性方面的多种可能性关照不够。单世联教授针对即将到来的"新智人时代"提出疑问:"智人"技术是人的延伸还是对人的挑战?"智人"技术是自然人的新工具还是"后人类"的出生证?他指出,智能人既是工具,也是一个新的主体。生物技术和人工智能完成了对人的改造、模拟和建构,克隆技术不仅能创造一个新的基因级别的结构,而且能对人自身进行全新的仿真模拟,包括对人性、理性、劳动、思维、阶级、性别等的模拟。当人、人性成为产品和商品、"人工人"可以大批量出现之时,现在的"自然人"可能就消失了。此外,在"新智人"与自然人的关系问题上,单世联教授提到,人工智能对社会的影响取决于被谁所控制。们当然希望技术最终是我们能够控制的外在力量,但是面对比"自然人"更强大的"新智人",人类必须有自觉的意识,并为此做好充足的准备。

新技术空前活跃,技术带给创意设计巨大的方便和更多的可能性,也深刻影响了人们的生活方式。管宁教授从人文视角介入,强调要在一片看好、点赞、倡导和推崇中洞察和分析潜在的危机。伴随着变化与更新速率的加快,信息科技带来更多的财富,人们想要更多、再多,因此没有时间去安安静静领会当下的美妙,享受已经得来的珍宝。技术带给人们各种便利的同时,也淡化、稀释了亲友之间面对面的情感交流等,这都是智能化带来的问题。面对这些问题,我们要保持警惕。警惕变得懒惰,好的设计依然需要足踏实地、细心思考、精心打磨;警惕替代,要充分利用智能科技,但不是以科技替代设计;警惕滥用,利用智能科技过程中,应充分体现环保设计理念;警惕孤独,科技看似带来信息畅通、便利,可表象下的现实,使人越来越陷于孤独的境地。

上海交通大学李康化教授则从文化劳动的视角审视了互联网数字内容平台中文化劳动者与平台在地位上极端不平等的现象。"智能+"时代,由于算法技术、推荐系统广泛运用在互联网平台运营逻辑之中,内容平台海量的内容信息逐渐依靠机器模型识别分发,用户的行为、信息被全面数据化。在这个过程之中,数字内容平台为个体提供与社会发生具体联系的机会,使得人们不可避免地卷入到平台资本的积累之中,大众不得不使用数字内容平台,并且将其当作一种生存的工具。也正是因为如此,网民不得不臣服于数字资本所主导与设计的传播结构。数字资本的运作以一种隐蔽的方式加强商业逻辑,数字内容平台对网民的时间进行了"殖民化"。网民由兴趣驱动生产的内容被市场用于盈利,网民在消费过程中不断地贡献着自己免费或者廉价的文化劳动。总之,数字内容平台通过劳动降格、娱乐体验劳动化、情感劳动、用户协议以及弹性雇佣机制的方式把网民纳入文化劳动,驱动平台数字资本的累计和增值,而数字资本对虚拟空间和价值过程的控制,使得互联网上相对丰富的文化、技术、情感生产本应产生的后工业社会的乌托邦成为幻想。

五、数字时代文化产业管理创新的路径选择

面对着以人工智能技术为代表的数字时代的智能技术,与会专家们一致强调,在经济业态和创意管理更新的同时,也应维持创意的可持续发展,不可竭泽而渔。文化产业既要把握发展机遇,积极布局文化科技的新融合,更要积极解决智能时代文化发展过程中面临的法律问题与伦理困境,创新管理方式,加强对原创者的保护、对创意领域工作的尊重与激励,努力推动文化产业成为数字时代经济发展新动能与新引擎。

(一)坚持以人为本的发展立场

"新智人"将在许多方面比"自然人"更强大。面对"新智人"带给人类的挑战,单世联教授强调,我们应当坚持以人为本,赋权于人。为此,他提出了"三个需要":需要强大的精神力量焕发人真正的主体意识;需要强大的心灵始终认定我们是不同于技术的人;需要强健的身体以应对一个充满不是"自然人"的人的

时代。“自然人”需要与“新智人”形成进一步的合作，而合作的前提取决于文化生产对一个古老问题的探索和有效回答：我们从何处来？我们是谁？我们向何处去？坚守文化发展中的人本主义立场，才能避免落入文化向技术投降的陷阱。管宁教授则针对智能化带来的问题，强调我们在保持警惕的同时更要思考因应之道。他认为，人文的价值理性应当成为科技供给理性正向应用的主导性甚至是关键性力量。人文价值要成为主导，而不能让工具理性成为主导。人类面对未来的自主选择和谋划依然会成为人工智能时代人文主义的核心。换句话说，人文主义要成为人类利用人工智能的一个重要的标准与价值引导，要有意识地以人文立场介入科技和文化的融合，使人工智能成果在人文价值观引领下更好地探索创造、拓宽疆土。

（二）完善数字时代的版权保护机制

互联网时代数字化的浪潮催生了日益显著的版权问题，侵权行为和假借维权获利的行为同时存在，通过版权非法获利的机构成为创意可持续发展的“绊脚石”。山东大学魏建教授从“版权蟑螂”这一现象出发，探讨版权领域如何从侵权均衡转变为保护均衡。在文化产业中，音乐版权的保护已取得显著成效，但其他领域的保护仍然不容乐观。国家对公共利益的保护不力导致版权保护不得不借助于私力，因而诞生了“版权蟑螂”这一保护模式。“版权蟑螂”源于美国，他们以获得版权授权为前提条件，通过各种技术和手段发现存在侵权行为而要求赔偿，以权利保护的名义获取经济利益，并且发起多次的、重复的策略性诉讼。中国尚且存在合法的“版权蟑螂”，且表现特征与美国存在显著不同。首先，中国的“版权蟑螂”涉及的作品主要是图片，尤其是摄影作品，其版权获取过于随意而导致某些企业轻松将版权占为己有。其次，这些获得大量版权的“版权蟑螂”的主要诉讼对象是有赔偿能力的企业、机关和社团。再次，“版权蟑螂”的索赔金额标准化，每张图片索价约一万元，判决金额约 3000 元，即判决比30％左右，在中国版权诉讼中相对较高。复次是“版权蟑螂”的索赔流程标准化,获得授权后通过“鹰眼”系统等一定的技术进行扫描排查,发现侵权后通过第一个诉讼获得胜诉判决书,向被告索要赔偿,若索要不成功便进一步进行诉讼。魏建教授经过综合的实证分析得出了“版权蟑螂”胜诉率较高、判决金额较高、法院判决较重的结论。最后,他强调“版权蟑螂”存在权利获取不当、维权形式化、挤占诉讼资源、妨碍合理使用等多种危害,是非法的存在。若能够消除市场化诞生的“版权蟑螂”,版权管理协会的维权效应也许会更高。

(三)加快培育复合型新兴人才

高质量人才的培养对于人工智能发展具有重要意义,2018 年 4 月,教育部发布了《高等人工智能创新行动计划》。范周教授指出,人工智能的发展与将来的人才培养要同步推进。2020 年 3 月教育部再一次审批通过的 180 所高校开设人工智能专业,国家的政策导向已经表明我国正加快推进人工智能学科和专业建设,所以文化产业在国家未来设置的交叉力学科当中作为门类一定会具体得到体现,“人工智能+文化产业”的复合型人才将成为重要的人才培养目标。未来人工智能将像水和电一样影响人们的生活,虽然目前人工智能还处于弱人工智能阶段,距离超级人工智能还有一段距离,但正如习近平在考察湖南文化产业发展的时候所说,文化和科技催生了新的文化业态,文化产业链又聚居了大量创新人才,文化产业是朝阳产业,大有前途。这是自十八大以来,习近平面对文化产业的一次公开讲话。2020 年 9 月 23 日习近平在教育科技卫生的座谈会上又专门谈到了文化产业要保持底线思维,保持意识形态属性下的双向统一,这一切都为我们布局人才培养发展奠定了“四梁八柱”。

(四)培育创新创意的生态环境

文化格局的提高能够激活全民创意能力,重视创造力的外部性价值,提升原创工作者待遇,以此保持创意的持续活力。中国人民大学方竹兰教授以“提升文化创意格局的未来创新价值”出发，指出我国的文化创意格局的提升需要从文化创意内容格局、文化创意思维格局和文化创意方法格局三方面进行。首先，文化创意内容的格局提升分为五个层面：一是最基础的历史遗产、地理特征等；二是文化觉醒，即普通百姓对真善美的认知；三是维护百姓的权利尊严；四是通过教育、医疗等成就文化实现；五是提升文化创意内容的丰富度。其次，在文化创意的思维格局提升方面，需要超逻辑和直觉思维——直觉是无意识思维，具有自动、快速、整体性的特点，人际能力、情商、内省能力、运动能力、空间能力、音乐能力、语言能力等都属于直觉层面，强调要用文化创意思维格局的提升培养原始颠覆性创新人才。再次，在文化创意方法格局提升方面，则需要创造经典化、品牌化的形象，拥有强大的 IP。只有通过内容格局、思维格局、方法格局的提升，中国才能拥有原始颠覆性的创意。方竹兰指出，原始颠覆性创新创意是一种超常型劳动，通常表现为垄断性的发明专利与版权应用，该垄断优势便能带来垄断利润。因此，文化创意产业需要提升格局以占领新兴市场，从而提升竞争实力；同时，从广义上来看，文化创意产业越发达，中国原始颠覆性科技创新就越发达，中国产业结构越高级，中国创新者的价值就越高，普通劳动者的收益也水涨船高，所以提升中国文化创意格局具有极其深远的未来生产价值。从全社会来看，认识到原始创意者的正外部性价值，才能产生一套让原创者合法致富的制度机制，使全社会从创意成果中获益。

(五)提升智能时代文化管理水平

平台经济是互联网经济的一个典型表现。复旦大学朱春阳教授以腾讯公司为例，探讨了互联网平台治理的现代化转型。他指出，涉及公共生活的或是具有基础性公共设施特征的平台的治理不能交给有资本和技术控制的这样的企业。在中国社会的发展中，政府对于互联网平台的监管是相对封闭的、不开放的，很容易带来各方与平台之间以及项目之间处于不信任的关系，“邻避效应”难以解决。为此，他建议形成一个相对独立和超越的监管委员会并向社会公开,使公众的声音权利得到保证,从而达到政治、经济、社会三者力量的平衡。解学芳教授强调了技术创新、内容创新与模式创新的协同。她指出,技术重构了文化产业内容生产的流程,包括文化内容的生产模式、运营模式和文化投融资模式。这些模式的背后是技术创新赋能整个文化创新过程,如近两年来学术界关于区块链和文化版权保护的探讨就是典范。而新的模式的形成一定是基于内容创新的核心载体匹配技术群的赋能,同时匹配相应的高效治理模式,只有这样才能促进文化产业更好的发展模式的形成与发展。

实际上,正是大量关于创意管理研究的累积才带来创意管理未来发展空间的延展。国际创意管理专委会主任、四川大学杨永忠教授主要分析了创意研究的国家级立项情况以及国际创意管理的研究方法和问题。杨教授指出,近十年中与创意相关的国家社科立项平均每年 2 个,近三年每年都在 3 个以上,在创意研究方面保持了较好的研究活跃度;在学科分布方面,经济学立项排在首位,十年立项 9 个,管理学立项 8 个,位列第二,民族学和新闻传播学位居第三位。由此可见,经济学和管理学在近十年对创意的关注度很高;在地域分布上,福建立项 5 项,位列第一,上海和云南均为 4 项。福建的创意关注度可能与文创发展较早的台湾有关,立项中也有若干关于海峡两岸的文创比较分析;上海作为创意之都对创意关注度向来较高;云南作为多民族地区,主要针对民族文化创意进行立项。按照佛罗里达的创意观念,创意发展与城市有关,我国东部整体创意水平更高,西部资源具有比较优势,而中部的研究成长空间还很大。综合来看,国家社科立项涉及多角度,有文化技术融合,也包含了新思维的传统项目,还包括人才及原创产业融合等问题;而且经济学和管理学是重点研究领域,其中对工商管理的研究主要聚焦于用户创意,宏观管理及政策学学科研究问题仍然较微观,涉及数字创意开发、创意方案、企业负债能力等,而管理学科的微观问题非常突出,研究方法相对突出,强调数理和建模。此外,国际层面对创意管理主要有三大研究方法:模型化和规范化的计量分析、系统化和科学化的案例分析及可控化和工具化的实验方法。三个方法各有特色,但在具体选择方面,除了方法本身的科学性,还需更多地考虑其准确性和可靠性。同时,理论与方法紧密联系,理论的重要性不可忽视。从某种角度来看,理论的创新比科学的方法更为重要,我们应在理论创新的导向下选择合适的科学的方法,以完成系统化、科学化的研究。

此外,来自 9 所高校及单位的专家探讨了创意领域的前沿教材编写情况。来自清华大学出版社的刘志彬主任分享了《创意管理教材建设进展及要求》,台湾甦活创意管理顾问公司的张庭庭总经理分享了《人文品牌创意管理》,西华大学的冯兆教授分享了《新媒体内容创意与营销》,西北民族大学的孙永龙教授分享了《乡村旅游创意管理》,南京师范大学的韩顺法教授分享了《非物质文化遗产的管理学》,海峡出版发行集团的黄杰阳编审分享了《区块链创意管理》,四川轻化工大学的林明华教授分享了《创意消费市场调研》,成都师范学院的梁心见博士分享了《文化旅游创意策划与营销》,广西艺术学院的郑超讲师分享了《文化遗产的创意管理》,专家们共同对文化创意管理教材的框架以及未来发展进行了深入探讨,确定了即将出版的前沿教材,为促进创意管理教育做出努力。

各位专家学者在会议中对创意管理在数字时代的重要性达成了共识。本届大会主席杨永忠教授在闭幕式上提出了三个文化产业未来发展的要求:首先是学者要思考如何在理论上进一步探索,其次是要进一步开展实证研究,探索“为什么”,最后是以教材研讨为契机进行建构,切实推进创意管理的基础建设,结合数字技术发展从多角度改善文化产业秩序,推动文化创意领域的革新与进步。

Cultural Economy and Creative Management in the Digital Age: Summary of the Summit Forum on Cultural Creativity and Management Innovation in the Era of "Intelligence +"

Chen Sihan　Xu Danhong　Xie Xuefang

Abstract: The Summit Forum on Cultural Creativity and Management Innovation in the Age of "Intelligence +" and the 2nd Annual Meeting of the International Creative Management Committee hosted by the School of Humanities of Tongji University, was successfully held online on November 1, 2020. Leading experts and scholars in the field of cultural industry and creative management from all over the world gathered together to make keynote speeches and in-depth discussions on the theme of "Cultural Innovation and Creative Management in the Era of Artificial Intelligence", reflecting on the innovation of cultural industry and social development in the "Intelligence +" era, and providing ideas and suggestions for the sustainable development of smart cultural creativity and management in the future.

Keywords: digital era, creative management, cultural industries, innovation

第八届国际文化管理年会暨第四届中国创意管理论坛综述

◎ 王文杰　吴承忠　彭建峰*

摘要:文化治理是国家治理现代化的重要组成部分,需要在常态化的交流研讨中不断总结和推进。创意管理是文化管理学科重要的组成部分,对于微观文化经济组织的发展具有重要意义。为了促进国内外高校文化领域学者、文化企业家、文化行政管理者、文化非政府组织之间的国际交流,构建国际交流平台,推动产业发展和文化管理改革,2021 年 7 月 10 日,由对外经济贸易大学、北京联合大学、中国创意管理联盟、中国文化产业管理专业委员会联合举办的“第八届国际文化管理年会暨第四届中国创意管理论坛”在京成功召开。全球文化产业、文化管理和创意管理领域的知名专家学者等政产学研界嘉宾齐聚一堂,围绕“国家文化公园建设背景下的文化治理与创意管理”主题进行了主旨发言与深入研讨,特别是围绕“国家文化公园理论与实践”“新时代创意管理前沿”“数字创意与文化创新”“文化治理模式”等主题展开了具体

* 王文杰,对外经贸大学文化与休闲产业研究中心副主任,副教授,硕士生导师。吴承忠,对外经贸大学政府管理学院教授,博士生导师,文化和旅游部—对外经贸大学文化和旅游研究基地负责人;邮箱:wucz00@163.com。彭建峰,对外经贸大学政府管理学院博士生,研究方向为文化政策与管理。

探讨，从不同学科、不同研究视角、不同研究方法等层面将文化管理和创意管理相关议题的讨论引向深入。

关键词：文化产业；文化治理；创意管理；国家文化公园

2021 年 7 月 10 日，第八届国际文化管理年会暨第四届中国创意管理会议在对外经济贸易大学胜利召开。本次大会由国际文化交流学术联盟指导，对外经贸大学、北京联合大学、中国创意管理联盟、中国文化产业管理专业委员会共同主办，由对外经贸大学政府管理学院、国际交流合作处、暑期国际学校，对外经贸大学文化与休闲产业研究中心，文化和旅游部—对外经贸大学文化和旅游研究基地承办。吴承忠教授主持了大会开幕式，对外经贸大学校长夏文斌、国家文化和旅游部政策法规司综合处处长宋薇、对外经贸大学政府管理学院院长于海纯、中国创意管理联盟联合主席杨永忠、北京联合大学管理学院党委书记张玲娜等领导致辞。中国动漫集团董事长庹祖海，中国文化产业管理专业委员会会长、南京艺术学院副校长李向民等国内外各界领导和学者 150 多人参加了盛会。

会议展开了多项议题的研讨。在上午的议程中，10 位国内外具有重要影响力的专家学者就国家公园和文化创意产业及其他文化管理相关议题作了精彩的学术报告。美国俄亥俄州立大学艺术管理、教育和政策系的 Margret 教授以“Chasing Resilience：Challenges and Opportunities for the Post-COVID-19 Era”为题发言。她指出了在美国疫情的持续蔓延和黑人抗议活动的背景下，剧场演出行业受到了严重的冲击。她认为，为了减缓这些冲击对文艺演出行业的影响，政府应采取一些复工复产措施，并提出建议。中国国际经济交流中心总经济师陈文玲教授以《大国博弈中的文化力量》为题发言。她指出中国的大国力量源于五千年的深厚文化，并将文化自信的原因总结为中国文化“根深、叶茂、开阔、包容、担当与和平”。因此，中国在不断变化的国际环境中展现出的文化力量一定会带领中华民族走向伟大复兴。清华大学国家文化产业研究中心主任熊澄宇教授以《国家文化数字化战略：从功能到目标》为题发言，他指出国家文化数字化战略是国家战略,目标是提高国家的文化生产力,基本架构是基础层、平台层、功能层和生态层。同时熊澄宇教授以老城和高新区的规划为例,指出在产城融合的过程中要看到生活,指标和数据只是过程,产城融合的最终目标是保证人民幸福感。上海交通大学国家文化产业研究中心主任胡惠林教授以《新时代我国文化产业学科建设与研究新思考》为题,在建党 100 周年的背景下,从建党遭遇的艰难险阻和文化产业学科发展之间的相似性进行论证。他指出,文化产业学科在建立之初受到了来自国内传统学科的质疑,并且在发展过程中应该主张研究学科问题和研究发展阻力并重,并对 2035 年文化产业学科建设能同步实现现代化、建成文化强国进行了展望。对外经贸大学文化与休闲产业研究中心主任、文化和旅游部—对外经贸大学文化和旅游研究基地负责人、国家文化公园与规划研究所所长吴承忠教授以《我国国家文化公园区域发展指数评估》为题进行了演讲。吴教授首先对中国国家文化公园建设现存的问题进行了阐述,并根据中国国家文化公园区域发展指数从长城、长征、大运河三个分项目和宏观总体两个角度进行了评估。最后,吴教授对中国国家文化公园建设的未来进行了展望。

中国人民大学教授,中国文化创意产业研究会会长金元浦教授以《我国文创新形态:新梯形结构与新趋势》为题发言。他认为,当下我国文化创意产业已经形成了双线交错的梯形结构发展态势,并论述了我国当前创意经济的新梯形结构与层级模态是由新航母、独角兽和千百万创客的满天星斗构成。金教授指出,加快文化科技和创意发展,是文化繁荣发展的必要支撑,是转变经济发展方式、推动文化产业成为国民经济支柱性产业的战略任务。全国旅游标准化技术委员会主任、武汉大学人文社会科学研究院驻院研究员、文化和旅游部科技教育司原司长孙若风教授以《乡村振兴与乡村文旅》为题发言,他指出中国乡村社会与乡村文化的兴衰具有同步性。没有乡村自信,就没有中国人的文化自信,乡村文化在乡村振兴的“五大振兴”中全面发力,并提出应坚持在文化振兴中深化文化体制改革。南京艺术学院副校长、中国文化产业管理专业委员会主任李向民教授以《隋唐运河与中国经济地理变局》为题发言,通过对隋唐大运河历史发展和地理条件优势的阐述，指出隋唐大运河和“一带一路”，把地中海文化、中亚文化、东亚东南亚文化和中国传统文化连接了起来，赋予了运河节点城市多元汇聚、文明开放的城市品格。原中国驻休斯敦总领馆文化参赞郑文先生以人类命运共同体为背景，通过讲述黑人文化在世界文明中的影响，阐述了中非文化互鉴的战略意义，指出国家关系利益的融合不仅仅是经济和安全利益的融合，还应包括观念的共通。最后，美国南佛罗里达大学教授、北美高等教育协会主席 Cihan Cobanoglu 以“Digital Creativity and Cultural Innovation：The Role of Technology”为题，阐述了科技进步给文化产业行业带来的机遇和挑战，以及技术在文化创意产业中展现出的重要作用。

在下午的主会场议程中，首先由武汉大学国家文化发展研究院常务副院长陈波教授以《文化场景理论及其应用》为题发言，陈教授从产生背景、主要内容和应用领域三个角度对文化场景理论进行了基本阐述。他认为场景理论的重要意义，不仅在于提供了从都市生活娱乐设施中所蕴含的文化价值取向来考察城市发展的视角，更重要的是构建了一个衡量场景文化价值观的分析框架。北京联大管理学院教授唐少清以《基于大运河文化带的国家文化公园建设思考与分析》为题发言，他认为，国家文化公园是唤起民众国家意识和民族自豪感的重要场所，承担着代表国家形象与最能揭示国民性格和文化形象的重要作用。海南热带海洋学院副校长廖民生教授以《海南海洋文化资源挖掘与产业融合现状、问题以及发展前景预测》为题发言，他指出在建设 21 世纪海上丝绸之路和海南自由贸易港的历史大背景下，海南海洋文化产业正在发生历史性的深刻变革，亟待突破体制机制的瓶颈和约束，并从发展战略顶层设计、路径选择与前景预测介绍了改革方向。四川大学创意管理研究所杨永忠教授以《数智时代的创意管理》为题，他指出，当下数字智能引领创意产业和文化产业势头迅猛，如抖音等软件充分展现出了数字智能对文化经济的引领和影响，且数字智能为创意管理提供了新的管理思想、方法。山东大学文艺美学研究中心特聘教授范玉刚教授指出，在新发展阶段，文化产业应该担当的使命是在构建新发展格局中自觉成为社会风尚的引领者。北京工业大学文化产业研究所所长王国华以《浪漫的全球化与数字时代的民族文化复兴》为题发言,他指出,数字时代下互联网作为最重要的舆论阵地,对国内互联网舆论的意识形态变化做出准确判断和预估具有相当的意义,且国家应大力发展创意产业,将世界城市制造变为世界城市创造,正确的全球化是如何建立经济体的软实力。北京市社科院传媒研究所所长郭万超以《现代化视野下的中国文化演进逻辑与未来路向》为题发言,他指出应该从现代化视角拓展文化研究,不能脱离社会整体发展孤立地看文化,现代化视野中的文化作用是立国富国和强国,中国文化内在决定了中国现代化的未来路向。

中国传媒大学文化产业管理学院副院长刘江红以《国家文化公园的历史灵性与时代价值》为题发言,她由中国传媒大学承担的大运河文化词典编纂任务引出了我国国家文化公园的创新思想。她指出,国家文化公园必须坚持国家站位,以国家文化为核心展现中华文明的主根脉正统和辐射,应以共享发展理念为指引,持续拉动国内市场文化内需。清华大学公共管理学院教授、中国公共领导力研究中心副主任于永达以《集聚优势与城镇、产业发展战略》为题发言,他提出城镇发展需要跨越比较优势陷阱,运用城镇发展新理念打造乐居的文化城镇。新型城镇规划是跨越比较优势陷阱的关键,重点是打造"小城市多卫星"的优质产业聚集地。山东大学文化产业研究院副院长邵明华以《国外文旅融合行政管理体制研究》为题,从行政管理学角度分析文旅融合现状。她指出,文旅大部制即国家文化部和旅游局的整合是政府行政管理层面推动文旅融合重要举措,标志着文旅融合进入新的发展阶段,并通过国外文旅融合行政管理体制经验借鉴分析了文旅融合后现存的问题。

上海大学包国强教授以《中共百年文化经济政策回顾与反思》为题发言,他指出了建党 100 年以来我国的文化产业发展的一些变化,如文化功能的认识从单一走向全面,从满足人民文化需求到提高国家软实力,从单一文化传播到"文化+",以及从文化管理到文化治理到高质量发展。武汉大学国家文化发展研究院副研究员钟晟以《文化共同体视域下国家文化公园建设刍议》为题发言,他指出国家文化公园是彰显共同体价值的国家文化空间体系,设立长城、大运河、长征、黄河等四处国家文化公园,集中体现了中华民族文化共同体的空间载体、价值载体和符号载体,是彰显文化共同体价值的国家文化空间体系。实践大学的涂浩瀚以《微型影响者的前因后果研究:基于中国市场》为题发言,她指出微型影响者的合作门槛低、合作程度高、成本表现高,可能在创造良好的盈利能力方面发挥重要作用。通过研究2020中国市场实际发生的销售额,阐明了微型影响者可能呈现的被忽视的营销方向和机会的经验证据。广东金融学院陈柏福教授以《K-pop文化全球流行的经济效益及对我国的经验启示》为题发言,通过研究韩国全球化的K-pop文化产业的发展模式及其经营策略,对我国娱乐文化产业全球化发展提供了一定的借鉴价值和经验启示。

当日下午,论坛还设有三个分会场,分别以研讨会和圆桌论坛的形式展开,给各位参与的专家、学者提供了自由沟通交流的学术环境。

分会场一以"文化与创意管理研讨会"为主题展开,共分为三个部分。第一部分主题为公共文化治理与创意管理,由上海交通大学文化和传播学院副教授江凌主持。在这一部分,河南牧业经济学院副教授宋朝丽发表了题为《博物馆文化创意产业的溯源、机理及现实思考》的论文,湖北省社科院副研究员邹荣发表了题为《革命文物:文化的记忆和构想》的论文报告,长安大学副教授尚子娟则从公共文化服务的角度发表了题为《公益、基本、均等和便利:公共文化服务绩效的环境影响因素研究》报告,北京大学博士生于悠悠则以《危机时代的文化艺术管理——以"后疫情时期"美国模式为例》为题进行了汇报,西安建筑科技大学研究生许安琪发表了题为《文博资源转化效率测度与影响因素研究——以陕西省为例》的论文,长安大学研究生乔思则发表了题为《公共文化机构法人治理结构何以深化:一个"逻辑—政策—实践"的解释框架》的论文。分会场一的第二部分以创意企业与创意管理为研讨中心,由对外经贸大学政府管理学院博士生徐竹嫣主持。在第二部分,共有三位博士生与四位硕士生共七人发表了论文,东华大学博士生余晨辉发表了题为《创意企业数字化转型资源获取与编排关系的组态研究》的论文,实践大学博士生何双男发表了题为《创意群聚中的社会资本与市场绩效——对电影票房的新解释》,四川大学博士生汤韵嫣发表了题为《美的力量——视觉吸引力在网红营销中的作用》的论文;中国传媒大学研究生刘颖以《我国数字鸿沟的新表现与缩小路径探析——以数字文化产业发展为例》为题、湖南师范大学研究生朱斌以《过程、逻辑与走向:中国文化科技融合政策的变迁研究》为题、东华大学研究生林琳以《双向资源获取对创意企业数字化转型的影响机制研究》为题、中国传媒大学研究生常天恺以《数字经济时代下的文化产业高质量发展——基于数据要素与其他要素间协同联动》为题,分别发表了论文。分会场第三部分主题为文化和旅游发展,由对外经贸大学国际经贸学院博士生王粉粉主持。武汉大学国家文化发展研究院博士生李俊辰以《基于 CiteSpace 对中国乡村旅游的知识图谱分析》为题、中央党校博士生张建凤以《加强文化生态保护,助推生态文明建设》为题、北京锋尚世纪文化传媒股份有限公司商务总监杨晶以《文旅演艺沉浸式体验的营造路径——以“汉”文化主题演出为例》为题、中国传媒大学研究生陈思以《供需视域下红色旅游管理创新的初步探讨:回顾、审视、机理与展望》为题、台北科技大学研究生李心主通过线上参会的方式以《台北灯节:文化创意语境下的非遗花灯节庆游客的满意度分析》为题、吉林艺术学院研究生王润清以《基于生态控制理论下的新型博物馆建构模式》为题、广西艺术学院研究生吕怡乐以《交融与新变-新文科理念下艺术管理专业培养体系构建》为题分别发表了论文。

在研讨会外,此次大会还有以圆桌论坛为主要形式的两个分会场。分会场二以政产学研为主题主要讨论与文化产业园区主题相关的内容,分别由北京外国语大学文化产业研究中心主任宫玉选和四川新闻网传媒集团股份有限公司总经理助理樊国防主持,清控文创(北京)文化产业发展有限公司总经理朱良智、对外经贸大学文化与休闲产业研究中心兼职研究员李虹含、河北经贸大学文化产业管理系主任王志勇、良业科技集团股份有限公司副总裁殷红斌、北京出版集团有限公司主题图书出版事业部总编室主任刘迪、上海交通大学文化和传播学院副教授江凌等学术界、商界领导积极参与。

分会场三则以“文化与创意管理”为主题进行圆桌论坛,由对外经贸大学公共文化研究中心主任邵鹏教授主持。中旅集团中拓会展总经理马小平、清华同衡规划设计研究院城市更新所所长刘巍、北京文投艺术银行 CEO 吴桐、《中国电影报》主任记者郭桐言、北京市经济与社会发展研究所副研究员张晓敏等行业专家、学者参与了此次圆桌论坛。

此次会议期间，来自文化产业管理、创意管理、旅游管理相关领域的专家、学者在“国家文化公园建设背景下的文化治理和创意管理”的中心议题框架下，进行了充分的讨论。论坛期间还扩展了讨论的形式，从研讨会到圆桌会议，营造了自由、舒适的交流环境。参会专家的报告内容从国际文化发展互鉴到国家文化发展前景，从文化产业类型到具体案例研究，20 多场学术报告涉及领域广泛、视角多元，针对不同形式、地区、产业发展等前沿性成果展开，为参会的专家、学者奉献了一场内容充实、精彩绝伦的学术盛宴。此次大会的举办正值中国共产党成立 100 周年，为实现“十四五”规划和 2035 年远景目标规划以及文化强国目标贡献了文化产业和创意管理学界的智慧，有利于推动文化产业管理学科建设和研究的实践转化。

本届大会由于海纯、鲍新中、吴承忠、唐少清、杨永忠共同担任组委会主席。大会评选了 12 篇优秀论文，余晨辉、涂浩瀚、汤韵嫣、李俊辰等荣获一等奖。大会为吴承忠教授、廖民生教授颁发了中国创意管理杰出推动奖。

国际文化管理年会是 2013 年由对外经贸大学发起，目前已经成为具有一定国际影响的文化和旅游管理学界盛会。对外经贸大学文化产业管理本科专业创办于 2007 年，2021 年软科排名 A+等级，位居全国第二名，拥有从本科到博士的完整人才培养体系，是著名的文化和旅游研究重镇和人才培养基地。中国创意管理论坛发源于成都，起步于上海，已发展成为国内最具影响的创意管理年会。

Summary of the 8th International Cultural Management Annual Conference and the 4th China Creative Management Conference

Wang Wenjie Wu Chengzhong Peng Jianfeng

Abstract: Cultural governance is an important part of the modernization of national governance, which needs to be summarized and promoted continuously in normalized exchanges and discussions. Creative management is an important part of the cultural management discipline, which is of great significance to the development of micro-cultural economic organizations. On July 10, 2021, jointly organized by the University of International Business and Economics, Beijing Union University, China Creative Management Alliance, and China Cultural Industry Management Professional Committee, the 8th International Cultural Management Annual Conference and the 4th China Creative Management Conference was successfully held in Beijing. The conference aimed to promote international exchanges among scholars, cultural entrepreneurs, cultural administrators, and cultural NGOs in the cultural field from domestic and international universities, to build an international exchange platform, and to promote industrial development and cultural management reform.

Famous experts and scholars in the fields of cultural industry, cultural management, and creative management from all over the world, including political, industry, academia, and research guests gathered together to give keynote speeches and in-depth discussions on the theme of "Cultural Governance and Creative Management in the Context of National Cultural Park Construction", especially on the specific themes of "Theory and Practice of National Cultural Park", "Frontiers of Creative Management in the New Era", "Digital Creativity and Cultural Innovation", and "Cultural Governance Models". Consequently, this conference has triggered in-depth discussions on topics related to cultural management and creative management from different disciplines, different research perspectives, and different research methods.

Keywords: cultural industry, cultural governance, creative management, national cultural park

作品鉴赏

Appreciation of Creative Works

漆首饰

◎ Lacquer Jewelry

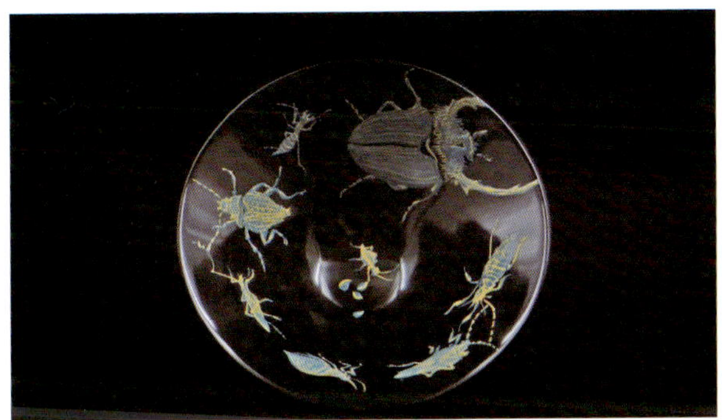

虫盏

饵

翊

羽

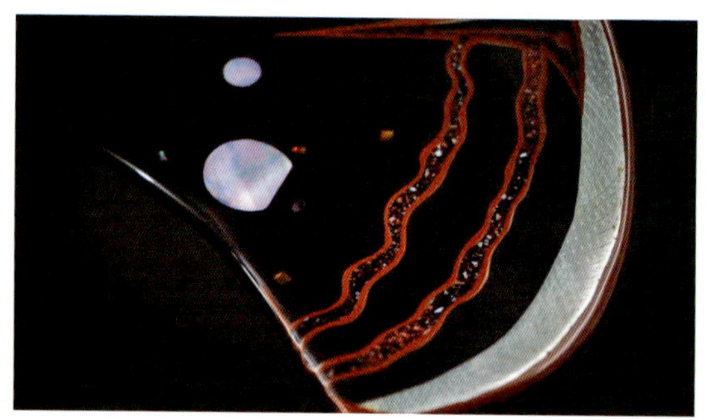

域

爪